JN160958

幡新 大実 HATASHIN, Omi

憲法と自衛隊

法の支配と平和的生存権

東信堂

序

本書は、第 1 部で、憲法と自衛隊の矛盾の解決のため、イギリス流の法の支配と平和的生存権の保障手続を学び、その日本への適用を考える。そして、第 2 部で、国際関係と憲法と日米安保条約と自衛隊の関係について、2015 年 9 月 30 日の安保関連２法を踏まえて考察する。最後に、その前提として、第 3 部で、そもそもの憲法と自衛隊の矛盾を生み出す原因となった背景的歴史を振り返り、およそ戦争が悪いとか、陸軍が悪いといった単純化を避け、国軍の統制を含む国の意思決定過程の分析から教訓を導き出して、第 1 部や第 2 部における考察を下支えする。

第 1 部のイギリス流平和的生存権の保障手続は、司法的というより、立法手続的であり、かつ、イギリス法に慣れない読者がこれに接すると、「憲法違反」、「違憲」という問題に対して、むしろ「鈍感」で「ずるく」思えるかも知れない。実は、第 2 部は、軍隊を違憲のまま育てることの、法の支配にとってのダメージ、国の将来にとってのダメージを深く憂いながら、先に執筆された。しかし、学問的には、単に憲法違反を憲法違反として糾弾してとどまるのではなく、それを超越した理論的な視点を提供した上で、そこから、現状を冷静に分析し、その欠陥ないし将来の課題と、その具体的、実践的な是正方法を提示できることが、より重要なのではないかと思われる。その視点を忘れずに済んだのは、イギリス留学当初においてお世話になった故奥平康弘先生からの手紙のおかげであった。

本書の個人的な意義を述べれば、これは筆者の 1992 年からのイギリス留学当時の国際連合平和維持活動の研究以来の大きな課題、つまり陸海空軍その他の戦力の保持の禁止という憲法上の義務と、現実の「仮」再軍備の間の乖離状態の、国際関係の現実を踏まえた、合理的な解決方法の探求、に対する回答である。

また本書の執筆に当たっては読者から、拙著『イギリス憲法Ⅰ　憲政』(東信堂 2013 年）について、色々なご批判を頂いたことも、大変有益であった。直接お名前を存じ上げない方々も多いのであるが、ここにあらためて謝意を表する。

■ 憲法と自衛隊——法の支配と平和的生存権　大目次 ■

■ 憲法と自衛隊――法の支配と平和的生存権　詳細目次 ■

第2章
平和的生存権の日本への適用 ……… 11

第2部　国際関係と現代日本の平和と人権

第3章 国際関係

第６章 2015年の安保関連法の有益性 …… 159

憲法と自衛隊

—法の支配と平和的生存権—

第1部

法の支配と平和的生存権

第1章
法の支配と平和的生存権

【本書要旨】
　平和的生存権は、日本では日本国憲法の前文と第9条から導き出されて論じられることが多いが、本章では、イギリスの権利請願と権利章典とその成立背景に着目してその意味を問い直してみたい。

1　法の支配

　法の支配とは、「王は何人の下にあってもならないが、神と法の下にある。それは、法が王を王たらしめるからである[1]」(Bracton, 2003, p. 33) という13世紀のイングランドの法学者ブラクトンの言葉に、その要素が凝縮されている。これは1215年に初めて制定されて以来、13世紀中にイングランドで確立されたマグナ・カルタ（自由権の大憲章[2]）の精神といっても過言ではない。「王を王たらしめる」法、言い換えれば、正統な支配者を設置する法、さらに現代用語に置き換えれば、正統な統治機関を設置する法を、「憲法」という。そして、その統治機関の守るべき規範的価値の頂点には、個人の自由ないし尊厳を要（かなめ）とする人権があり、法の支配とは、その意味で、人権法の支配であるといえる。法の支配は、国際法の平面と国内法の平面の2つの別々の平面において、それぞれ独立に問われる。

1　ipse autem rex non debet esse sub homine, sed sub Deo et lege, quia lex facit regem.
2　Magna carta libertatum.

2　国内平面

国内法の平面における人権的価値としての「平和的生存権」について、イングランドの1628年の権利の請願と1689年の権利の章典及びその後の軍事法制のあり方から、これを要約すると、王と議会の対立の構図の中で、軍の存否と、軍法と軍裁判権は、例外的な、臨時のものであり、平時法と通常裁判権こそが原則であり、恒久性を持つことを要請する、と捉えることができよう。即ち、軍は必要に応じて暫定的に議会の承認を得て初めて設置可能であり、軍法も、軍裁判権も、特別法（例外）として、一般法を一時的に制限して仮に適用され得るが、恒久化することはできず、常に上級の通常裁判所の監督下に置かれる。そして、平和的生存権は、当然、外国またはテロリストによる武力攻撃からの国民の平和的生存権の確保をも意味するので、国防努力を要請する別の方向性も持つ。

(1)　1628年の権利の請願（Petition of Right）

第6条「近頃、王国の諸州に兵や水兵の大部隊が配備され、住民がその意思に反して兵隊を自宅に受け入れて、王国の法と慣習に反して兵隊の滞在を許すように強制され、人民が多大な苦痛と困難を味わった。」(現行規定)

第7条「国王エドワード3世の治世第25年の議会の権力により、何人も王国の大憲章（マグナ・カルタ）と法の方式に反して命や肢体を奪われる決定を受けることはないと宣言され、立法されており、同大憲章と王国のその他の制定法により、王国内において、王国の慣習又は議会制定法により確立された法に依らずして、何人も死刑判決を受けることはなく、どのような階級の違反者も王国の法や制定法により定められた訴訟手続と刑罰から免除されることはないにも拘らず、近時は、様々な任務が陛下の玉璽（ぎょくじ）の下で委任され、軍法の裁判権により、特定の人々が委員に任命され、兵や水兵や取り巻きの無頼漢が、殺人、強盗、重罪、反乱その他の不届きや不埒（ふらち）を犯した場合に、軍法や戦時に軍の許す略式手続によって、王国内で訴訟を提起し、公判にかけ、判決を得て、軍法によって死刑に処する権限を授権された。」（現行規定）

⑵　スコットランドで継受された形

これらはスコットランドでは、後の名誉革命後の1689年の権利の請求法（Claim of Right Act）において

第8条「王国内どこであれ軍将校を裁判官に雇い……臣民を正式な裁判に依らず略式で陪審や記録抜きで死刑に処すことは違法である」、
第17条「平和であるべき時に王国の如何なる場所であれ軍隊を敵対的に送り込み、兵や物資を徴収し、如何なる方法であれ、無償で、民家に兵隊を宿営させることは違法である」、
第20条「平時に民家に同意なくまたは議会の授権なく兵隊を駐屯させることは違法である」、

と、より的確な内容にまとめられた（いずれも現行規定）。いずれも、軍隊が裁判権を行使して法の支配を覆すこと、そして兵隊の駐留が一般市民生活に多大な物理的危険を与えることを違法であると宣言したもので、日本語でいえば、まさに「平和的生存権」の法的保障と要約するにふさわしい内容である。

⑶　ブラックストーン

18世紀のイングランドの法学者ブラックストーン曰く「軍法には何ら定まった原則がある訳ではなく、その決定も全く恣意的なもので（内乱時代を生き抜いた）マシュー・ヘイル裁判官の見立て通り、その実は無法であり、法の一種として許容されているというより、無法がまかり通っているに過ぎない。軍隊における秩序と統制の必要性以外に軍法の存在意義はなく、従って平時には軍法は許容されるべきではなく、（コモンローを司る）国王裁判所において王法

に従い、万民に正義が行き渡るべきなのである」と（Blackstone, 1765, I-13, p. 400）。

⑷　平時駐兵問題の現代性

そして、いずれも、例えば日米安全保障条約の下、在日米軍の地位協定に定められた米軍の優先的裁判権や、日本の優先的裁判権の放棄の期待、駐留軍の基地周辺の一般住民の市民生活に与える危険等を念頭に置けば、極めて現代的課題であることも理解できるであろう。

⑸　1689年の権利の章典（Bill of Rights）

第６条「王国内で平時に議会の承認なく常備軍を集め、保持することは違法である。」

第７条「プロテスタントである臣民は、その身分に応じ、法によって許される限り、武装してもよい。」（いずれも現行規定）

⑹　議会立法事項としての武装

つまり、権利の章典は、議会の視点から見ると、王の平時の軍の設置保持権と臣民の武装権のどちらも、議会自らがコントロールできる法律事項として定めたことが分かる。

臣民の武装権は、アメリカ合州国[3]憲法第２修正の武装権とは異なり、法律の範囲内という留保があるので、イギリスは「銃社会」には陥っていない。

⑺　議会による軍統制の理由

なお、議会が王による軍の設置保持権を統制しようとした原因としては、

・1628年の権利の請願やスコットランドの1689年の権利の請求法に見られる平和的生存権を確保するため、

3　本書では、日本が締結している条約等の公式表記以外の米国名は「アメリカ合州国」と表記する。

・名誉革命で、結果として、オランダから外国君主オレンジ君ウィリアムを王に迎えたため、外国君主の本国での戦争にイングランド兵が動員されることを議会が制御しようとしたため、

などの原因が考えられる。後者は、例えば、日本国憲法第9条の、字句を離れた「精神」の、2014年までの政府解釈というべき集団的自衛権の禁止（→第4章）の、米軍の海外での戦争に自衛隊が巻き込まれることを防ぐという実際上の意義に通じるものがある。

⑻　反乱法（軍罰法）

1689年の権利の章典第6条は、常備軍を原則違法とするものであった。同年に、新国王ウィリアム3世の本国オランダ軍を率いた宿敵フランスとのプハルツ継承戦争へのイングランド軍の動員を議会が承認した後、北部の軍の一部が、名誉革命でフランスに逃亡したジェイムズ2世に忠誠を誓ったためか、オランダのためにフランスと戦わなければならない義務はないと考えて、北へ帰ろうとしたために、議会は急いで反乱法（Mutiny Act）を制定して、これを止めた。この反乱法は、軍の編制と軍人に適用される刑法と刑事訴訟（軍法会議）法を定めたものであったが、権利の章典第6条の原則規定に鑑みて、効力1年の時限立法として制定された。そして1697年にプハルツ継承戦争が終結した後、1702年にスペイン継承戦争が勃発するまでの4年間にわたり、イングランドでは常備軍が消滅した。その後は、1879年に陸軍統制法（Army Discipline and Regulation Act 1879）がやはり効力1年の時限立法として制定されるまでは、反乱法は毎年立法されなおした。

⑼　権利章典の拡大解釈

条文上の「常備軍」は、厳密には、陸軍（army）に限定されそうであるが、アメリカ合州国憲法第1章第8条にあるような海軍の別規定がイギリス権利章典には盛り込まれなかったこともあって、その後、拡大解釈され、海陸空軍及び海兵隊それぞれが原則違法とされ、その違法性解除のための立法が、1年の

時限立法として制定され、毎年、議会両院の賛成投票を得た勅令によって1年に限り失効期限を延期され、5年に1度は、最初から議会において正式な立法手続がとられて、編制その他を見直す手続が定着し、2006年からは、軍隊法（Armed Forces Act）が全軍を統合した形で、同様の時限立法として制定されている。

⑽　憲法的習律としての議会統制

このように、イングランド、そして連合王国では、権利の章典第6条を最高規範として、それを拡大解釈して、軍隊そのものの時限的な違法性解除の手続が一種の憲法的習律（「憲政の常道」、constitutional convention）として守られている。従って、軍の存否、編制その他の事項が、すべて議会の定めるべき法律事項とされ、議会の統制に従い、それが、議院内閣制のもと、軍の文民統制（civilian control）の原則をも保障する担保手段ともなっている。

⑾　軍法会議の刑事訴訟化

また、とくに第二次世界大戦後は、軍法会議の刑事訴訟化が進んでおり、軍法会議とは、通常の刑事裁判の陪審員の代わりに将校が陪審員となる裁判で、裁判官、公判検事、弁護士は、すべて、一般の弁護士が、将校の肩書をもらって、その役割を果たす傾向がある。高等軍法会議は、控訴院刑事部が、高等軍法会議として機能し、すべて1998年人権法と、通常の、連合王国最高裁判所の上告管轄権に服す。

3　国際平面

国際法の平面における法の支配は、国際法の第一義的な主体である主権国もまた法の支配に服すことを意味する。ブラクトン式にいえば、主権国もまたそれを主権主体たらしめる法によって主権国たり得るからである。国が、多数の個人、それも法に対する合意と利益の共有で結びつけられた多数の個人から成ることからすれば[4]、国際社会を多元的かつ並立的に構成する世界の国々全体を支配する法の中核にも個人の自由ないし尊厳を最高価値とする人権があることが期待される。従って、国際法の発展は、各国人権法の発展を要請すると同時に、国際法規範の人権適合性を問う。

(1)　戦時国際法(jus in bello)

国際法の平面における人権的価値としての「平和的生存権」は、開戦法（jus ad bellum）と戦時国際法（jus in bello）の両分野で発展したと捉えなおせるであろう。前者は、1907年の第2次ハーグ国際平和会議で採択された国際紛争の平和的解決条約や1919年の国際連盟規約、1928年の戦争放棄条約、1945年の国際連合憲章と段階的に発展して戦争の違法化を進めた。後者も、1899年と1907年のハーグ平和会議の採択したハーグ諸条約と、1949年のジュネーブ諸条約とその後の発展を経て、現在では国際人道法と呼ばれる。近年では、イギリス人権法のイラク戦争への適用など、人権法の立場から、国際人道法への寄与も発生している[5]。

(2)　開戦法(jus ad bellum)

開戦法について、戦争の違法化は、先に国内法の平面に即して述べた軍法と軍裁判権の例外性と臨時性と並行した方向性とともに、逆に戦争ないし武力紛争やテロ攻撃の鎮圧や防止と平和維持のための多国間の（最後の手段としての積極的な武力攻撃から軍隊の平和的駐留、警備活動に至るまでの多様な）軍事的協力を促進する方向性を持つ。国内法、国際法の両平面における「平和的生存権」は、このように国防・集団安全保障と軍事力の法的統制の両方を要請する。それはつまるところ、法の支配の要請である。カント風にいえば、国際関係の「法治状態」[6]の促進に位置付けられよう。

4　res publica res populi, populus autem non hominum coetus quoquo modo congregatus, sed coetus multitudinis, iuris consensu et utilitatis communione sociatus (Cicero, Rep. 1.39).

5　R (Al-Saadoon) v Secretary of State for Defence [2015] EWHC 715 (Admin).

6　Kant, I., *Metaphysik der Sitten*, Erster Teil (Hamburg, 1998), p. 168, para. 57; Reiss, H. S., *Kant Political Writings* (Cambridge, 1991), p. 168, para. 57.

第2章
平和的生存権の日本への適用

【本書要旨】
前章で捉え直した平和的生存権の要請から、日本国憲法を捉え直すと、本章で見るように、矛盾をかかえる同第9条の意義、性格付けが必要となり、また在日米軍の地位についても、問題が明確化するだろう。

1　軍備の禁止と仮再軍備

まず、「陸海空軍その他の戦力」の保持を包括的に禁止した日本国憲法第9条第2項と、現実の「仮」再軍備（自衛隊は軍隊か？）の間の関係を捉えるに当たり、大きく分けて次の3つの解釈が有益かと思われる。即ち、刑罰と仮釈放説、平和的生存権の担保とそれからの逸脱（いつだつ）説、良心的規範説である（→その他の解釈につき第4章）。刑罰と仮釈放説は、一定の留保の下に現状をかなり整合的に説明できる。イギリス流の平和的生存権の担保とそれからの逸脱説は、1689年の権利の章典第6条の下で発展した軍隊の原則違法性からの逸脱手続（derogation）や、ヨーロッパ人権条約上の人権保障義務からの逸脱手続から学ぶことで、日本の「仮」再軍備過程と法制の手続的課題を明らかにできる。良心的規範説は、政策的なプログラム規定説である。いずれも相互排他的というよりは、相互補完的に捉えるべきであろう。

(1)　刑罰説

軍、戦力保持の禁止は、国の主権制限であり、国という一種の法人の行為能力制限であり、その性格は民事的というよりは、刑事的である。即ち、憲法第9条第2項は刑罰であるという解釈である。

①　仮釈放と保護観察

この解釈では、一定の留保はあるものの、現実の日本の仮再軍備と日米安全保障条約は、それぞれ刑罰からの仮釈放と保護観察（目付、probation）に当たるというように、現実の歴史的過程を比較的、整合的、合理的に説明できると同時に、将来の方針も建てやすい。

②　刑罰と更生

つまり、罪を犯して（→第8章は主に帝国陸軍に対する日本自身の刑事司法の慢性的な機能不全を明らかにする）、刑罰に処せられた日本国には、人権の尊重や民主化による更生により、軍備制限や集団的自衛権の行使禁止などの仮釈放条件の仮解除や解除が考えられる。

犯罪は故意を要件とするので、自然人はともかく、法人の故意には理論的に無理がある。ただ、日本の国内立法にも法人処罰規定は多い。何より、第4章で指摘するように、憲法第9条第2項の定める国の主権制限（これを法人処罰と捉える）は、極東国際軍事裁判（東京戦犯裁判）において、ある自然人（厳密には「個人法人」として、通常、法人名で呼ばれる自然人）の刑事責任を問わない代償として規定された可能性が高いので、刑事的な法律構成がより適切かと思われる。なお、国際刑事裁判権は、現在の国際刑事裁判所規程第17条にもあるように、国内刑事裁判権を補完するものであり、第8章で見る、帝国陸軍に対する日本の国内刑事司法の慢性的機能不全が、国際刑事裁判権の行使を正当化したといえよう。

③　警察官と保護観察官

留保として、本来、保護観察官と警察官は別々であるが、現実にはアメリカ軍が保護観察官兼警察官（→41頁、世界の警察官＝国連安保理常任理事国）なので、利益相反があることであろう。なぜなら、保護観察官は仮釈放中の受刑者の改善と更生の程度を点検し、警察官は、治安維持に当たる。警察官は、刑期を終えた元受刑者なら、更生度に応じて、これを治安維持の補助に用いることもできるだろうが、仮釈放中の受刑者はどうだろうか？（→下記⑤）。

例えば、1970 年の大阪万国博覧会で大阪府警察は更生した元スリを、スリ対策に動員した。同様にサイバー・セキュリティーには、更生した元ハッカーが役立つ。

④　保護観察と仮釈放条件

保護観察や仮釈放条件の変更、解除について、保護観察官に利益相反があると、どのような手続も正常には機能しない。そこで、イギリス流の平和的生存権の担保手段の 1 つとしてのイギリスの権利章典第 6 条の常備軍の設置と保持の原則禁止と、その下で発展した原則からの逸脱手続をモデルにするのが、次節の、平和的生存権の担保措置説と逸脱説である。

⑤　仮再軍備条件の変更

その前に、仮再軍備を、刑罰からの仮釈放と見做(みな)せば、その判断は、「行政庁」(連合国）に委ねられるだろうが、判決（量刑）が憲法規定となっている以上、その正式解除には、刑罰の終了、即ち、憲法上の刑罰規定の改正を要すると考えられる。従って、仮釈放（仮再軍備）条件の変更や限定的な仮解除にも、憲法改正に準じた手続が必要と考えられる。しかし、現実にそういう手続が採られたことはない。

例えば、集団的自衛権の禁止という仮再軍備（仮釈放）条件は、元来、内閣（法制局長官）の、後付の憲法第 9 条の目的論的な解釈変更に過ぎない（→第 4 章）。

なお、2015 年 9 月 19 日の、少なくとも日本の「存立危機事態」において、自衛隊による集団的自衛権の行使を限定的に容認する立法措置は、時間だけ追って見れば、2014 年 7 月 1 日の閣議決定による政府の憲法解釈の変更、即ち集団的自衛権の容認から間をおいて、2014 年 12 月の有権者多忙で投票率の上がらない時期における抜き打ちの衆議院解散・総選挙（19 日投票）を経てなされた。確かに、従来の政府の憲法解釈の変更の是非を国会がそれと明示して解散・総選挙で問えば、それは、憲法第96条の定める憲法改正手続の後半部分に準じた手続といえるかも知れない[1]。しかし、国会による正式の憲法改正の発議はなく、かつ解散・総選挙の正当化は、消費税率引上げ時期の遅延の是非を問うことだけであって、政府の憲法解釈変更の閣議決定の是非ではなかった。従って、この解散・総選挙をもって、後者の是非が有権者の多数の承認を得たという立論は、有権者にとって、アメリカ人一般にとっての真珠湾攻撃のような、卑怯（ひきょう）な「だましうち」に当たるであろう。「クーデター」といわれて当然である。

(2)　平和的生存権の担保説

陸海空軍その他の戦力の保持禁止は、イギリス流の平和的生存権の担保措置の1つであり、仮再軍備は、その人権保障措置からの、緊急事態（朝鮮戦争）における、逸脱である、と捉える。

①　イギリス軍隊違法原則からの逸脱手続

イギリスの1689年の権利章典第6条「平時に、王国内で、議会の承認なく、常備軍を設置、保持することは違法である」は、拡大解釈されて、戦時のイギリス海陸空軍及び海兵隊にも少なくとも実態として議会立法の根拠があった。この規定の下で発展してきた平和的生存権の保障手続は、日本の自衛隊のような「仮」軍備どころか、正規の軍の設置と保持そのものを、例外的な暫定措置に位置付け、毎年の議会による承認手続と、5年おきの根拠立法の再立法手続を要求している。例えば、2006年の軍隊法（Armed Forces Act 2006）第382条は、当初、勅令で1年に限って失効期限を延期できる定めで、そのための勅令は、まず勅令案の文面を議会両院に提出し、各院の賛成決議を得

1　日本国憲法第96条「この憲法の改正は、各議院の総議員の三分の二以上の賛成で、国会が、これを発議し、国民に提案してその承認を経なければならない。この承認には、特別の国民投票又は国会の定める選挙の際行はれる投票において、その過半数の賛成を必要とする。」

た後でないと、枢密院における王冠の裁可を得られない手続になっていて、5年後の2011年に、新たな軍隊法第1条、つまり5年目の新立法によって、さらに1年後の2012年まで失効期限の延長が許されることに改められ、その後、再び議会両院の賛成議決を得た勅令により1年毎に失効期限が延長されている。2016年にまた同様の立法措置が行われる。なお、5年というのは、1911年議会法による改正を経たイギリス議会（下院）の任期であるが、必ずしも解散総選挙ごとに再立法措置が採(と)られてきた訳ではない。

②　ヨーロッパ人権条約と逸脱手続

一方、ヨーロッパ人権条約は、いくつかの基本的な人権を除き、加盟国が、緊急事態に、人権保障義務から逸脱ないしこれに違反（derogation）できる手続を定めている（条約第15条）。なお、ヨーロッパ人権条約は、緊急事態においても逸脱（第15条）を絶対に許さない人権保障制度を特定しており、それは、拷問の禁止（第3条）、奴隷制の禁止（第4条第1項）、法の定めのない刑罰の禁止（第7条）である。生命に対する権利（第2条）は、正式な裁判による死刑判決の執行、正当防衛、正当な逮捕権行使、反乱や暴動の鎮圧に加えて、合法的な戦争行為による以外は、逸脱ができないと定められている（第2条と第15条）。

③　国際自由権規約との比較

なお、1950年のヨーロッパ人権条約の内容は、基本的に、日本国の加入している、より新しい1966年の国際自由権規約（昭和54年条約7号）と重なっており、正式名称の上では「ヨーロッパ」という地理的な限定はない（Convention for the Protection of Human Rights and Fundamental Freedoms）。自由権規約では、例えば人権保障義務からの逸脱は第4条、生命に対する権利の保障は第6条、拷問の禁止は第7条、奴隷制の禁止は第8条第1項、法の定めのない刑罰の禁止は第15条である。しかし、例えば、生命に対する権利の保障は、ヨーロッパ人権条約の方が、死刑執行以外の例外をも限定的に明示している分、緊急事態における逸脱を許す範囲を、より明確に限定していると捉えられる。

④　イギリス国内法上の人権逸脱手続

ヨーロッパ人権条約の定める人権保障義務をイギリス国内に直接適用するイギリスの立法、人権法（Human Rights Act 1998）は、逸脱の国内手続を定めている。すなわち、主務大臣は、省令で、5年に限って逸脱をすることができ、それも、発令から40日以内に、議会両院の賛成決議を得られなければ失効する定めである（法第16条）。この人権法の人権保障義務からの逸脱の定めは、軍隊法の毎年の失効期限の延長手続や、5年毎の再立法手続に比べて、略式であることが分かる。つまり、イギリスの1689年の権利章典第6条の定める軍隊の募集と保持の禁止からの「逸脱」手続は、1998年の人権法の定めるヨーロッパ人権条約上の人権の保障義務からの「逸脱」手続よりも、はるかに厳しいのである。

⑤　軍隊違法原則からの逸脱手続の方が厳しい理由

イギリスが、軍隊の設置と保持に対して、個別の人権保障からの逸脱よりも、厳しいというのは、歴史的な偶然で、憲法秩序として「倒錯」のように感じる読者もいるかも知れない。しかし、いくつか合理化も可能だと思われる。

第1に、それは1689年の権利章典からの逸脱か、1998年の人権法からの逸脱かの違いで、根拠法源のイギリス憲法上の重要性に応じて手続に差があると捉えられる。

第2に、本書がイギリス流の「平和的生存権」の保障と呼んでいるものは、人権の内容が理論的に個別化されて整理される以前のものである。

第3に、絶対王政期の王の軍隊の自国民に対する横暴と、そして、内乱期にイングランドとスコットランドの議会同士が、合同で、無期限で、作った新規軍（New Model Army）ことクロムウェルの神がかり軍隊の自国民に対する横暴の両方の経験を踏まえて、1689年のイングランドの権利の章典とスコットランドの権利の請求が生まれた。従って、その「平和的生存権」と呼ぶべき内容は、およそ軍隊の存在そのものが、個別化された人権の保障を超えた、より根本的なレベルで、法の支配そのものに対する圧倒的な潜在的脅威であるという認識に基づいていると考えられる。

⑥　日本の軍隊禁止の背景

日本国憲法第９条第２項は、その成立手続（→第４章）とは別の次元で、日本国民の苦い体験（→第８章）に根差した規範性を持つと考えられるので、その規範からの逸脱について、イギリスが300年以上にわたって採っている逸脱正当化手続から学ぶことは多いと思われる。日本では、憲法と直接抵触することを避けようとして「仮」軍備にしている（自衛隊といって軍隊とはいわない）くらいだから、最低限、国会による、イギリスの水準の、定期的な点検手続くらいは、義務付けられてしかるべきであろう。

⑦　日本の憲法規定からの逸脱手続案

イギリスの逸脱手続をそのまま日本に当てはめると、自衛隊法をはじめ、2015年９月30日の平和安全法制整備法による改正対象法律群（例えば国連平和維持活動等協力法、重要影響事態〔旧「周辺事態」〕諸立法や武力攻撃事態諸立法など→第５章３節）及び国際平和支援法、そして2009年の海賊処罰法など、およそ自衛隊の存否、編制、権限、統制等に関する法律は、すべて、有効期限１年の時限立法とし、その効力は毎年、国会の衆議院と参議院の両院の賛成投票を得た政令で１年に限り延長可能とし、そして日本の衆議院議員の原則任期である４年[2]おきに国会の正式の立法手続の中でその内容を精査されるべきであろう。これは、憲法第９条第２項が、将来、イングランドの1689年の権利章典第６条にならって、軍隊の存否そのものを国会の立法事項にするために、これを原則違憲と定めるように、改正される（つまり刑罰説にたてば刑罰の性質を失う）、されないにかかわりなく、実施されるべきであろう。もちろん、一度、そういう法律を用意しておけば、１年毎の国会での更新手続であれ、４年毎の国会での再立法手続であれ、それほど時間のかかるものではなく、儀礼的なものにとどまるかも知れない。しかし、そういう手続は、軍隊が、平和的生存権、いわば人権の総体、ないし法の支配そのものにとって、

2　日本国憲法第45条。

両刃の剣であることを踏まえ、その両刃の剣に対する法の支配を保つために、最低限必要と思われる（第4章、60頁、103-104頁）。

⑶ 良心的規範説

① しかみの自画像説

日本軍の永久禁止規定は、良心的規範として、1つには、日本の軍国主義に対する戒めであるという解釈があるだろう。ちょうど、元亀3年12月22日（1573年1月25日）、徳川家康が、三方ヶ原の戦いで武田信玄に敗れたとき、そのときの自分の悔しく情けない顔を絵師に描かせて、その「しかみの自画像」を、終生、自戒のために、保持していたという故事にならって、敗戦を機会に、憲法第9条第2項を、日本の「しかみの自画像」として、久しく国の指導者の戒めとして憲法に刻んだものと捉える。

② 集団安全保障に対する良心的参加拒否

それとは別に、もう1つ、憲法第9条第2項は、国会や内閣の裁量で、国際社会の集団安全保障のための強制措置に対する良心的参加拒否（conscientious objection）、即ち中立政策の採用を基礎づけることのできる条文であるという解釈もあるだろう。その帰結として、日本は、国際的平面における平和的生存権の保障の上で欠けるところがあるので、その代償として、国際社会の一員としての国民個人個人による国際社会奉仕の促進の政策を、基礎づけることができる。

③ 宗教的規範

良心的規範というのは、例えば、平和的生存権を、軍備ではなく、釈迦の前世の本生話の「捨身飼虎」、すなわち身を捨てて飢えた虎の母子を救ったという、東南アジアには伝わっていない「積善」伝承や、「もし人汝の頰を撃てば、もう片方の頰も向けよ」というイエスの山上の垂訓を伝える4つの福音書の中でも2つしか伝えていない聖句（マタイによる福音書5章39節、ルカによる福音書6章29節）、あるいはガンジーの非暴力不服従に従って保障しようというような宗教的規範と区別するためである。そういう宗教的規範は、信教の自由を保障する憲法の下、信条の多様な個々人の平和的生存権の法的な保障とは矛盾する。

④　プログラム規定

そうではなく、「戦争は人殺しだからやらない」、「平和という目的の達成手段として人殺しの手段は用いない」、というような良心的規範に基づいて、日本国は武力による集団安全保障には参加しない。その代わりに、ガルトゥングのいう積極的平和、即ち、戦争や武力紛争の休止状態という意味での消極的平和ではなく、紛争の多様な原因を取り除いて平和を築き上げる活動、例えば、飲料水確保や農業技術支援などの貧窮地域共同体の自立支援、災害救援などの人道支援、和解のための真相究明委員会、歴史認識の共有のための合同委員会、国際人権法の発展などの民間主体の様々な国際社会への奉仕活動が、国策として促進されるべきことは、憲法第９条第２項の政策的要請として基礎づけられるであろう（こういう政策上の裁量権を許す憲法規定を「プログラム規定」と呼ぶ）。民間主体というのは、個人の良心こそが奉仕の原点であるからであるが、いざというときには、国が最前線の個人ボランティアを救済する義務を負うべきであろう。

2　駐留外国軍の裁判権

日本国憲法第９条第２項が「保持」することを禁止する「陸海空軍その他の戦力」が、日本軍に限定されるかどうかは第４章に譲って、イングランドの権利の請願やスコットランドの権利の請求に見られる平和的生存権の保障措置は、平時の王の軍隊の略式裁判権を違法としている。これはヨーロッパ人権条約でいえば公正な裁判を受ける権利（第６条）に集約されるだろうが、その文脈における公正さ、「公正だと見られる」(seen to be fair）の要件でも、ともすれば捨象（しゃしょう）されかねない要点がある。見る主体はあえて捨象されていても、当然、犯罪被害者関係者の視点は入らなければならないが、往々にして忘れ去られやすい。この問題は、駐留軍の一員よる受入国での犯罪に端的に表れやすい。なぜなら、この公平な裁判を受ける権利が保障されるのは犯罪被「疑」者、即ち駐留軍の一員であり、受入国の被「害」者ではないからである。求められているのは、受入国被害者から見た裁判の公正さである。以下に見るように、イギリスは、北大西洋条約機構（NATO）軍の地位協定（ロンドン協定）を起草した。駐留軍の軍人軍属の犯す罪について、受入国（イギリス）の裁判所（通常裁判所）に優先裁判権がある場合に（第7条）、これを、イギリスが在英米軍のために放棄することは稀（まれ）である。それと文面上は同じ内容の在日米軍地位協定（第17条）を持つ日本は、逆に、通常、在日米軍を思いやって、自国の優先裁判権を放棄する。その運用実態は、NATO軍の地位協定の補足協定の下で、自国の優先裁判権を放棄する法的義務を負っているドイツに近い。在日米軍の地位協定の運用実態は、イギリス流の平和的生存権の保障とは矛盾するであろう。また、ドイツは、誰もが読むことのできる公開の補足協定を改正して、これを変えて改善を図っているが、これに対し、日本は、公開の協定文面に表れない、日本政府の内々の運用方針の変更を要するため、日本政府による正直な情報公開がない限り、是正が困難であるという、平和的生存権の保障上の欠陥（課題）を抱えている。

(1)　エクスチェンジ号事件米連邦最高裁判決

まず、第二次世界大戦直後のアメリカ人は、平時であっても、外国に駐留する軍人は、受入国の裁判権には服さないという国際法の原則があると信じる傾向があった。その根拠は1812年のスクーナー型帆船エクスチェンジ号対マクファッドン事件のアメリカ連邦最高裁判決（The schooner Exchange v M'Faddon 11 US (7 Cranch) 116 (1812)）である。なぜ、国内の最高裁判決がそのまま国際法原則になると思うのか？

(2)　1942年英議会アメリカ合州国進駐軍法

実は、それから1世紀以上たった1941年12月、日本の対米開戦につられてドイツとイタリアもアメリカに宣戦を布告して、アメリカは、めでたく国内の強硬な孤立主義を抑えて第二次世界大戦に参戦することができた。こうして、イギリスは多数の米兵を本土に受け入れ、勝利に向って邁進（まいしん）することができたのであるが、イギリス議会は、翌1942年、アメリカ合州国進駐軍法（The United States of America (Visiting Forces) Act 1942）を制定し、「米国進駐軍人に対しては、イギリスの裁判所において、いかなる刑事訴追も行わない」(第1条）と定めた。同法律に附則（schedule）として添付されている1942年7月27日付けのイギリス外務省とアメリカ駐英大使の間の交換書簡には、明確に米軍の「排他的管轄権」という表現が見える。この立法で、イギリスは、一見、スクーナー型帆船エクスチェンジ号事件の米連邦最高裁判決の言い分に無条件降伏したように見える。従って、自衛権についてのキャロライン号事件における米国務長官ウェブスターの公式（→第4章、68-69頁）と似て、イギリスがアメリカの国際法解釈に正面から反論しなかったので、一定の国際性があるということに過ぎない（厳密には、より広く受け入れられる必要がある）。

⑶　1951年北大西洋条約機構軍の地位協定

イギリスは、アメリカから多数の精力旺盛な青年男性を国内に受け入れたために発生する男女問題や、車両の交通ルールの違い（イギリスは左側通行、アメリカは右側通行）とそれに従った車両のハンドルの位置の違い、そしてイギリスの道路や駐車スペースの狭さなどから生じる交通事故などの諸問題を抱えることになった。そして、第二次世界大戦の終結後も、1950年に朝鮮戦争の勃発（ぼっぱつ）を受けて、第三次世界大戦を恐れて（→第4章、61頁）北大西洋条約が締結され、米軍が無期限でイギリスにとどまることになったため、駐留軍の裁判権についてのアメリカの解釈に反論を唱えて、1951年6月19日の北大西洋条約機構（NATO）軍の地位協定（ロンドン協定）を作成した。このNATO軍地位協定は、在日米軍の地位協定の他、例えば、国際連合の平和維持軍の受入国における地位協定のひな型にも採用されている。

⑷　エクスチェンジ号事件判決批判

イギリス軍法の大家、ドレープ大佐とバートン博士の議論は以下の通り。

まず、米連邦最高裁判決の対象事件の船、スクーナー型帆船エクスチェンジ号は、フランス皇帝ナポレオンの軍船で、ナポレオン戦争の最中、中立国のアメリカに寄港していたところ、おそらくはイギリスの差し金で、アメリカの一市民がある種の不法行為で民事訴訟を提起して船を差し押えたものであった。これに対して、フランス当局の要請で米連邦ペンシルベニア区法務官が、平時における外国の公的な軍船として、寄港地アメリカの裁判権には服さないという抗弁を提出した。従って、この事件は民事事件であって、刑事事件ではない。次に、米連邦最高裁のマーシャル裁判長は、外国人が受入国の裁判官に服さない場合を、外国君主、外国外交使節、受入国が外国軍隊の領内通過を認めた場合の３つに限った[3]。軍隊の通過の許可は、通過時においては外国軍の司令官が適正に懲戒と刑事の裁判権を行使することを前提に、受入国が裁判権を放棄する趣旨であって、外国軍に排他的裁判権があることを意味しない。それは、当時のアメリカの弁護士の表現を借りれば、「外国軍が軍旗を掲げ、隊列を組んで太鼓を鳴らしながら行進する[4]」事態だけを想定しており、NATO 軍のような外国軍の「常駐」とは前提が根本的に異なる。また、マーシャル長官のこの議論は、該当事件の判決理由とは直接関係のない傍論に過ぎない。

(5)　1942年イギリス議会立法の検証

派遣軍の受入国裁判権からの絶対免除の理論は、いかなる条約にも黙示されておらず、イギリス等の判例にも見出すことはできない[5]。むしろ、受入国の裁判権に服さないと主張するためには、その趣旨の特権の付与または権限の委譲がなければならない[6]。なぜなら、1942 年のイギリスのアメリカ合州国進駐軍法に附記された 1942 年 7 月 27 日付け英米外交書簡第 2 段落は、ア

3　The schooner Exchange v M'Faddon 11 US (7 Cranch) 116 (1812), pp. 137-140.

4　R. R. Baxter, "Criminal Jurisdiction in the NATO Status of Forces Agreement" 7 *International and Comparative Law Quarterly* (1958), p. 72.

5　G. P. Barton, "Foreign Armed Forces: Immunity from Criminal Jurisdiction" 27 BY (1950) p. 186, at p. 232 and p. 234.

メリカがその裁判権を行使しないと決めた場合に、イギリスがその裁判権を回復する（restore）ことを明記しているからである。かつ、これに対し、駐英アメリカ大使は明確に反論していない。従って、1942年のイギリスの立法も、決してエクスチェンジ号事件判決に同意していた訳ではなく、むしろ、派遣軍人も受入国の裁判権に服するのが、そもそもの原則であったと思われる[7]。

⑹　1942年の英立法と警察権

なお、1942年のアメリカ合州国進駐軍法は、決して、イギリス警察による立入、検査、逮捕、勾留権限に影響を与えるものではなかった（第1条第2項）。これは、NATO軍地位協定とそれを準用している地位協定（在日米軍地位協定）の解釈においても、その前提となると考えられる。

⑺　在日米軍の地位協定

さて、NATO軍地位協定（ロンドン協定）は、1953年8月に発効したが、日本は、在日米軍の地位に関する行政協定の1953年9月29日の改定により、文面上はロンドン協定に準じた内容を確保し、1960年の条約改定に合わせて、在日米軍の地位協定も新たに正式に条約として制定された。

⑻　NATO軍地位協定の対独補足協定

一方、ドイツ連邦共和国は、1955年に連合軍のドイツ占領管理委員会が解散されると同時に北大西洋条約に加入したが、ロンドン協定への加入は許されず、別途、1959年8月9日になってNATO軍地位協定の対独補足協定（英Supplementary Agreement，独Zusatsabkommen）が締結された。違いは、一般協定（ロンドン協定）では、派遣国と受入国の両方の法令によって罪となり両国の

6　G. P. Barton, “Foreign Armed Forces: Immunity from Supervisory Jurisdiction” 26 BY (1949), p. 380, at pp. 412-413.

7　G. I. A. D. Draper, “The Exercise of Criminal Jurisdiction under the NATO Status of Forces Agreement 1951”, 44 Problems of Public and Private International Law (1958-1959), p. 9, at pp. 16-17.

刑事裁判権が重なる（競合する）事件については、派遣国に優先（第一次）裁判権がある場合と、受入国に優先裁判権がある場合に分け（NATO 軍地位協定第 7 条第 3 項）、例えば受入国の法令で処罰できる罪が、派遣軍人の公務執行中の作為・不作為[8]から生じた訳ではない場合には、受入国が優先裁判権を持つが、その場合でも、優先裁判権を持つ国の当局は、他方の国の当局が優先裁判権の放棄を特に重要であると認めた場合において、その相手方の要請があったときは、その要請を好意的に考慮する義務（好意的考慮義務）が定められている（同第 7 条第 3 項第 c 号）。

⑼　西ドイツ優先裁判権の放棄義務と例外

これに対し、ドイツ連邦共和国だけは、自国の優先裁判権を派遣国からの要請のあるなしに拘（かかわ）らず放棄しなければならない義務が課せられた。ただし、特定の事件において、特別の事情により、ドイツ連邦共和国の当局が司法上の重大な利益のために優先裁判権を行使することが必要であると思料する場合は、その放棄義務の撤回を相手国当局に通知し、それについて相手国の合意を得られないときは、外交ルートで処理すべきことが定められた（対独補足協定第 19 条第 3 項以下）。

⑽　日本優先裁判権を放棄する好意的配慮

日本の 1952 年の地位協定では、文面上は、NATO 軍の一般的地位協定と

8　公務執行中の作為・不作為という要件は、英米不法行為法の使用者責任、つまり被用者の過失責任を使用者に帰責する法理にある、従業中（in the course of employment）の作為・不作為という要件に、一見、似ている。ただし、不法行為法上の使用者責任は、被害者救済を旨として、従業中という要件を広く解釈する傾向がある。使用者（雇主）の方が、被用者（従業員）よりも、資力があると考えられるからである。これに対し、派遣軍の地位協定における公務執行中という要件は、派遣軍の裁判権と、受入国の裁判権の優先順位を決定する文脈において吟味されるので、派遣軍の紀律と受入国の被害者の救済を秤にかけることになるが、平和的生存権の考え方からすれば、被害者救済を旨とすることになり、公務執行という要件を狭く解釈すべき要請が働くというべきであろう。

同様の単なる「優先裁判権の放棄要請の好意的配慮義務」にとどめられたのだが（行政協定第17条）、1953年10月28日、在日米軍地位協定の実施協議機関である日米合同委員会（在日米大使館と四軍及び日本の外務防衛法務その他関係省庁の間の委員会）において日本代表が、日本にとって著しく重要な事件以外は、政策の問題として（つまり法的義務としてではなく）、その優先裁判権を放棄する方針を内々に米国代表に表明していたことが、米国の情報公開で分かっている。これは「密約」ともいわれる。厳密には密約というより、法的拘束力のない非公式の方針表明なのだが（相手が国民なら行政指導）、実際の運用は、この発言に添ったものとなって、イギリスでは自国の優先裁判権の放棄が稀な例外にとどまるのに対し、日本では自国の優先裁判権の行使が稀な例外となり、実態は、優先裁判権の放棄義務を負う西ドイツに近い結果となった。表面的にはイギリスと同じで放棄義務は負っていないのに、西ドイツのように放棄義務を負っているような結果が出る。これが、日本の、（西）ドイツと比べたときの、日本らしい特色である。つまり、「表向き」国民向けには、イギリス並みの形を整えたといえるが、「裏」では（西）ドイツ並みに近い、権利はあっても放棄するつもりですよと、アメリカに伝えて、相手を「思いやる」形を示して、もって国内世論と外圧の両方の顔を立てたのである。これに対し、（西）ドイツは、そういう姑息な表裏の使い分けや曖昧な「思いやり」をしないところからスタートした。明確に公開の補足協定の文面上、権利を放棄する義務を負うところからスタートしたのである。そのため、内々の方針で放棄するところからスタートした日本と違って、その後の改正で明確に放棄義務の範囲を制限して、改善を図っていくことが可能になった。これに対し、日本では、まず、日本政府による、信頼に足る、正直な情報公開がない限りは、内々のアメリカ向けの方針の改善が今もあるのかどうかを含め、改善が困難である。

⑾　西ドイツの例外規定の統一後の改正

即ち、対独補足協定はドイツ統一後の1993年3月18日に改正され、ドイツの優先裁判権の放棄義務は、死刑に至る罪には適用されず、放棄義務の撤回の場合も、ドイツ当局がドイツ司法上の利益のためにドイツの裁判権を行使することが必要であると思料する場合に一般化、単純化され、反対に派遣国が優先裁判権を持つ場合でも、それがドイツの司法上枢要な利益にかかわる罪であるときは、派遣国の優先裁判権を行使するかどうかドイツに通告する義務が新たに定められ（1993年改正補足協定第19条第2項後段）、実質的に一般協定に近づいた。

⑿　イギリスが優先裁判権を放棄しない背景

そして、イギリスで、米軍の軍法裁判権のために自国の（通常）裁判所の優先裁判権を放棄することが珍しいのは、次の諸事情によると考えられる。

第1に、アメリカ人にとって、例えばイングランドの1628年の権利の請願が確認したマグナ・カルタ以来のイングランド人の自由権は、そのまま、1606年のバージニア憲章（イングランド王ジェイムズ1世＝スコットランド王ジェイムズ6世がバージニア拓殖会社に与えた勅許状）を通して、アメリカに入植した者とアメリカで生まれた子孫に与えられた自由権に他ならない（バージニア憲章第15条）。1776年のアメリカ独立宣言もイングランドの権利の請願や権利の章典を引用しており、それらはアメリカ合州国憲法の権利章典（1791年）に引き継がれている。要するに、かつて独立戦争において、在米イギリス軍に対して「植民地だと思って差別するな、お前たちと同じ自由権が我々にもあるのだ」と主張して、これと戦った手前、逆の立場に立って、相手の共有する同じ自由権を侵害する訳にはいかないのである。

第2に、それ以上に、やはりイギリス法上の罪を犯した（外国）兵士を、（外国）軍の略式裁判ではなく、イギリスの通常の裁判所の手続で裁くことは、イングランドの1628年の権利の請願や1689年のスコットランドの権利の請求（平和的生存権に関する部分はいずれも現行規定）の趣旨であると、イギリス政府が、認識していることによると思われる。そのような、自国民の人権、平和的生存権の保障に対する責任感が、日本政府にも求められよう。

第2部

国際関係と現代日本の平和と人権

第 3 章

国際関係

【本章要旨】

言論、思想、報道の自由その他の人権、法の支配、自由で公正な選挙など民主主義の柱を否定するロシア連邦との再冷戦化の進行で、大西洋側では自由民主主義諸国の安全保障上の結束圧力が強まっているが、太平洋側では、そもそも同様に価値観の違いのある中華人民共和国（中国）や朝鮮民主主義人民共和国（北朝鮮）との冷戦は終結したことがない。そのような冷戦の文脈における集団安全保障の強化は、本来、単なる防衛力の強化で済むものではなく、守るべき自由と民主主義の強化こそが重要である。例えば、ロシア、中国、北朝鮮に対抗する名目で、日本国内で言論、報道、思想統制を行ったのでは、日本の無条件降伏に等しい。

例えば、イギリス議会では、テロ対策の立法過程において、よく次の言論が聞かれた。「テロに抗するという名目で、イギリスの自由、人権、民主主義を否定すれば、すなわちテロリストのニヒリズム（虚無主義）に屈服することになる」と。イギリスの貴族院の旧司法権を独立させた新最高裁判所が、やはりテロ対策立法や、拷問や、そして入国管理関係の訴訟において、高い基準を求めてきたのも、そういう自覚に基づいたものと思われる。

本章では、ジョージ・オーウェルの近未来小説『1984 年』から見えてくる世界観から話を進め、現実の 1984 年以降の国際関係と管理社会の展開を簡単に追いながら、それでも変わらない価値を考えてみたい。

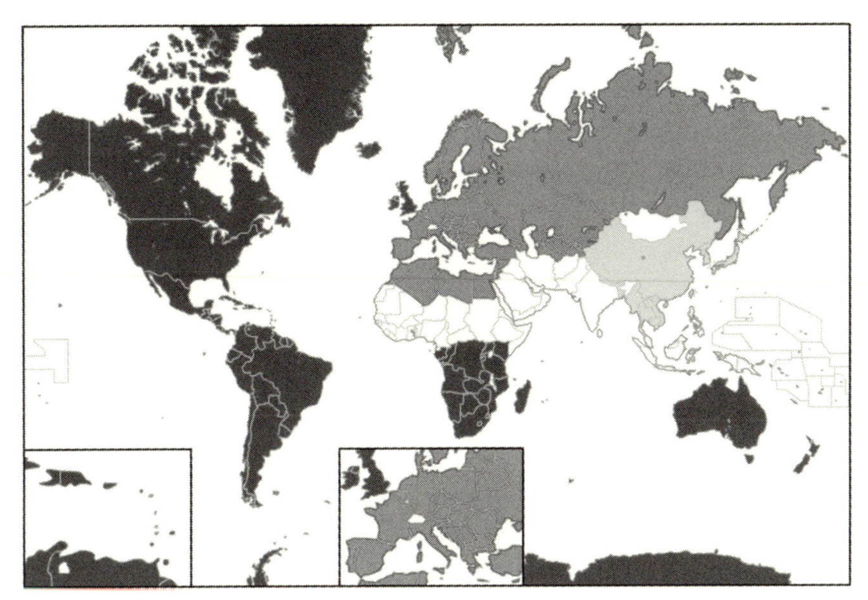

地図1　ジョージ・オーウェル『1984年』より

ユーラシア　オセアニア　東アジア

1　小説『1984年』の世界

(1)　オーウェルの近未来小説

1948年に執筆されたジョージ・オーウェルの近未来小説『1984年』は、世界を「オセアニア」と「ユーラシア」と「東アジア」の三大全体主義圏に分割し、その間に三圏の影響力が拮抗する武力紛争地帯が横たわると想定した。これは、執筆当時の東西冷戦下の動向を敏感に感じ取り、自由と人権と民主主義が、共産主義圏だけでなく、それと「戦う」西側でも脅威にさらされる様を描いたものともいえる。現実に、例えば1961年1月、アイゼンハワー米大統領は、辞任演説で、アメリカの「軍産複合体と科学技術エリート」が自由と民主主義を脅威に陥れる、いわば「獅子身中の虫」であるとした。そういうようなことになってはいけない、という意味で、オーウェルの小説は「ユートピア」の反対の「ディストピア」と呼ばれる。

(2) 監視・管理社会

小説『1984年』は、とくに個人の自由が失われた監視社会や管理社会を風刺しているが、現代では、防犯カメラ（CCTV）の普及や国民総背番号制度（マイナンバー）の導入により、「1984年」の「予想」をはるかに超えて、さらに機械化され、高度化された監視社会、管理社会が生まれている。

マイナンバーは、公権力による、納税者及び潜在的な納税者の経済状態のできるだけ包括的な実態把握を可能にし、税、年金その他の社会保障のための入金を漏れなく確保し、無駄な出金を抑える目的で、個人情報をできるだけ一元的管理するための制度といえる。これは、個々の人間を番号に置き換えて捉えるために、人格という、他には代えられない、掛け替えのない価値が捨象されてしまうという問題が指摘される。マイナンバーの目的そのものが、個々の人間を経済的価値、すなわち金銭に換算して捉えることにあって、個人を掛け替えのない一個の人格体として尊重すること（人権尊重）を目的とはしていない。人を見ないで紙や画面上の数字を根拠に評価されるのは気分のよいものではない。個人が情報化されると、本人確認の間違いの新たな機会を作るし、置換性に付け込んで、アイデンティティ（本人性）の窃盗（identity theft）、つまり他人になりすます犯罪発生の危険性を拡大する可能性も生まれる。また、個々の人間の規格品化を促進するような発想に基づいていることも指摘できるだろう。それは熱い血のかよった人間に、『ターミネーター』のように、冷たいバーコードがつき、製品番号何番という番号がついているのと、本質的なところで異なるところはないからである。それどころか、例えばナチス・ドイツのアウシュヴィッツ強制収容所で、ユダヤ人らが家畜のように腕等に識別番号を焼き付けられ、常に番号で呼ばれたことと重なる。囚人扱いに等しい。

貨幣経済が「信用」を基礎に発展し、金や銀といった現物の交換価値から離れて、数値的価値の何等かの印（token）へと進化してきたとすれば、防犯カメラやマイナンバーは、「不信」を基礎に発展している。「安全」、「安心」という掛け声は、「不安」と「不信」の裏返しであり、これによって、公権力が個人の自由を奪うメカニズムがある。

(3)「オセアニア」

さて、「ビッグ・ブラザー」の支配する「オセアニア」は、南北アメリカ大陸を軸として大西洋と太平洋にまたがり、イギリス諸島、アフリカ南部とマダガスカル、オーストラリア、ニュージーランドに展開して、七つの海（オーシャン）を支配する。これは、イギリスにとっての、かつての反乱植民地アメリカが、インドを除く大英帝国をそのまま呑み込んでしまった姿を描いたブラック・ユーモアで、米国参戦の頃からのイギリス人の恐れと自嘲を皮肉った側面がある。イギリスは、次に述べる「ユーラシア」から「オセアニア」を防衛するための「第一空軍基地」(Air Strip One）即ち「不沈空母」と化した。日本では、現実に1980年代の中曽根康弘内閣総理大臣が日本を米軍の「不沈空母」と呼んだ。

(4)「ユーラシア」

「ユーラシア」は、ロシアからイギリス諸島を除く欧州大陸全土を席捲するが、小説では、なぜか支配民族はロシア人ではなく、モンゴル系という設定である。これは黄色人種に白人世界が侵されるという「黄禍論」(Yellow Peril）そのものである。オーウェルとしては、ソビエト連邦の共産主義者は、外見こそ白人かも知れないが、中身は当時の偏見をこめて「黄色い」という意味を込めたのであろう。いわば「バナナ」(黄色いくせに中身は白いという日本人に対する皮肉）の逆様（ゆでたまご）といえようか。

(5)「東アジア」

そして、中国と日本を中心とする「東アジア」が、その産業力により独自の勢力圏を保持する。そして、大英帝国の要であったインドも、もはや「オセアニア」には入っていない。これは、オーウェルの時代、ソビエト連邦の勢力圏を「ユーラシア」としたときに、たとえ東アジア全体が共産化したとしても、ソ連からは一定の独立性を保持しているだろうというオーウェルの予測だったのかも知れない。

1920 年代にビルマの警察任務を経験したオーウェルは「大東亜共栄圏」に強烈な衝撃を受けていたようだ。これはオーウェルだけではない。『1984 年』の執筆された 1948 年頃に現実に始まっていた中国の国民党と共産党の内戦の結果、中国共産党が大陸を席巻し、1949 年 10 月 1 日に中華人民共和国が成立すると、イギリスは、当時労働党政権であったが、1950 年 1 月 6 日、香港防衛も考えつつ、中国共産党はソ連共産党の支配下にはなく、より独立していると考えて、これを西側陣営の先陣を切って承認した。翌 1951 年の総選挙で政権についたイギリス保守党の外交において、オーウェル流「ウィンストン」(チャーチルの皮肉) の大英帝国の維持政策を実践したといえるイーデン外相も、東南アジアにおいて日本人が火をつけた白人支配に対する反乱の影響を重大視していた。例えば、1954 年の朝鮮及びインドシナ問題に関するジュネーブ講和会議で、アメリカは、講和案のベトナム統一選挙について、選挙を実施すればホーチミンが勝つという理由で署名を拒否したが、イーデン回顧録は、ベトナム人と外見上変わるところのない日本人が白人支配を実力で転覆した以上、この土地に、アメリカの白人が、フランスの白人とは違うつもりで、かつ反共産主義の目的で、介入したところで、底流にある白人支配に対する反乱の火に油を注ぐだけなので、ベトナムは捨てて、より国際通商路の確保のために重要性の高いマラヤ (マラッカ海峡) に火の粉が降らないようにするべきだと記していた。

オーウェルの「天下三分の計」を諸葛孔明のものに例えれば、さしずめユーラシアが「魏」、オセアニアが「呉」、東アジアが「蜀」といったところであろうか。

2　現実の1984年の世界

(1)　現実の1984年の世界

現実の 1984 年頃の世界を見ると、ソビエト連邦とワルシャワ条約機構を中

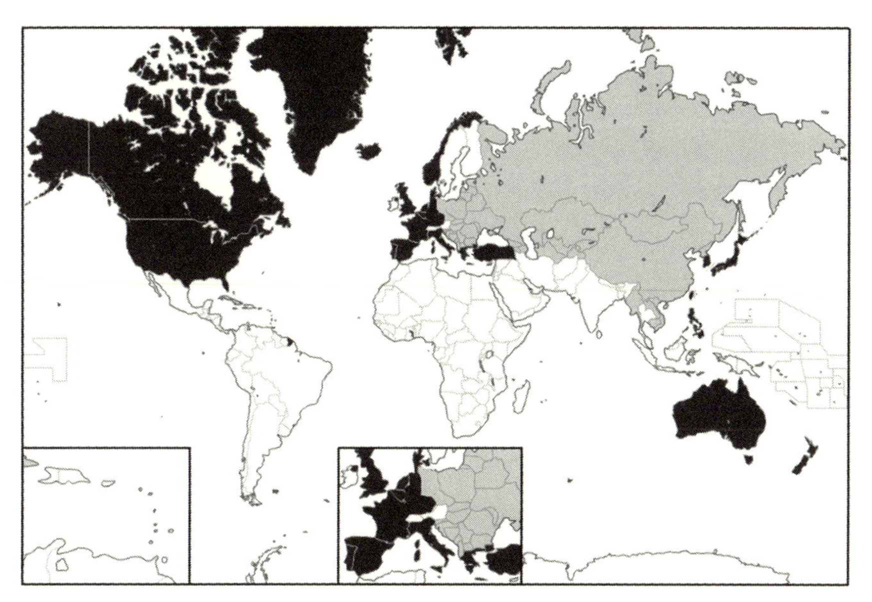

地図2　1984年の世界

核とする共産圏が「ユーラシア」に当たり、西は東西ドイツ国境からアドリア海へ抜ける線にとどまっていたが、東は、モンゴル、中華人民共和国、北朝鮮、インドシナ連邦（ベトナム、ラオス、カンボジア）へ大きく拡大し、カリブ海のキューバにも飛び地があった。なお、ワルシャワ条約には、東ヨーロッパの中でも、アドリア海に面した当時のユーゴスラビア社会主義連邦共和国やアルバニアは、第二次世界大戦においてソ連軍に「解放」された訳ではなかったことをもって、加盟せず、非同盟の緩衝地域となっていた。これに対して「オセアニア」は、北大西洋条約機構（NATO）をその中核として、太平洋ではアメリカ合州国を軸にして、オーストラリアとニュージーランドとの三国間条約、その他、アメリカとの二国間条約ないしアメリカ国内立法で、韓国、日本、フィリピン、台湾にも延びていた。こうして第三勢力「東アジア」に当たりそうなところは「ユーラシア」共産主義圏と「オセアニア」自由主義圏の2つに分断されて独自の自立性を失っていた。

(2)　現実の東アジア

おそらく東南アジア諸国連合（ASEAN）あるいはインドが、第三勢力に近似する傾向性を示していたともいえるかも知れない。しかし、いずれも、まとまりも経済力も弱かった。

(3)　第三勢力「東アジア」の萌芽

ただし、見方次第では、1971年に国連における中国代表権を獲得した中華人民共和国の、ソ連との対立による対米接近のため、日本、韓国、台湾でも大陸中国とイデオロギーを越えた緊張緩和（デタント）を進めようとする機運が高まり、その意味で第三勢力「東アジア」の萌芽が見え隠れしていた時代といえるかも知れない。

(4)　日本の憲法9条ナショナリズムの地域性

日本の「憲法9条ナショナリズム」つまり非武装中立化、あるいは少なくとも集団安全保障不参加と非同盟主義を支持する民意といわれるものも、アメリカの指導下からの独立を志向するという文脈においては、「ユーラシア」対「オセアニア」の冷戦構造から独立した「東アジア」の地域共生へのリージョナリズム（地域主義）の可能性を孕（はら）んでいたと捉えられるであろう。第4章で見るように、連合国の第二次世界大戦中の計画で、日本は、共産主義陣営と自由主義陣営の間の緩衝（かんしょう）地帯として非武装中立化することになっていたが、その構想に地域主義が入り込んだものと捉えられるだろう。

3　冷戦終結後の世界

(1)　冷戦終結後の世界

その後、世界の様相は、1989年の東欧革命、1990年の東西ドイツ統一、1991年のソ連崩壊、そして東アジアにおける冷戦構造の残存を経て、大きく様変わりした。とくに、中華人民共和国、北朝鮮、ベトナム、ラオスの残存

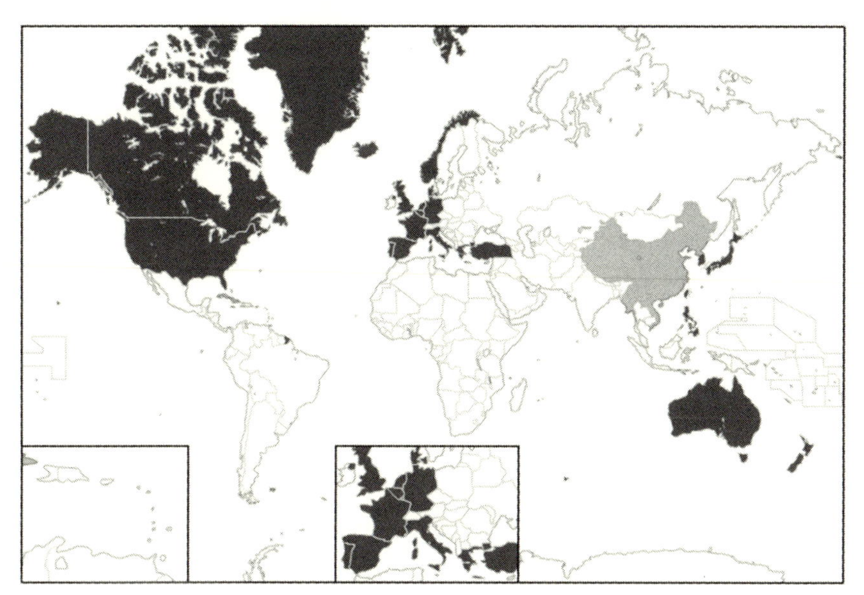

地図3　1989年〜1999年の世界

及びビルマ（ミャンマー）への拡大は、この「東アジア」が、単なる「ユーラシア」(ソ連圏）の衛星国ではなかったことを証明したといえるかも知れない。

⑵　21世紀初頭の世界

しかし、ソ連崩壊後に生まれたロシア連邦では、2000年にウラジーミル・プーティン大統領が登場し、全体主義の復活が進み、ロシアと中華人民共和国を枢軸とする新しい「ユーラシア」が再興されて、それまでに旧東欧に大きく拡大していた北大西洋条約機構を機軸とする「オセアニア」と対立するようになった。この結果、1984年頃におぼろげながら姿を現しつつあった「東アジア」は再び姿を消し、むしろ21世紀に入ると、「アフラシア」(北アフリカと西アジア）ともいうべきイスラム圏ないし潜在的テロリズムの圏の台頭の方に「オセアニア」の注目が集まっている。とくに七つの海をつなぐ「オセアニア」としては、インド洋の北部、ペルシャ湾岸の油田地帯を中心として、インド洋の西北（スエズ運河、紅海、アデン海、ソマリア沖）と東北（マラッカ海峡、

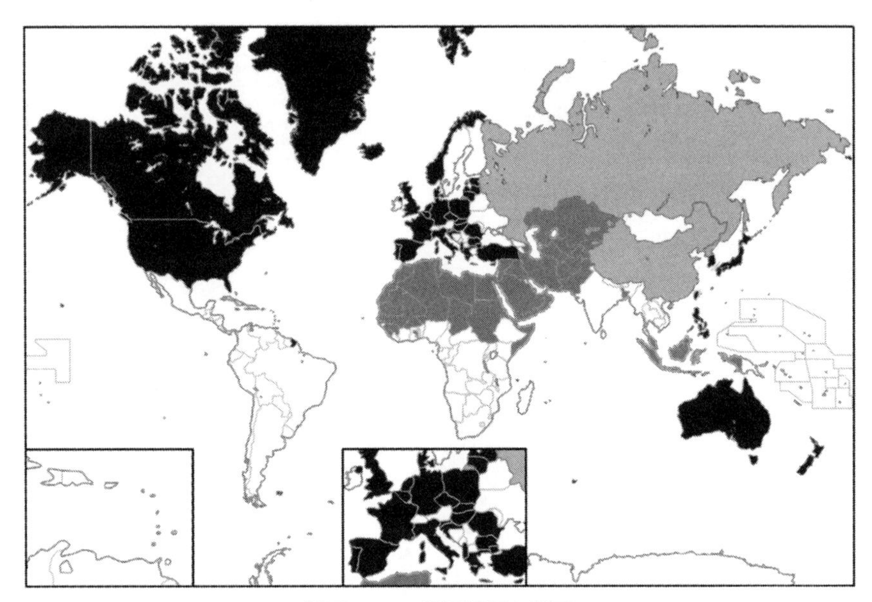

地図4　21世紀初頭の世界

インドネシア、フィリピン南部）の海賊とイスラム過激派、そして中華人民共和国の南シナ海支配による国際通商路の遮断の危険性が懸念材料である。また、日本からはアフリカの向こう側で遠いが、イスラム化が進む西アフリカ沿岸も、産油国を抱えており、海賊対策、イスラム過激派対策が強化されている。

⑶　2010年代の再冷戦化

2010年代に入ると、ロシア、中華人民共和国、イスラム圏だけでなく、欧米や日本でも過激なナショナリズムや地域文明ナショナリズム（「文明の衝突」）とでもいうべきものの火が消えず、再冷戦化が急激に進行する中で、自由民主主義諸国（オセアニア）の結束が大西洋側で強まるとともに、太平洋側でもその拡大強化が望まれている。

⑷　自由主義陣営

そして、その文脈における集団安全保障の強化は、単なる防衛力の強化ではなく、守るべき法と価値観の強化でなければならない。言い方を変えればハード面だけでなく、ソフト面の強化が重要であり、ソフト面の強化は「オセアニア」の中核である北大西洋条約機構やオーストラリア、ニュージーランドよりも、地理的・文化人類学的には「東アジア」に位置する韓国、台湾、日本においてとくに重要である。その点で、近年の日本には重大な懸念がある（その対策の1つが第7章）。

4　太平洋方面の今後の戦略

今後の戦略の可能性としては、太平洋側でも中華人民共和国をロシアから離反させて「ユーラシア」を北に押し込めて、自由化させながら、あわせて太平洋という「オセアニア」における自由・人権と民主主義を守り拡大するという可能性が考えられてしかるべきであろう。

第４章

日本国憲法

【本章要旨】

イギリスの人権保障の歴史が示すように、軍隊は、人権と法の支配にとって「両刃の剣」、すなわち人権保障の前提というべき平和の盾であると同時に、その最大の潜在的脅威でもある。日本国憲法第９条第１項は、1928年の戦争放棄条約（いわゆる「パリ不戦条約」を日本は批准し昭和４年条約第１号として公布）の内容を国内法に取り入れたものであるが、同第２項は、これとは全く異質で、第二次世界大戦中の連合国の、ドイツと日本を非武装中立の農業地帯にする計画の延長で、日本のあらゆる軍備を禁止したものである。

日本国憲法第９条

①「日本国民は、正義と秩序と基調とする国際平和を誠実に希求し、国権の発動たる戦争と、武力による威嚇又は武力の行使は、国際紛争を解決する手段としては、永久にこれを放棄する。」

②「前項の目的を達するため、陸海空軍その他の戦力は、これを保持しない。国の交戦権は、これを認めない。」

その内容を将来にわたって保障するために、連合国による日本占領管理の後に結ばれるべき連合国と日本との間の講和条約にも、その旨の規定が盛り込まれる予定であった。しかし、第二次世界大戦後の連合国同士（米英対ソ連）の仲違い（なかたがい）（「冷戦」）を背景にして、中国大陸と朝鮮半島における共産党の「武力革命」ないし戦争が第三次世界大戦の引き金を引きかねないと恐れられた世界的な緊急事態の下で、日本では、憲法違反のまま仮の再軍備が進められて、現代に至っている。その過程は、その当時は、緊急事態のためにやむを得なかったのかも知れない。しかし、そういう「非常の措置をもって時局の収拾を図る」（1945年のポツダム宣言受諾の勅語）ということを繰り返し、1953年の朝鮮戦争の休戦後も、60年以上にわたって、その憲法上の変則事態を是正せずに放置するどころか、さらに拡大することは、単に一憲法の個別条文の是非を超えて、一国の基本的な憲法秩序そのもの、法の支配そのものを、なし崩しに破壊する事変といわなければならない。本章は、イギリス式の民主的な議会政治のルール（本来の「憲政の常道」constitutional convention）から見た日本国憲法の成立手続の欠陥や、警察予備隊令、海上保安庁法改正法、保安庁法、自衛隊法という仮再軍備過程の手続的な欠陥を明らかにし、イギリスのやり方を参考にしながら、本来、どういう方法、手順があり得たのかを考え、法の支配を守るために、今後の立法手続のあり方を提案することを目的とする。

1　日本国憲法の成立前史

(1)　基礎文献批評

柴山太『日本再軍備の道 1945-1954』(ミネルヴァ書房 2010年）は、イェール大学を拠点とし、連合国の当初の日本占領方針と非武装中立化構想と講和方針から再軍備と日米防衛条約構想への転換について、主にアメリカとイギリスの膨大な資料に基づいた、各ページ2段組みで767ページにのぼる重厚な実証研究である。第二次世界大戦末期から朝鮮戦争まで、朝鮮戦争の勃発（ぼっぱつ）、中国共産党軍の介入などの段階を追って、アメリカの国務省、陸軍省、海軍省、統合参謀本部、占領軍司令部等の中の多様な見解とその動向を莫大な公開資料を駆使して詳しく追うだけでなく、従来あまり注目を集めていなかった、イギリスの内閣、外務省、幕僚長委員会などの果たした重大な役割を明らかにした点で、従来の知見を塗り替える大作である。豊下楢彦『昭和天皇・マッカーサー会見』(岩波書店 2008年）は、文庫本240ページ、イタリア占領管理体制の研究の知見から、日本占領管理体制に斬り込んだ研究である。占領開始直後から講和・独立直後に至る時期に天皇の果たした役割に大きな比重を置き、従来、日記類が断片的に点在するだけだった領域について、主に天皇の役割に関する、より直接的な新発見資料を動員し、従来からの資料と組み合わせて、実相に迫ろうとする野心的な研究で、とくに1945年9月27日から1951年4月15日まで昭和天皇と連合国軍最高司令官マッカーサーの間で全部で11回あったと思われる会見のうち、資料のあるものを中心に、マッカーサーの後任のリッジウェイ将軍との1951年5月2日から7回にわたる会見記録（松井日記）も視野に入れて、分析を進めている。今後は、昭和天皇実録との相互検証が求められるであろう。

(2)　大西洋憲章

日独伊枢軸国に対する1942年1月1日の米英ソ中等の連合国（The United Nations）の世界各国における自由と人権を守る共同戦争目的の宣言は、1941

年 8 月 14 日の英米の大西洋憲章（The Atlantic Charter）を継承していた。大西洋憲章は、①領土不拡大、②人民の自由意思に従った領土変更、③人民の統治方式の選択権と民族自決権、④国の大小や戦争の勝ち負けにこだわらず平等に貿易と資源を求める権利、⑤労働基準の改善と社会保障、⑥ナチスの暴政からの安全と、欠乏と恐怖からの自由、⑦航海の自由、⑧武力行使の廃止と越境武力攻撃国の武装解除と一般的な安全保障制度（→国際連合）の確立による平和愛好国の軍備義務の緩和という、戦後の新世界秩序の基本原則を掲げた。当時のイギリス首相チャーチルは、国内で最も保存状態の良いリンカーン大聖堂の 1215 年のマグナ・カルタ写本が 1939 年のニューヨーク万国博覧会に出展されていたので、それをそのままアメリカに寄贈しようとし、それが大聖堂側の意向でできないと分かると、今度は、安全のためにアメリカに預けることにした。それほど、イギリスは国の存亡の危機にあり、マグナ・カルタ以来の「同じ自由権」を共有するアメリカの参戦を強く求めていた。そのイングランドの「自由の大憲章」(マグナ・カルタ）に、アメリカのローズベルト大統領の妻エレノアの発案の「欠乏と恐怖からの自由」という新しい、内容の定かならぬ、自由が書き加えられて、新たな大西洋憲章が生まれた。その中に、戦後の日独伊の武装解除と国際連合（中国語正文では「連合国」）機関の設立も暗に言及されていた。

①　カサブランカ宣言と無条件降伏

第二次世界大戦中の連合国共同宣言は、いくつか発せられ、戦後の新世界秩序構築の基礎となる世界的重要性を持つに至った。しかし、例えば 1943 年 1 月のカサブランカ宣言のように、米ローズベルト大統領が、独断で、枢軸国に無条件降伏を要求すると記者発表して、隣にいた英チャーチル首相を唖然とさせるなど、勢いにまかせた逸脱行動が目立った。というのも、ローズベルト大統領は、当時すでに初代ワシントン大統領（の先例に従った第三代ジェファーソン大統領）以来の三選禁止の不文律[1]を破って三期目の任期（1941 ～ 1944 年）をつとめていたからである。そうして箍（たが）の外れた逸脱（いつだつ）大統領が、無条件降伏要求の先例として引用したアメリカ南北戦争（Civil War）における北軍のグラント将軍（後の大統領）の南軍のドネルソン要塞守備隊に対する無条件降伏要求とは、次のような内容だった。つまり、守備隊の司令官たちが夜半に敵前逃亡した後に残された部下たちが、翌朝、やむを得ず白旗を掲げて降伏し、要塞から出て、要塞の明け渡し条件をめぐって交渉の席についてからの無条件降伏の要求であった。カサブランカ宣言の当時、ドイツも、イタリアも、日本も、まだ白旗を挙げる兆しすらなかったので、これらに対して無条件降伏を要求するなど、ドネルソン要塞の故事では正当化され得ず、常軌を逸していた。しかし、一旦、記者発表の場で口から出た言葉は、どれほど支離滅裂であったとしても修正が効(き)かず、独り歩きして、アメリカ国務省を国際的、国内的にがんじがらめに縛った。この無条件降伏要求は、降伏するくらいなら死を選ぶドイツ軍や日本軍を相手にしたとき、米英2国にとっては、戦争の終結の時機を思い通りに決める権利を自ら放棄して、敵であるドイツと日本に預けるに等しかった。そのために、米英にとって、敵政府を一撃で破壊できる原子爆弾の開発が、いよいよ重要となり、戦争はいよいよ相互の残虐性と非人道性の競い合いになった。その結果、米英として、とくにアジアの戦争をソ連参戦前に終結させることに失敗し、味方のはずの中国と、独立を約束した朝鮮の戦後処理において、北大西洋憲章で約束した人民の自由な統治方式の選択権や民族自決権を守り切れなかった。このことは、グラント将軍の故事にある「無条件降伏」という言葉の響きに酔って史実をかえりみなかったローズベルトの不勉強と、長期政権故の思い上がりと判断力の弛(ゆる)みのもたらした不覚であったというべきであろう。

②　世界の警察官構想

1943年11月の米英中のカイロ宣言と米英ソのテヘラン宣言は、それぞれ

1　独立戦争の司令官ワシントンは、古代ローマ共和国のシンシナートゥスが、危機において独裁官となってローマを守り、危機が去ると権力の座を離れて農園に戻った故事にちなみ、大統領としての権力の濫用を抑えるため、三選目出馬を自粛した。この大統領三選禁止の不文律がアメリカ民主主義を育てた。ローズベルトはこれを腐らせた（corrupted）。

極東とヨーロッパにおける戦後秩序を、それぞれの宣言国が「警察官」として共同で保障する米ローズベルト大統領の戦後構想に基づいていた。しかし、中華民国の蒋介石大総統は、日本軍を相手に思うように戦果を挙げることができなかった。そこで、1945年2月のヤルタ会談で、米ローズベルト大統領（4期目）は、米英にとって得にはならないのに、もっぱら日本を無条件降伏させるために、直々にソビエト連邦のスターリン元帥に対日参戦を乞（こ）い、大西洋憲章の領土不拡大原則に違反して、日本領土の割譲（かつじょう）を約束した。こうして、極東における米英中の「3警察官」体制は、米英ソの「3警察官」体制に傾斜した。ヨーロッパでは、英チャーチル首相は、米ローズベルト大統領ほど盲目的にスターリンのごとき凶悪な独裁者を信頼する精神を持ち合わせていなかったので、ソ連軍占領地域の拡大に対して、勢力圏分割協議で応じた。「冷たい戦争」はこうして始まった。1945年4月のローズベルトの死は、トルーマン副大統領を大統領に格上げし、ヤルタで密約されたソ連の対日参戦の、ドイツ降伏（5月9日）から90日後、つまり3ヵ月後（8月8日）の期日が来る前に、カイロ宣言の米英中だけで日本の降伏を取りつけて、東アジアの戦後秩序を見守るチャンスを与え、トルーマン政権は、米英中のポツダム宣言で、連合国の方から日本の降伏条件を提示することにした。

なお、ソ連は、対日参戦と同時にポツダム宣言に加入しただけで、元々、加入していなかったことが、後に、連合国（米英と中華民国）をして、ソ連と中国共産党を抜きにしたサンフランシスコ対日平和条約の締結を可能にした。

③　イギリスの対日政策試案

1945年5月、ドイツ潰滅（かいめつ）後しばらくしてイギリスに回覧されたアメリカの日本占領方針は、連合国軍最高司令官の命令一下、軍国主義的な政治勢力と法制度の根絶、信仰と言論の自由の確立、教育改革などの広範な社会改革を目指し、その文面を見たイギリス外務省を大いに驚かせた。一方、カサブランカ以来の連合国の無条件降伏政策を事実上修正する内容のイギリス内部案は1945年7月のポツダム会談に提出されることはなかった（柴山2010年173頁）。しかし、その内容は、皇室の権威を利用した日本の間接統治を示唆するなど、米国内で同様に抹殺されていた、日米開戦時の駐日大使ジョセフ・グルーの考え方と近似していた。仮に、連合国（米英中）のポツダム宣言に盛り込まれた日本の降伏条件に、グルー案なりイギリス外務省内部案なりが採用されていたとしたら、日本がもっと早くにその条件を受諾したかどうか？　それは、全く分からない。しかし、次のようなイギリス外務省関係者の基本的な考え方は、日本国憲法第 9 条第 2 項と仮再軍備に関して、現代でも決してその効力を失わない洞察力を示している。

「日本の軍国主義の根絶は、ドイツにおけるナチスの根絶とは訳が違ってはるかに困難である。アメリカ人が提言している日本人の国制、社会、精神の、軍国主義から平和主義への改造などは、短い占領期間においてできるものではない。ただ日本の軍事的脅威は、天然資源の貿易制限をもって容易に遠隔制御できるだろう。」（サンソム～柴山 2010 年 171-172 頁）

「憲法を制定するといっても、すでに憲法のある国であるから、その真の精神における第二の復古（維新）という趣旨の、必要最低限の改正にとどめた方が、日本の土壌に根付きやすいだろう。」（英内閣極東民政計画部『将来の日本の憲法体制』1945 年 9 月 24 日～柴山 2010 年 175 頁）

この点 1946 年 1 月 1 日の昭和天皇の「人間宣言」は、元来、占領軍司令部の準備した天皇神格化否定宣言であったが、昭和天皇の意向で、冒頭に議会制民主主義が明治維新に遡（さかのぼ）ることを示す目的で、慶応 4 年 3 月 14 日（1868 年 4 月 6 日）の明治天皇の『五箇条の御誓文』、「広く会議を興（おこ）し万機公論に決すべし」から「智識を世界に求め大いに皇基（こうき）を振起（しんき）すべし」までを掲（かか）げた。この詔書の効果としては、「明治憲法の真の精神における第二の維新」として憲法を改正するというイギリスの戦術に偶然一致したように見える。これまでのところ、イギリス筋からの働きかけを示唆する史料はない。

「日本の憲法でとくに問題なのは、ドイツのビスマルク憲法式の参謀本部の独立であり、これが、軍部大臣現役武官制を通して政治を支配してきたことである。これらは、天皇大権の行使を内閣の助言と承認によらしめ、全員が国会議員たるべき内閣の閣僚の大半を、軍部大臣を含めて、衆議院議員たるべく定め、文民統制（civilian control）を確立することで、改善できるだろう。」

(同上)

日本国憲法第7条「天皇は、内閣の助言と承認により、国民のために、左の国事に関する行為を行ふ。」(同法第9条第2項で禁止された陸海空軍その他の戦力の統帥(とうすい)に関する事項は不掲載)

同法第66条第2項と第3項「内閣総理大臣その他の国務大臣は、文民でなければならない。内閣は、行政権の行使について、国会に対し連帯して責任を負ふ。」

同法第68条「内閣総理大臣は、国務大臣を任命する。但し、その過半数は、国会議員の中から選ばれなければならない。内閣総理大臣は、任意に国務大臣を罷免することができる。」

以上の、実際の日本国憲法の規定が、果たしてイギリス案を参考にしたのかどうかは定かではないが、次の例外を除き、要点は押えてあるように見える。例外は、閣僚の「過半数」が国会議員であればよいという日本国憲法第68条第2項である。閣僚全員が国会議員であるというイギリス人にとっては当然の前提の下に、総理大臣を含む、その大半が、衆議院議員でなければならないというイギリスの議院内閣制(幡新2013年77-78頁)から見れば、これは、とても議院内閣制とはいえない。有権者から選ばれた国会議員たる閣僚が国会で行政庁を代表して答弁責任を負い、選挙で有権者の審問に付されるという議会制民主主義のアカウンタビリティー(責任政治)からは、大きく逸脱した、旧来の超然内閣を許す、憲法条文となってしまっている。

「占領軍の負担軽減について、アメリカ軍の間では、日本人に「憲兵隊」(gendarmerie)を組織させる提言もあるようだが、それは致命的な間違いである。」(ド・ラ・メア1945年10月16日～柴山2010年175頁)

結局、後の警察予備隊は、「警察任務に就く軍隊」憲兵隊(gendarmerie)ではなく、イギリスの北アイルランドの旧アルスター王立警察型の「軍隊編制の警察」治安警察隊(constabulary)として設置された。在朝鮮領事の経験のあったド・ラ・メアはgendarmerieの用語に接して自然に日本軍の憲兵隊を連想したのであろう。

「日本人は気位が高いので、非武装化のために長々と占領して反感を買うと、旧日本軍将校が、民主主義体制よりも共産主義体制の方が自己の利益と栄達につながると考えて蹶起(けっき)する危険がある。」(1946年11月7日、デニングとサンソム～柴山2010年182頁)

④　非武装中立化構想

戦争中のアメリカの、ドイツや日本を非武装中立の農業地帯にする構想は、米軍の秘蔵っ子新兵器（核兵器）の威力に対する期待に支えられ、国務省のジョージ・ケナンの、総力戦のための世界の重工業地帯の支配権獲得競争としての米ソ冷戦において、ドイツと日本という世界屈指の重工業地帯を農耕地に戻し、「剣(つるぎ)を鋤(すき)に打ち直して」(イザヤ書2章4節、ミカ書4章3節)、米英とソ連のどちらの戦争目的にも使えないように無害化すれば、ソ連の警戒心を解き、ロシヤの重工業地帯をはるかに超えた重工業生産力を持つアメリカの自然な勝利を確保できるだろうという計算が合理化したものであった。核兵器に対する期待は、「生きて虜囚(りょしゅう)の辱(はずかし)めを受けず」と降伏するくらいなら死を選ぶ日本人が、広島と長崎への2発の原爆投下の直後に、唖然とするほどアッサリと降伏し、米軍の力の前に従順にひれ伏して、なよなよと媚(こ)びを売る姿を見た連合国軍最高司令官マッカーサーにとっては、さらに大きく膨(ふく)らんだ。しかし、第三次世界大戦に対する英米の防衛戦略において、ヨーロッパと中東に次ぐ、第3位の戦略的価値しかない極東で、特に日本占領当時には、いまだ希少であった核兵器を、その他の地域に優先して日本の防衛のために投入することなど、あり得ないことであった。そのシャボン玉のように膨らんで屋根まで飛んだ泡(あわ)のような核兵器の抑止力に対する期待は、原子力のような難しいことは何も分からない「金日成」という伝説の老将軍の名を騙(かた)った北朝鮮の無知な若者の虚栄心の暴走と、それを小手試しに使う、人を人とも思わぬ冷酷非情なスターリンと、それに促された毛沢東と周恩来の、数に物をいわせた命知らずの猪突猛進という現実（朝鮮戦争）にぶつかって、壊れて消えた。

⑤　ローズベルト構想の破綻

同様に、1945年6月に採択された国際連合（連合国機関）憲章上の国連軍や、1946年11月制定の日本国憲法第9条第2項の非武装中立要請説は、どちらも、戦争中のローズベルト大統領の、ソ連（スターリン）を入れた4大国共同安全保障（4人の警察官）構想が、戦後も正常に機能するという前提に基づいており、ローズベルトの死後の連合国（米英対ソ連）の間の仲違い（なかたがい）と勢力圏分割争い（冷戦）を、全く考慮に入れていない。ローズベルトのスターリンに対する篤（あつ）い信頼は、第二次世界大戦中に大統領三選禁止の不文律を破って長期政権を築いたローズベルトの判断力と理性の著しい衰えを示唆（しさ）していた。しかし、アメリカ人の多くが、ローズベルトを尊敬していた。

⑥　世界の警察官構想の欠陥

そもそも、第一次世界大戦後のベルサイユ平和条約の一部である国際連盟規約に違反して脱退した日本、ドイツ、イタリアに対する正統性を主張するためには、国際連盟規約の細部の修正は別として、その国際機関としての枠組みを維持することが重要であったはずである。とくにドイツとの違法な密約をもってバルト三国とポーランドの主権を侵してこれらの独立国を武力で併合し、国際連盟から除名処分を受けた犯罪国ソ連を、国際連合安全保障理事会の常任理事国に迎えるなどということは、国際連盟の集団安全保障をさらに組織化させた国際連合の立場からしても、本来的に矛盾していた。このような国際連合の中核としての常任理事国に内在する規範的欠陥は、米ソの力に依存せざるを得なかったイギリス以外に、国際秩序の法的正統性について厳密に考える指導者がアメリカに欠如していた結果である。

2　日本国憲法の成立

(1)　成立手続の通説的正当化

日本国憲法は、1946年11月3日に公布され、翌1947年5月3日から施行されて、今日に至っている。その制定過程は、従来、次のように説明されてきた。即ち、占領軍としては、米軍と西側の同盟国だけで日本を占領するだけでなく、ソ連代表を含む極東委員会が発足して日本の将来について口を挟(はさ)んでドイツ占領におけるような混乱に至る前に、新憲法を制定したかった。しかし、1946年2月1日の毎日新聞が幣原(しではら)喜重郎内閣の憲法問題調査委員会（松本烝治(じょうじ)委員会）の改憲案を総司令部への提出前に暴露し、その、世界の中で日本の置かれた立場をわきまえないあまりにも旧態然とした内容を知らされて驚き呆(あき)れたマッカーサーが、2月3日に自ら天皇元首制、戦争放棄と日本軍の存在及び自衛権と交戦者の権利の否定、封建制の廃止とイギリス式予算手続（帝国憲法のうち議会に対し政府の権限を強くした予算に関する規定をイギリス式に改める指示）などを定めた新憲法三原則を占領軍総司令部民政局に提示し、その10日後の13日に総司令部が新憲法草案を日本政府に手交したと。平たくいえば、「日本人があまりにもボケていたから、占領軍が、ソ連等の圧力から日本を守るために、自ら憲法案を起草せざるを得なかった」と恩着せがましく説明されてきた。それでも、内容的には明治期の私擬(しぎ)憲法案を参考にし、手続的には帝国憲法の改正手続に従い、1946年4月10日の日本初の男女普通選挙によって選ばれた新衆議院と貴族院が自由に審議して修正を加えて採択したので、日本人の民意に従って民主的に制定され、その後70年近く一条たりとも改正されることなく今日に至っているのだと、我田引水的に合理化されてきた。

(2)　本来の民主的手続

しかし、ポツダム宣言に謳(うた)われた連合国の日本の占領目的、民主化の方針（第10条）からすれば、仮に新憲法を創るのであれば、民主的な憲政の常道にのっとって制定されるべきで、そのためには、まず各政党が再建され、それぞれの憲法草案を準備して自由選挙に臨(のぞ)み、有権者の多数の支持を得て議席の過半数を占めた政党または政党群の憲法案を土台に討議が重ねられた結果として制定されるべきであったろう。そして、その手順（プロセス）こそ、新しい民主主義を出発させる行程に当たるので、はじめが肝腎で、その行程を経て採択されるべき新憲法の具体的中身に勝るとも劣らぬ意義を持っていたというべきである。

⑶　現実の制憲議会選挙

実際のところ、日本では、1932 年 5 月 15 日の五・一五事件で、立憲政友会の犬養毅（いぬかいつよし）内閣が海軍青年将校による総理殺害をもって崩壊して以来、占領開始まで 13 年の長きにわたって、政党政治が行われてこなかった。1940 年 10 月 12 日の大政翼賛会の結成により 5 年以上の長きにわたり政党そのものもほぼ消滅したに等しい状態が続いていた。そして、1945 年 9 月 2 日の降伏文書の調印により、天皇が連合国軍最高司令官の隷下（れいか）（subject to）に置かれた後、同年 10 月 4 日の同司令官の自由化指令で各政党が再建されたばかりであった。しかし、それらが独自の憲法案を準備する暇（ひま）どころか、政党として自立する時間さえ与えられないまま、2 ヵ月後の 12 月 18 日に既存の帝国議会の衆議院が解散されて、制憲過程が勝手に始められてしまった。そして形だけ満 20 歳以上の男女すべてに選挙権を与えた普通選挙が 4 ヵ月後の 1946 年 4 月 10 日に実施されて、新しい衆議院議員が選ばれたけれども、それまでに、すでに占領軍総司令部の準備した新憲法草案をもとに、選挙前の、議会から超然としていた日本政府が、帝国憲法の改正手続に沿って同憲法の改正草案を準備したのである。各政党は、共産党のように外国に拠点を有する国際結社の指示や支援を得られた例外を除けば、自主憲法案をまとめる時間さえなかった。例えば契約交渉の鉄則として「起草者が勝つ」といわれる。憲法起草の点で機先を制したのは民主的に選ばれる前の日本政府とその支配者であった占領軍であって、それはまさに占領軍が上から恩恵的に日本国に下賜した軍定憲法に他ならなかった。従って、この全てが大慌て（おおあわ）で進められた制憲過程は、民主的とはいいがたい。

⑷　選挙結果に対する占領軍の干渉

それだけではない。1946 年 4 月 10 日の総選挙は、数多くの前議員が占領軍による公職追放にあって出馬できなかったが、その選挙の結果、数の上で第1党となったのは日本自由党であった。しかし、過半数には達していなかったので、それまで改憲案を準備してきた幣原喜重郎総理は、選挙のない貴族院議員の身で、4月16日に第2党日本進歩党の党首に就任して、翌日改憲案を公表して憲法制定過程を指導することを模索して、4月22日に連立交渉に失敗して断念した。その結果、日本自由党の党首で衆議院議員として当選した鳩山一郎が5月2日に組閣の大命を受けるに至った。イギリス式の憲政の常道によれば、最初からこの鳩山一郎にこそ組閣の機会が与えられてしかるべきであったのだが、驚いたことに、占領軍最高司令官がこれを事後的に公職追放して組閣を辞退させ、代わりに民主的に選ばれたわけでもない外務官僚吉田茂が5月22日に自由党、進歩党、協同党などをまとめて組閣して憲法改正草案を5月27日に発表した。帝国議会の審議は6月20日に始まり10月11日まで続いた。

(5)　勝利党首の追放

選挙後の第1党党首の公職追放とは、どのような理由があったにせよ、はじめが肝腎の民主主義のお手本を日本人に対して示すべき占領軍最高司令官としては、自ら民主主義をかなぐり捨てたに等しい蛮行であった。マッカーサーは、ここにおいて、文字通り、形振(なりふ)り構(かま)わず、恥も外聞もなかった。その言い訳は日本占領管理について責任を持つ連合国極東委員会のソ連代表が鳩山一郎の公職追放を求めたからというものであった。しかし、ソ連が鳩山一郎を嫌ったというのは表向きの理由で、その実は、故ローズベルトが不用意に膨(ふく)らましたソ連の勝手な超大国意識が、トルーマン政権の米国主導の対日政策の進行によってないがしろにされ、これに腹を立てたソ連代表が、腹いせに妨害工作を企てたのだと解釈するのが妥当であろう。

(6)　代案

マッカーサーには、この段階で、日本の民主化の大切な第一歩を守るために、このソ連の嫌がらせ（ハラスメント）を跳(は)ね除(の)ける手段はなかったのであろうか？　マッカーサーとしては、自ら連合国軍最高司令官を辞任してソ連の無理難題をかわし、憲政の常道に従い、あくまでも鳩山一郎に組閣させるのが、本来の民主主義のお手本であったはずである。では、なぜ、それができなかったのか？　鳩山一郎が政党政治家、吉田茂が官僚であったところからすると、「官僚制は敵の占領下であれ、革命政権の下であれ、平時と同様に機能する」というマックス・ウェーバーの至言が脳裏を去来する。つまり、官僚の方が手懐けやすかったからであろう。

3　マッカーサーの越権クーデター説

⑴　豊下楢彦説

豊下楢彦（2008年）は、マッカーサーが形振り構わず憲法制定を急いだ理由を含めて、当時、マッカーサーが昭和天皇の権威を利用して、自ら日本の支配者として君臨する都合をすべてに優先させていたことを示唆する。もともと、マッカーサーの仕事は日本軍の武装解除であり、決してそれ以上ではなかったという。将来の日本の国のあり方については、それは連合国の占領管理委員会（極東委員会）の管轄する仕事と考えられていた。

⑵　マッカーサーの本来の任務

日本本土の日本軍の武装解除とは、日本が降伏文書に調印した後とはいえ、その直前まで神風や回天の体当たり特別攻撃を敢行し、沖縄の地面にタコツボを掘ってその中で爆弾を抱えて待機し、上に戦車が通ると自爆し、「生きて虜囚の辱めを受けず」と降伏するくらいなら突撃して果て、あるいは降伏とみせかけて米兵を巻き添えにして自爆することさえ厭わない日本兵の「信じられない」戦いぶりを身をもって体験してきたアメリカ軍の将兵にとっては、夢にも無事に済むとは思われない、文字通り命がけの軍事任務のはずであった。

⑶　昭和天皇の日本での権威

ところが、マッカーサーは、実際に日本に降り立ち、日本の将兵や市民がほとんど無抵抗で、従順にその指令に従う姿を見るにつけ、日本人にとって「皇帝」(天皇＝現人神) の権威というものが、どれだけ絶大なものかを身をもって教えられて、大いに驚いた。そして、米領植民地フィリピン軍事総督の孫として人一倍政治的野心の旺盛であったマッカーサーは、その絶大な天皇の権威を己(おのれ)の日本統治の便宜に利用しない法はないと考えるに至った。

⑷　昭和天皇のマッカーサー初訪問

1945年9月26日、米トルーマン大統領からマッカーサーに本国召還命令が届いた翌27日、偶然、昭和天皇がマッカーサーに面会を求めて来訪した。それはマッカーサーにとってはまさに「鴨(かも)が葱(ねぎ)を背負って」来たように見えたであろう。そのときにマッカーサーがすかさず撮影させた己と昭和天皇の並んだ写真は、日本の尊王愛国の士の心を深く傷つけた。

⑸　昭和天皇在位

豊下（2008年）によれば、マッカーサーは、当時、その地位が危うく、その点で、同じく退位論のささやかれていた昭和天皇と個人的な利害関係が一致していたので、互いに協力し合うことで、自己の危うい立場を固めて、己の私的な野心に基づく日本改造計画を推進しようとしたのである。そのため、ソ連代表を含めた極東委員会が稼動（1946年2月26日にワシントンで第一回会議を開催）して、日本の国の将来のあり方に口を挟(はさ)むようになる前に、そして極東国際軍事裁判（1946年5月3日に開廷）で昭和天皇がポツダム宣言第10条にいう戦争犯罪人（戦犯）の1人として刑事訴追されて利用価値を失うことを避けようとして、連合国各国にその不訴追を受け入れさせるのに十分な代償を求めたと考えられる。それは、昭和天皇の刑事訴追を求める米国やオーストラリアその他の圧倒的世論を納得させることができるほど大きな代償でなければならなかった。マッカーサーの選んだ代償は、ポツダム宣言第11条の「戦争の為の再軍備を可能にする産業の禁止」を軍事に限定して、日本の自衛権と陸海空軍の存在とあらゆる日本軍の交戦者としての権利を憲法で否定することであった。自衛権の否定は、さすがに占領軍総司令部民政局が驚いて明文化は避けて、代わりにポツダム宣言第11条の文言に沿って、陸海空軍に加えて「その他の戦力の保持」(英語では戦力ではなく、「潜在的戦争能力」war potential）を禁止して非武装化をより包括的なものに徹底化させた。この変更は自衛権を認める趣旨だったというよりは、日本人に新憲法案を提示するに当たり、より法律的に巧妙な書き方に改めただけで、その効果においてマッカーサーの意図したところと寸分の違いはなかったというべきであろう。

①　昭和天皇個人と天皇制の別

なお、マッカーサーによる昭和天皇個人の権威の利用は、グルー元米国駐日大使やイギリス外務省が以前から示唆していた皇室の権威の利用とは別の問題であった。なぜなら、当時、すでに昭和天皇の長男、明仁(あきひと)親王（今上天皇）への皇位継承は可能であったからである。

②　帝国憲法改正のための便宜

ただし、1933年12月23日生まれの明仁親王は、当時なお未成年で、その皇位継承のためには、摂政の就任が不可避であった。しかし、摂政を立てる間は、帝国憲法第75条により、憲法改正ができないことになっていた。従って、昭和天皇の在位は、帝国憲法の改正手続をとって新憲法を定着させるために必要であったと考えられる。

③　民主化か憲法改正か

とはいえ、日本の民主化だけを優先すれば、憲法改正は、明仁親王の成人(実際には1952年11月10日に立太子、民法上は1953年12月23日に成人）を待つという手段もあったであろう。しかし、米英にとって、日本占領は、ドイツ占領に比べて優先順位は低かったので、少なくとも1946年当時には、その6～7年先の憲法改正まで日本占領を続けることは困難だと考えられていた。ちなみにドイツ連邦共和国基本法の制定は1949年5月であった。

④　在位による憲法改正

昭和天皇としては、占領軍のために在位して憲法を改正するか、それを潔（いさぎよ）しとしない場合は、占領期は、すべてを弟で健康体であった高松宮宣仁（のぶひと）親王（子はなく明仁親王の皇位継承にとって脅威ではなかった）に任せるという選択肢があったであろう。後者を選んだ場合、占領軍は、憲法改正にはこだわらずに新憲法制定を断行するか、その前に、まず昭和天皇を「戦犯として刑事訴追するぞ」と脅迫して、在位による憲法改正への協力を促したであろう。仮に昭和天皇が「よろこんで法廷に立とう」と決意を述べた場合、マッカーサーに天皇の戦犯訴追を断行する覚悟があったかどうかは分からない。なぜなら、刑事訴追となれば、退位は不可避であり、憲法改正の道も閉ざされるからである。

⑤　昭和天皇の協力がなければ

改正によらず、新憲法制定断行となれば、講和条件（平和条約の内容）にもよるが、講和・独立後に、皇族が生き残っている以上、新憲法の正統性が問われ、帝国憲法が復活する可能性が残されることとなったであろう。その可能性を摘（つ）むためには、皇室そのものを廃止しなければならないが、そういう統治体制の変革は、総選挙か国民投票にかけて人民の選択によらなければ、大西洋憲章第 3 条とポツダム宣言第 12 条に違反した。しかし、皇室廃止に賛成する日本の政党は共産党以外には考えられず、国民投票で過半数の賛成が得られる見込みもなかった。対ソ戦略上、米英には、革命を断行する覚悟はなかったであろう。つまり、昭和天皇の協力なくして、日本国憲法はあり得なかったのである。

⑥　帝国憲法のイギリス式運用案

米英にとって、第三の選択肢としては、憲法改正も新憲法制定も諦（あきら）めて、摂政の下で、帝国憲法の運用をイギリス化させ、日本の軍事的脅威については、天然資源の入手方、つまり貿易規制で制御するという方式があったであろう。この点、ポツダム宣言は、「日本国国民の自由に表明せる意思に従ひ平和的傾向を有し且責任ある政府が樹立せらる」ことしか要求しておらず（第12条)、厳密には憲法についての明示の言及はなかったのである。

⑦　新憲法定着に対する昭和天皇の貢献

以上の考察から、昭和天皇は、その在位継続によって、好むと好まざるとに拘(かかわ)らず、占領改革の一環としての憲法改正とその結果、とくに憲法第9条第2項の非武装条項、の定着に大きく貢献したことは間違いないと思われる。

4　日本の仮再軍備1——警察予備隊

(1)　ポツダム宣言第11条

ポツダム宣言は、第11条で、「日本国をして戦争の為(ため)再軍備を為(な)すことを得しむるが如(ごと)き産業は」許さない[2]としていた。これは、一般に、日本の非武装化の根拠規定と捉えられている。しかし、後から振り返れば、この文面に「戦争」ではなく、「自衛」(→本章7節）という目的のための再軍備を許容する余地を見出すことができないとはいえない。

(2)　マッカーサー構想

憲法で日本の完全非武装化を図ろうとしたマッカーサーは、「日本を東洋のスイスにする」と豪語したが、スイスは、武装永世中立国であり、陸の孤島、アルプスの山岳地帯の地の利を生かした領域防衛（territorial defence）構想で有名である。日本の例でいえば千早赤阪村の楠木正成、信州上田の真田昌幸のような防衛構想といえる。一方、マッカーサーの防衛構想は、日本は海に囲まれて攻めにくいと同時に、山がちで海岸線も長く、守りにくいため、核兵器を持たない不完全な武装では、かえって侵略の呼び水となって危険であるから、

2　Japan shall not be permitted to maintain those industries which would enable her to re-arm for war.

非武装に徹し、平和を愛好する国際世論に国際連合を通じて訴えることが最大の安全保障である、というものであった（マッカーサー 1947 年 5 月 6 日の第 4 回天皇会見と 1949 年 11 月 26 日の第 9 回天皇会見～豊下 2008 年 111-112 頁と 180 頁）。つまり、核兵器とその長距離運搬装置を備えた国連安保理常任理事国アメリカらしい、制空権と制海権を優先した超大国型の世界安全保障戦略の一環として捉えるべきであろう。スイスから学ぶことがあるとすれば、日本の山がちな島国としての地の利を生かした領域防衛、つまり侵略に必要な犠牲を侵略により得られる利益よりも過剰にする戦略であろう。その点では、次の千島防衛戦の例が参考になるだろう。1945 年 8 月 15 日の日本の即時停戦命令の後、千島列島の最北端、占守(しゅむしゅ)島にソ連軍が武力攻撃を開始したとき、日本軍守備隊が、その当時許されていた最低限の正当防衛による武力行使による決死の抵抗でこれを一旦撃退した。このことは、米軍のような敵前強襲上陸作戦の経験のないソ連軍をして、ウラジオストックからの北海道上陸作戦を断念せしめたといわれる[3]。これこそ本物の抑止力であり、戦後の日本の国防方針の基礎となってもよい逸話であったと思われる。

表４－１　アメリカの日本再軍備構想

	治安警察創設案		陸軍創設案	
	賛否	理由	賛否	理由
連合国極東委員会	反対	ポツダム宣言	反対	ポツダム宣言
連合国軍最高司令官	反対	軍国主義根絶	反対	軍国主義根絶
米国務省政策企画部	賛成	国内治安	反対	無害化
米第八軍司令官	賛成	国内治安	条件付	現実主義
米統合参謀本部	賛成	陸軍創設への布石	賛成	対ソ戦負担軽減
米陸軍計画作戦課	賛成	陸軍創設への布石	賛成	対ソ戦負担軽減

（柴山 2010 年 65 頁表 1-1 をもとに再構成）

3　長島厚「占守島～命を懸(か)けた停戦交渉」軍事史学第 165 回例会平成 26 年 3 月 15 日於國學院大學。長島氏は昭和 20 年 8 月 17 日当時、千島列島の幌筵（パラムシル）島の第 91 師団司令部付陸軍戦車大尉であったが、ソ連軍侵攻により師団長命令で占守島へ渡り停戦交渉に当たった。

(3)　米軍の日本再軍備構想

柴山（2010年）は、日本の再軍備構想は、朝鮮戦争前、早くも1946年には米統合参謀本部で検討が始まっていたとし、前頁のような治安警察（constabulary）創設案と、陸軍創設案について、関連部局の考え方をまとめた表（**表4－1**）を提示している。なお、第八軍は、米陸軍の対日占領軍の主力で、同司令官アイケルバーガーは、連合国軍最高司令官マッカーサーの指揮下にあった。国務省政策企画部長はジョージ・ケナンであった。国内治安は、日本国内の共産党勢力を念頭に置いたものである。

(4)　極東での共産党の攻勢

憲法の定める非武装は、たちまち国際情勢の挑戦を受けた。まず、1945年8月15日の日本のポツダム宣言の受諾直後から、中華民国では国民党と共産党の内戦が再開され、その結果、蒋介石率いる国民党軍は台湾に逃げ込み、1949年10月1日、北京において共産党の毛沢東が新たに中華人民共和国の成立を発表した。

(5)　米軍の日本国憲法第9条第2項新解釈

この間の国際情勢の変化を受けて、例えば、米陸軍の作戦計画課は、1948年4月27日の「日本の限定的武装案」(Limited Military Armament for Japan）の中で、陸軍長官と陸軍参謀総長宛に、将来における日本再軍備を選択肢に入れながら、当面は日本国内の共産化対策として、「唯一妥当であり、日本人民に関する合衆国の長期的な政治的立場にとって最良なのは、憲法が、治安警察（constabulary）よりも高度の日本軍組織創設を違法としていると解釈することである。そうでなければ、日本人が、彼らの憲法のほかの条項を簡単に無効化することを助長するかもしれず、我々は日本で自らの威信を弱めることになるであろう」と述べて、治安警察の導入を示唆した（柴山2010年53頁)。

(6)　英軍の極東戦略の変化

一方、香港とマカオ（ポルトガル植民地は非公式のイギリス帝国の一部）の防衛のために、イギリスの極東戦略も変化した。つまり、米軍のヨーロッパや中東への展開力を保全するために、米軍の極東での負担を軽減する目的で、米軍に付属する日本軍の漸進的増強が決まった。このため、日本降伏時の前提であった米英中ソ 4 大連合国と日本の間の講和条約による日本の非武装中立化は放棄され、ソ連はポツダム宣言に後から加入したことを理由に、当初のポツダム宣言時の米英中（蔣介石）の 3 大連合国と日本の間の講和条約に日米防衛条約を付して、米軍を日本に継続して駐留させる方針に変わった。（柴山 2010 年 227-230 頁）

⑺　朝鮮戦争

一方、朝鮮半島においては、日本降伏後、北緯 38 度線を境に北をソ連軍、南を米軍がそれぞれ占領し、1948 年 5 月 10 日、国連監視団により総選挙が実施されたが、国連監視団はソ連軍管区には立ち入ることができなかった。こうして米軍管区だけで選挙された国会が大韓民国憲法を制定し、同年 8 月 15 日に李承晩大統領が正式に独立を宣言した。ソ連軍管区では、1948 年 9 月 9 日、朝鮮民主主義人民共和国の成立が宣言された。1949 年 6 月、米軍は韓国から撤退した。これは、「解放軍」としての任務を一応果たしたからで、長期占領は、その趣旨に反するからであった。すると、翌 1950 年 6 月 25 日未明、北朝鮮軍が、夜陰に乗じて、北緯 38 度線の軍事境界線を乗り越えて韓国を不意打ちし、一気に首都ソウルを攻め落とし、瞬（またた）く間に釜山に迫った。朝鮮事変（「韓国動乱」、「朝鮮戦争」）の勃発（ぼっぱつ）である。

⑻　警察予備隊令

警察予備隊は、法的には、占領軍最高司令官の 1950 年 7 月 8 日の指令に従って、日本の吉田茂内閣が定めた政令、警察予備隊令（昭和 25 年 8 月 10 日政令第 260 号）によって設置された。すでに日本国憲法が施行（しこう）されていたので、目的は「わが国の平和と秩序を維持し、公共の福祉を保障するのに必要な範囲で……警察力を補うため」(同令第 1 条）とされ、「治安維持のため特別の必要がある場合において、内閣総理大臣の命を受け行動」し（同令第 3 条第 1 項)、その活動は「警察の任務の範囲に限られ」(同令第2条第2項)、身分もあくまで「警察官」とされた（同令第3条第3項)。

⑼　芦田均の懸念

この時、民主党の芦田均は、これを再軍備の第一歩と見なし「今日の憲法の下に於て之ほど重大なことを法律に依らずして律せられて居るものは少ないことである。予備隊が国会と遊離し、国民と親和し得ない重大な出発点では無らうかと思はれる」と懸念を表明し[4]、「今後の対策」として「少なくとも将来「軍」たるべきことを明示して純正なる育成に努力する必要があらう」と考え[5]、「予備隊存立の根源はポツダム政令の廃止に伴ひ憲法に立脚する国会の議を経て明確なる基本を確立し依て以て政治と国民との撓まざる支援協力ある存在たらしむることが緊要である」と独立後の立法化を勧告した[6]。これは再軍備には「国権の最高機関」(憲法第41条）としての国会の立法による授権を必要とするという意見といえるが、憲法第9条第2項との抵触について意見はなかった。

⑽　最高裁判所の態度

一方、社会党の鈴木茂三郎は、警察予備隊の合憲性について司法判断を求めるため、憲法第81条に基づき、直接、最高裁判所に、警察予備隊令という行政処分の違憲取消を求める訴えを提起した。しかし、最高裁は即断を避けた。判決が下ったのは、2年後の1952年10月8日であった。すでに、その5ヵ月前の1952年4月28日にサンフランシスコ講和条約が施行されて、日本は独立を回復し、同年7月31日の保安庁法で、警察予備隊は、すでに陸の保安隊と海の警備隊に改組されていた。最高裁は、憲法第81条を、アメリカ連邦最高裁の判例（Marbury v Madison, 5 US 137 (1803)）で樹立された形の違憲立法審査

4　芦田均関係文書書類の部356、3頁。国立国会図書館蔵。http://www.ndl.go.jp/modern/cha5/description13.html;
5　同上、8頁。
6　同上、9頁。

権の継受と解釈し、アメリカの判例法と同様に具体的な争訟と無関係に憲法その他の法令の解釈についての疑義論争に抽象的な判断は下さないといって、憲法判断を避けた（最大判昭和27年10月8日民集6巻9号783頁）。

⑾　警察と軍隊の峻別

憲法第9条第2項の「陸海空軍その他の戦力の保持」という禁止対象の包括性からすれば、警察予備隊は、本来の治安警察であったとしても「その他の戦力」に当たり、これは、憲法第9条第2項の正式な改正手続きを踏まなければ、本来、募集できないはずであった。最高裁としては、もし軍隊と警察を区別して合憲と言い切れる自信があったならば、より早く合憲判決を下せただろうと思われるが、時間をかけた挙句の果て、判断を回避したのは、朝鮮戦争をめぐる国際情勢の急変で警察予備隊が途中から軍隊化されたという事情だけでなく、条文解釈上も、違憲という結論しかなかったからだと思われる。

⑿　警察予備隊成立過程批判

名目は国内治安でも、将来の再軍備への布石を、政令、それも、降伏文書により天皇大権をその隷下においた占領軍最高司令官の指令に従って制定された旧憲法下の勅令に代わる政令、によって進めるというのは、民主主義のお手本を示すべき占領軍としては、緊急事態とはいえ、すでに新憲法が施行されていた以上、下の策であったというべきであろう。吉田内閣としては、この件は、当然、まず国会に提出すべきで、国会としても、まず、前提として憲法改正の発議をなさなければ、違憲の立法をなすことになる性質の事案であった。にも拘らず、占領軍最高司令官の指令に対して、全く無批判に、政令で成立させたことは、吉田茂内閣の、まさに官僚的性格（→本章2節⑹、50頁）がよく出ていたように思われる。

⒀　早過ぎた再軍備？

こういう場面でよく使われる「言い訳」がある。緊急に再軍備が必要とされた当時、民主主義にまだ慣れていなかった日本では、迅速（じんそく）に憲法改正手続きを進めるような「大人の仕事」は「早過ぎて」「まだ無理」だっただろう、と。しかし、すでに制憲議会だけでなく新憲法下の国会議員を選んだ有権者や、新憲法を制定した後に成立した国会が、「未熟」だというのなら、そもそも、マッカーサーの急がせた新憲法制定が、本当に早過ぎたのだという結論にならざるを得ないだろう。もし、新憲法制定は早過ぎなかったというのならば、こういう言い訳は、「過保護」というべきであろう。

⒁　民主主義の手続としての憲法改正

具体的には、憲法第 96 条所定の憲法改正手続を踏まなければならなかったわけであるが、この場合は、まず、既存の公職選挙法に準じた国民投票法を成立させ、国会で憲法第 9 条第 2 項の改正を発議して、再軍備の是非を問う国民投票であると説明した上で、イギリスの 1689 年の権利章典第 6 条「平時に……議会の承認なく……軍を設置、保持することは違法である」をモデルとした憲法第 9 条第 2 項の改正条文の文面の可否を国民投票で問えばよかったかと思われる。改正条文は、アメリカ合衆国憲法の修正と同様に、憲法本文の後に追加する方式が良いだろう。憲法改正の手続は、本物の民主主義の学校になったはずで、たとえ軍国主義の根絶という占領目的からすれば早過ぎる再軍備であったとしても、それに対抗し得る民主主義の成熟を期待できた可能性はあるだろう。

⒂　軍隊の授権主体

当時の吉田茂総理大臣には、軍国主義の撲滅（ぼくめつ）のため、憲法第 9 条をしばらく守りたいという思いがあり、あえて占領軍最高司令官の指令をそのまま政令で通すことで、「御無理ごもっとも」であることを示したかったのかも知れない。また、その方が、「米軍附属」という日本国の現実の国際的地位に照らして正直といえるかも知れない。しかし、国民投票によってできる軍隊と、占領軍最高司令官の指令を受けた政令でできる「軍隊だけれども名前は警察というややこしい存在」では、軍隊としての性格と信頼性、とくに、その忠誠心のよりどころが根本的に変わってくる。「違憲ながら事実上の軍隊」としての既成事実を積み重ねた後で、憲法を改正して事後的にお墨付きを得るという手続をとることと、まず憲法改正の国民投票を経てから再軍備することとを比べて、どちらの手続をとった方が、出来上がりの軍隊の、憲法と国民に対する忠誠心が高くなるか？　この点を真剣に考えれば、とるべき手続は1つしかなかったと思われる。そして、「御無理ごもっとも」というのは従僕（servant）、公僕（官僚 civil servant）の姿勢であり、一国の指導者の姿勢ではない。

⒃　警察予備隊の装備の軍隊化

そして、警察予備隊令からわずか2ヵ月半後の1950年10月19日から中国共産党の軍が密(ひそ)かに朝鮮に越境入国し、同月25日から国連軍に対して不意に武力攻撃を開始、その後、ソ連軍も空からこれを援護するために介入、米第八軍を主体とする国連軍を一気に押し戻した。これに対して、国連軍が再反攻を試みると、ソ連軍の本格的な参戦、とくに在日米軍の朝鮮戦争への全面介入で守備の手薄になった日本の北海道への上陸作戦が懸念された。イギリス人の間では、仮に米軍が日本防衛のために極東に増派されると、西ヨーロッパの防衛が手薄になり、ソ連軍の西ヨーロッパ侵攻によって第三次世界大戦が勃発するかも知れないと、懸念されるに至った。これは誰でも驚く杞憂(きゆう)だったと思われる。イギリス人は、1914年7月から8月にかけて、近東のサラエボ事件から第一次世界大戦（欧州大戦）が勃発したことのトラウマ（心の傷）のせいで、1950年末には極東の朝鮮戦争から第三次世界大戦が勃発するのではないかという恐怖心に憑(と)りつかれていた。こうして、イギリス人の杞憂に基づくイギリス軍の要請で、あり得ない第三次世界大戦の勃発に備え、在日米軍のヨーロッパや中東への展開の自由を確保しつつ、ソ連軍の北海道侵攻を抑止する目的で、米軍に付属する日本の警察予備隊を軽武装（105ミリ榴弾(りゅうだん)砲）の治安警察隊から重武装（155ミリ榴弾砲）の軍隊へ改造することが、急遽(きゅうきょ)、決定された（柴山2010年361-363頁）。

5　日本の仮再軍備2――保安隊と警備隊

(1)　保安庁法

警察予備隊は、サンフランシスコ講和条約（昭和27年4月28日条約第5号）の発効による独立後、日米安全保障条約（昭和27年4月28日条約第6号）の前文で日本国に期待された自国の防衛責任（条約上の義務とはいえない→本章10節(1)、87頁）に配慮したのか、国会が定めた保安庁法（昭和27年7月31日法律第265号）により保安隊に改組された。

(2)　海上保安庁法改正法

実は、独立直前に、海上保安庁法の改正（昭和27年4月26日法律第97条）により「海上における人命若しくは財産の保護又は治安の維持のため緊急の必要がある場合において、海上で必要な行動をとる機関」として海上警備隊が設置されていた（改正海上保安庁法第25条の2第2項）。これも、このとき、運輸省の外局としての海上保安庁から独立して、警備隊として保安庁の傘下（さんか）に入った。

(3)　保安隊と警備隊

保安隊と警備隊は「わが国の平和と秩序を維持し、人命と財産を保護するため、特別の必要がある場合に行動する部隊」(保安庁法第4条）と定義された。保安庁は、警察機関から独立し（保安庁法附則第19号による地方自治法第156条第5項〔現第7項〕改正)、保安官と警備官は警察職員から独立した（保安庁法附則第20条による検察審査会法第6条改正)。しかし保安隊と警備隊は、その名称の上で、いまだ警察の補完機関としての香りを漂（ただよ）わせていた。

6　日本の仮再軍備3――自衛隊

(1)　自衛隊法

保安隊と警備隊は、日米相互防衛援助協定（昭和29年5月1日条約第6号→本章10節(2)、89頁）第8条の下で合意された防衛力の増強義務に従う形で、国会が制定した自衛隊法（昭和29年6月9日法律第165号）の下で陸上自衛隊と海上自衛隊にそれぞれ発展し、新たに航空自衛隊を加えた。

(2)　自衛隊

自衛隊は「わが国の平和と独立を守り、国の安全を保つため、直接侵略及び間接侵略に対しわが国を防衛することを主たる任務とし、必要に応じ、公共の秩序の維持に当る」(同法第3条)。名称がこれまでの警察の補完部隊から国防部隊へと変化したのに伴い、隊員の服務宣誓も「……事に臨んでは危険を顧みず、身をもって責務の完遂に務め、もって国民の負託に応えることを誓います」と、例えばカナダ軍の倫理規範「私はカナダ軍の一員として軍事奉公について無限責任（unlimited liability）を負います[7]」に比すべき、事実上の挺身（ていしん）、命を張る覚悟が要求されることとなった（自衛隊法施行規則）。

(3)　再軍備過程のまとめ

以上、まとめると、日本の仮再軍備は、まず警察の一種（治安警察constabulary）として始まり、警察予備隊と海上警備隊→保安隊と警備隊→陸海空の自衛隊という名前の発展に従い、兵力も軍備も拡大し、目的も治安維持から国の防衛を主とするように発展した。このマネー・ロンダリング（資金洗浄）に似た仮再軍備の違憲性洗浄の過程で、海上保安庁法の1952年改正、独立後の1952年の保安庁法、1954年の自衛隊法という3つの立法機会があっ

7　Major A. G. Hines, *Military Ethics: A Code for the Canadian Forces*, Canadian Forces Staff College (1992), p. 20.

たが、いずれにおいても、根本的な憲法問題は先送りされ、憲法改正手続や本書の提言する方法（憲法上の義務からの逸脱手続）は採（と）られることはなかった。

7　自衛権

(1)　国連憲章第51条

自衛権は、国連憲章第51条が、各国固有の権利[8]として認めつつ、その行使の許される期間を武力攻撃の発生時から、国連安保理の国際平和と安全保障の維持のために必要な措置が発効するまでの間に限定して、その行使を許可している。そして、この第51条が自衛権を個別的なものと集団的なものに二分している。

(2)　個別的自衛権と集団的自衛権

国連憲章上は、個別的自衛権は、武力攻撃を受けた国の自衛権を指し、集団的自衛権は、武力攻撃を受けた国以外の国が、被害国を防衛する権利を指すと考えられる。本書は、以下に述べる理由で、うち武力攻撃発生要件こそ国連憲章第51条の国際法に対する新たな貢献であって、個別的自衛権と集団的自衛権の区別は、以下に述べる理由で、文面に顕（あらわ）れているほど重要ではないと主張する。

(3)　日本の仮再軍備の正当化要請

実は、日本の警察予備隊（海上警備隊）→保安隊・警備隊→自衛隊の憲法第9条第2項「陸海空軍その他の戦力はこれを保持しない」の下での違憲性を否定する根拠に、この国連憲章にある文言上の区別が流用されてきた。即ち、

8　le droit naturel de légitime défense, http://www.un.org/fr/documents/charter/chap7.shtml; 自衛之自然權利 , http://www.un.org/zh/sections/un-charter/chapter-vii/index.html

自国の防衛は個別的自衛権、他国の防衛は集団的自衛権の問題であり、個別的自衛権の行使のための最小限の防衛力は、憲法第9条の禁じる「陸海空軍その他の戦力」には当たらないという、1972年から2014年まで内閣法制局が維持してきた政府見解である（→本章8節(6)③、78頁）。これは、厳密には、憲法第9条第2項の解釈というよりは、ポツダム宣言第11条の「戦争の為の再軍備（の為の産業）」の禁止の解釈というべきであり、この点が、弱点の1つである。本節では、これに加え、憲法第9条第2項と自衛隊の矛盾の合理化という政治的な目的のために、個別的自衛権と集団的自衛権の区別にこだわるのも、以下の理由で弱点の1つであると主張する。

⑷　集団的自衛権と個別的自衛権の峻別論

個別的自衛権と集団的自衛権の区別へのこだわりを支持する材料は次の3つに要約できるであろう。第1に、国際連合憲章以前の自衛権を見ると、それは、教科書的には、元来、国の「自己保存権」(self-preservation）に含まれ（杉原2014年321頁）、伝統的には、国連憲章第51条の下の個別的自衛権を意味し、集団的自衛権は新しいものだという主張が存在する。例えば、18世紀スイスの法学者ヴァッテルは、民が自分たちの安全保障のために国を創ったので、国にはその目的に応じた自己保存の権利と義務があると主張した。国（res publica）は民（populus）が（共通）法についての合意と利益の共有によって結束することによって成立し（キケロ）、幸福（開花）を追求する（アリストテレス）ものである以上、その目的に合致した国の存在そのものを保存する権利と義務があるのは当然であろう。一方、その論理構成からは他国民の防衛の権利や義務は一般的には導き出せないとする見解には、一定の説得力があるように見えるかも知れない。第2に、国連憲章の起草において、当初、1944年のダンバートン・オークス会議では、安全保障理事会による集団安全保障の制度化に条文が割かれるばかりで、自衛権には何の規定も存在しなかったことと、その後、1945年のサンフランシスコ会議で、地域的な共同防衛構想を持つ中南米諸国の働きかけで、安全保障理事会による集団安全保障制度の機能不全の際に備えて、個別的自衛権と集団的自衛権を併記した規定（第51

条）ができたことが、後者の自衛権の「創設」説を実証的に支える、といわれると一定の説得力があるだろう。第3に、とくに日本においては、戦力不保持を定めた憲法の下で既存のアメリカとの条約の下で約束された自主防衛力の正当化という独自の政治的課題があるために、個別的自衛権と集団的自衛権の区別には必要以上に注目が集まる危険性もある。

(5)　峻別論批判

本書は、敢（あ）えて、上記の「通説」的理解に反論を試みる。その理由は、第1に、国際連合憲章第51条は、個別的であれ、集団的であれ、自衛権（正当防衛権）を、国に固有の、国に内在する、権利（自然権）と明示しているからである（括弧内はフランス語正文から直訳[9]）。国に内在（inherent）する自然権が、新たに国連憲章で創設されたという解釈は論理としておかしい。第2に、例えば、ヴァッテルは、「どの国も、他国を保存し、自国を大きな危険にさらすことなく、可能な限り、他国を破壊と滅亡から救うために尽力しなければならないときがあり、もし強敵があなたの隣国を虐（しいた）げるために義もなく襲い掛かった場合、自らを大きな危険に曝（さら）すことなくこれを防衛できるなら、あなたには、疑いなく、そうする義務がある」という表現で集団的自衛権ないし他国の防衛義務を解き（ヴァッテル『万国公法』2巻1章4節、de Vattel, 1883, p. 135）、「もし、虎視眈々と他国を攻める隙をうかがい、計略を巡らしてこれを内から揺さぶろうとする国があれば、あらゆる国がこれを抑え込み、懲らしめるために力を合わせ、これを無害化することができる」という表現で、集団安全保障をも説いている（同2巻4章53節、de Vattel, 1883, p. 154）。第3に、少なくとも集団的自衛権を明示で認めている国連憲章第51条の下では、そして国連憲章の下に限らず、集団安全保障のためには、国際法上の自衛権は、基本的には英米法の自衛権、即ち大陸法の正当防衛と同じだと理解するのが最も合理的であり、後述するように、国連憲章以前の自衛権を英米法流に捉えるべき実証的根拠もある。第4に、後に論証するように、事実として、国際連合憲

9　le droit naturel de légitime défense.

章成立の背景となった2つの世界大戦の連合国（英米仏）側の正当化事由は、集団的自衛権（正当防衛）を用いることが、最も一般性が高く理論的にきれいである。

(6) 主権国を主権国たらしめる法

まず、第1点（固有権、内在権、自然権論）について、ヴァッテルの考え方の基礎には、キケロの義務論を敷衍（ふえん）した、諸国民を相互に結び付ける共通の義務、人道の義務という考え方があり、それは、自国民に対する義務と調和する限りにおいて、他国民の保存と幸福のためにできる限りのことをする義務とされている（ヴァッテル『万国公法』2巻1章2節、de Vattel, 1883, p. 134）。これも含蓄の深い考え方であるが、以下、自国の防衛義務（個別的自衛権）から、集団的自衛権を基礎づけてみよう。まず、民同士の相互の組合契約（societas）でできた（社会契約説で正当化された）国の、民の安全保障を図り幸福を増進する自己保存の権利と義務という意味での国の理性、国の合理性は、即ち近代国際法が法として成立し得るための最低限の理性的基礎であり、これなしでは国際法秩序は存在し得ない、という捉え方があるだろう。国は、自然人個人ではなく、多数の自然人が集まって形作る組織体であり、国際法上は一種の法人である。この「法人」を指すラテン語「ペルソナ・モラリス」(persona moralis）を直訳して「道徳的人格体」と捉える捉え方は、言語学的には誤解であったとしても、そのまま理性体としての国を定義づけることができる。身近な例で考えてみると、確かに、日本の対米英開戦の決断や、その後の日本が、圧倒的な国力の差により敵の攻撃から自国民を守ることができなくなっても、しばらく「玉砕」(全滅）を厭（いと）わず戦争を継続したように、事実として、特定の国が自己保存の理性さえ失い、合理的な（reasonable）つまり「正常」な、「まとも」な判断力を失った常態に陥ることがないとはいえない。しかし、それも長い目で見れば、一時的で例外的な事実問題に過ぎない。むしろ、日本が最終的には絶滅を避けて降伏した事実は、最低限の国の自存理性の存在を実証しているともいえる。別の例で考えれば、核戦争による人類滅亡「相互確証破壊」を避けるように国々は行動するという、そういうレベルでの最低度の国の自存理性こそが、近代国際法のよって立つ基盤であるという捉え方になるかと思われる。ただ、この捉え方は、最終的に、主権国は、総体として、既存の他国の存在を許容しないような国ないし団体、例えば自称「イスラム国」(Islamic State) のような団体、の暴力的発展を許容できず、その無害化を図らざるを得ないという規範的結論に至らざるを得ないだろう。これを規範的に捉えなおすと、主権国もまた国際法の産物であるから、国際法を否定する行為は、あらゆる主権国に対する敵対行為である。それが集団安全保障の考え方の基礎である。つまり、主権国に内在する自存理性は、単に自国の防衛の権利と義務、つまり個別的自衛権だけでなく、必然的に、他国の防衛というよりは、およそ主権国を主権国たらしめる法（国際法）の防衛の権利と義務、つまり集団的自衛権を導き出さざるを得ないのである。後者の行使には、自国民に対する義務を裏切らない程度において、という限定はつくかも知れないが、一般的に集団的自衛権そのものを否定すれば、自国の法的根拠を含めた国際法を否定するに等しいといえよう。

(7) キャロライン号事件

第２点（英米法の自衛権と本質的に違うべきではない）について、国連憲章成立以前の国際法上の自衛権の内容は、キャロライン号事件における英米２国の間の外交書簡の交換において示されている。キャロライン号事件とは、英領カナダ植民者の反英反乱に対する中立国アメリカ合衆国在住の入植者個人による越境武力支援を背景として、1837年12月29日、英軍が、夜陰に乗じ、ナイアガラ川の中央国境を超えて米国領内に入って、反乱の越境支援に使われていた米艦キャロライン号を拿捕、放火してナイアガラの滝に落として破壊し、黒人米人１名の死を帰結せしめた事件を指す。その事件をめぐる英米外交当局のやり取りの中で、米国務長官ウェブスターが「自衛の緊急性」(necessity of self-defence; ドイツ語に直訳すると Notwehr）の公式（formula）を提示した。それは「瞬間的、圧倒的で、手段を選び、考える暇もない[10]」、つまり急

10　Imminent, overwhelming, leaving no choice of means and no moment of deliberation.

迫性に他ならず、そのような急迫不正の侵害に対してやむを得ずとった行動の比例性（proportionality）も問われるものであった。ウェブスター公式は、これに英国代表アシュバートン卿も合意したと解釈することで、国際化した。

⑻　英米法の自衛と大陸法の正当防衛

実は、キャロライン号事件の処理に当たった米国務長官ウェブスターも英国代表アシュバートン卿も、ともに英米法系の外交担当者であった。英米法における自衛（self-defence）とは、基本的には大陸法における正当防衛に相当し、その文脈における自衛の自とは、自己を防衛することではなく、あくまでも自力救済（self-help）の自である。実際、国連憲章第51条は、「もし加盟国に対して武力攻撃が発生すれば（if an armed attack occurs）、安全保障理事会の国際の平和と安全の維持のために必要な措置が発効するまでの間（until the Security Council has taken the measures necessary to maintain international peace and security）」（現在形と現在完了形の並置に注目）、各国固有の自衛権の行使が許されるという定め方なので、これは、国連憲章が新たに加えた武力攻撃の発生要件をめぐる論争を除けば、国内法の、急迫不正の侵害に対しては、警察官の到着を待たず、私人による必要最小限の自力救済が許されるという考え方によく対応している。従って、国連憲章第51条のフランス語正文やスペイン語正文が「正当防衛」（légitime defense; legítima defensa）という語を用いていることも興味深い。確かにドイツ語の国内法のNotwehr（緊急防衛）と国際法のSelbstverteidigung（自衛）の区別は、ドイツ法の影響の濃いロシアと中国での緊急防衛ないし正当防衛と自衛の区別に反映され、その限りにおいて、国連憲章のロシア語正文や中国語正文の該当表現「自衛」を規定している。しかし、国連憲章の中国語、フランス語、ロシア語、英語、スペイン語の5つの言語による文面が等しく正文である以上（憲章第111条）、正文相互の言語表現の違いに本質的な違いがあると解釈すべきではない。従って、国連憲章のロシア語正文と中国語正文の自衛（самооборона）をそれぞれの国内法の緊急防衛（необходимая оборона）ないし正当防衛と本質的に別だと捉えることは、その元祖となるドイツでの区別にいささか歴史的な理があるとしても、国際社会における法の支配にとってあるべき法（de lege ferenda）を考える上で、正しい方向性ではないと思われる。国内法であれば、正当防衛の防衛対象が、実力行使者自身でなければならない理由などない。その家族や友人でなければならない理由もない。国際法上も、防衛対象が既存の同盟国でなければならない理由などあるべきではないのは、国内法上、防衛対象が配偶者ないし婚約者であればよいが、単なる恋人あるいは片思いの相手あるいは赤の他人なら違法な暴力となる、などという論理が完全に破綻している（oxymoron）のと同様である。

① 国際法と国内法の別

もちろん、英語の自衛（self-defence）の国際法と国内法における区別と、フランス語とスペイン語の正当防衛の国際法と国内法における区別が、ドイツ法圏（ロシア、中国、日本など）では国際法上の自衛と国内法上の緊急防衛ないし正当防衛という具合に言語的にも区別されている事実を否定する訳ではない。ただ、英米法圏が同じ言葉（自衛）で国際法概念と国内法概念を言い表す慣行を持つだけでなく、大陸法圏のフランス語とスペイン語も別の言葉（正当防衛）を用いながら英米法圏での慣行と並行した慣行を持つ事実は、国際法概念と国内法概念の区別が、国際社会の成熟に従って取り払われるべき方向性にあることを支持するであろう。さらに、ドイツ法圏で、国際法概念の方を一律に「自衛権」と表現している慣行は、単にそれが自己保存権（right of self-preservation）に包含されていたという起源を反映しているというよりは、それがキャロライン号事件について英米外交当局が合意したと解釈される同概念の近代的英語表現の直訳であることを示唆している。その自衛権のウェブスター公式が、「必要性」、「急迫性」、「緊急性」と訳し得るnecessityという言葉を使用しているように、内容的にもフランス法圏に限らずドイツ法圏でも「緊急防衛」ないし「正当防衛」と意訳できたはずなのである。確かに、個人、とくに私人の正当防衛は権利というより違法性阻却（正当化）事由に過ぎず、一般に防衛義務を負うわけではないが、警察官は防衛義務を負う。国の場合、自国を防衛する義務だけでなく、国際法を守る義務もある。その自国防衛を超えた義務の範囲は条約などに制約される面はあるだろう。

⑼　国際連盟規約とロックの自然状態

集団的自衛権は、国際連盟規約第 11 条の「戦争又は戦争の脅威は連盟国の何れかに直接の影響あると否とを問わず総て連盟全体の利害関係事項たることをここに声明す」や同第 15 条の「(紛争の平和的解決を図る) 約束を無視して戦争に訴えたる連盟国は当然他の総ての連盟国に対し戦争行為を為したるものとみなす」に表されていた「集団安全保障」を有効に機能させるために必要な (effet utile)、各主権国の自力救済権といえるだろう。集団安全保障とは、ロックの『市民政府二論』第 2 論第 2 章第 11 段落の「一人に対する不正な暴力と殺人は、全人類に対する宣戦布告である」という「自然法」が、その何たるかを最も端的に表現しているといえよう。

⑽　集団的自衛権行使の歴史的実例

第 3 点 (国連憲章以前の歴史的実例) として、1914 年 8 月 4 日、ドイツ軍がベルギーに侵攻したことに対し、同日 23 時にイギリスが (1839 年のロンドン条約によるベルギーの中立を守るために) ドイツに宣戦を布告し、その後、ベルギー領内で、イギリス軍とドイツ軍の戦闘が開始されたこと、そして、1939 年 9 月 1 日、ドイツ軍がポーランドに侵攻したことに対し、同月 3 日、イギリスとフランスがドイツに対して宣戦を布告して、イギリス軍がドイツを海上封鎖し、フランス軍がドイツ領ザールラントを小手試しに襲ったことなどは、個別の条約上の義務などを捨象して、一般的に捉えようとすれば、集団的自衛権の行使に当たるものとして捉えるのが、論理的にきれいである。

⑾　その帰結としての世界大戦

しかし、1914 年のベルギーの例は、第一次世界大戦の勃発、1939 年のポーランドの例は、第二次世界大戦の勃発(ぼっぱつ)といって過言ではない。その後の国連憲章の視点で見ても、当時のイギリスやフランスによる集団的自衛権の行使として正当化できる行為は、そのまま世界大戦につながった。このため、集団的自衛権に対して、世界的に非常に慎重な姿勢が見られるのは事実である。

⑿　ニカラグア事件国際司法裁判所判決

例えば、1986年6月27日の国際司法裁判所のニカラグア対合州国事件判決は、中米の小国が入り混じったジャングル地帯におけるゲリラ戦という低集約度武力攻撃の連鎖の文脈で、アメリカからのニカラグアの反政府ゲリラに対する武器供与の合法性を争った事件であるが、次のように、個別的自衛権と集団的自衛権の行使要件を区別した。キャロライン号事件の公式の通り、緊急性と比例性が自衛権行使の要件であるだけでなく、（ニカラグア周辺小国のためのアメリカの）集団的自衛権の行使については、**表4－2**のように武力攻撃を受けた国の被害声明と救援要請が、新たに要件とされた。

表4－2　国際司法裁判所の示す違い（ニカラグア事件）

要件	個別的自衛権	集団的自衛権
緊急性	要	要
比例性	要	要
被害声明	不要	要
救援要請	不要	要

http://www.icj-cij.org/docket/index.php?p1=3&p2=5&p3=-1&y=1986

⒀　ニカラグア事件判決の射程

しかし、厳密にいえば、国際司法裁判所の判決は、同裁判所の管轄権を受け入れた当事国を、該当事件についてのみ、拘束するのであって、同裁判所にとっても、国際法の「説得力のある」法源（persuasive authority）でしかない。それに従うべき義務はない。かつ、ニカラグア事件は、集団的自衛権に関しては周辺的な限界事例に過ぎず、この事件の解決のための論法を一般化すると「木を見て森を見ず」という本末転倒の帰結に陥る危険が大である。例えば、A国の潜水艦が核弾頭ミサイルでB国を不意打ちしようとしていたところ、C国の対潜哨戒機が、そのミサイル発射準備を探知し、この急迫不正の侵害に対して、やむを得ず、近くのC国の潜水艦に連絡してA国の潜水艦に魚雷攻撃をかけてミサイル発射を阻止した場合、これは集団的自衛権の行使に当たるだろうか？　緊急のことだったので、標的国が果たしてB国だったのか、隣のD国だったのか、厳密には確認できなかったが、核弾頭の威力からして、どちらに命中しようと、両国が甚大な被害を被ったことは明らかである。B国ないしD国のどちらも小国で、着弾を待っていたら、両国政府が一瞬にして消滅していたであろう。攻撃を受けたという被害声明とか、救援要請とか、1914年8月4日のドイツ軍の侵略を受けたベルギーなら、イギリスにそういう連絡を発することもできたが、現代戦では、必ずしも、それほど悠長ではない場合がある。

⒁　多国籍共同軍事行動における自衛権

また、個別的自衛権と集団的自衛権の区別は、基本的に国の領域に対する武力攻撃を前提としており、例えば海賊取締の多国籍艦隊、国際連合平和維持軍、国連安保理決議の下の強制措置を実行する多国籍軍のような多国籍派遣軍の自衛権については、個別的自衛権と集団的自衛権の区別にこだわると、大きな矛盾を生じやすい。つまり、多国籍共同軍事活動においては、派遣「国」の区別にこだわり過ぎると、何のための共同作戦かが分からなくなり、多国籍軍全体としての連帯感を損ないかねないからである。ハッキリいって、多国籍共同軍事活動において自衛権というときは、通常の英米法の自衛権、すなわち大陸法の正当防衛で捉えるべきであり、個別的、集団的の区別など、その間に区別のあるべき理由など存在しないというべきであろう。

⒂　自衛権の区別の内在原理

国連憲章第51条の文面上の個別的自衛権と集団的自衛権の区別について、ダンバートン・オークス会議やサンフランシスコ会議の憲章草案や議事録から、その意義を誇張することは、たとえその解釈が歴史的事実関係の実証的解明の目的のために正しかったとしても、条約解釈の目的のためには邪道である。なぜなら、第51条は、どちらの自衛権も国に内在する固有権（自然権）であると明記しており、その点において、準備書面などを見なければ解決しないような曖昧(あいまい)な点は何一つないからである。2種類の自衛権の併記は、その間に原理的な区別があるからではなく、むしろ国連憲章制定に当たり、英語と英米法に慣れた起草者が、慣れない他国の外交官のために、誤解が生じないように、自衛が、自己の防衛だけでなく、自力救済として他国の防衛を含むことを明確化させるために、敢(あ)えて個別的自衛権と集団的自衛権を併記しただけである、と解釈する方が合理的なのである。そうしないと「正当防衛」という用語を用いている国連憲章のフランス語正文やスペイン語正文[11]だけでなく、固有権、内在権、自然権という表現と矛盾するからである。仮に目的論的解釈を採用したとしても、集団安全保障という国連憲章の目的は、むしろ自衛権に個別的、集団的の区別があるという解釈を支持しないし、武力行使の違法化という目的は、一定の制限を設けた上で集団的自衛権をも国に内在する権利だと明記している第51条の解釈に影響を及ぼし得るものではない。

⒃「帝国主義の道具」批判

集団的自衛権は、しばしば「帝国主義の道具」であるとして批判されるが、権利の濫用をもって権利を批判するのは的はずれであろう。集団的自衛権の背景にある「一国に対する武力攻撃は、全世界に対する武力攻撃と見做(みな)す」という集団安全保障の考え方は、帝国主義とは無関係であり、先に挙げたロックの「自然状態」つまり「自然法の支配する状態」にも見られる。つまり、「自然法の下、万人が平等である」ということは「万人が自然法の執行者」であり、「自然法違反者は、全人類に対する危険となるから」、「何人もその違反の度合いに比例して違反者を懲罰できる」(John Lock, *An Essay concerning the True Original, Extent, and End of Civil Government*, 1698, chap. II, para. 6-8)。このような自然状態は、主権国を超える上位権力を認めない国際関係の描写としてもよく当てはまる。国際連合憲章は、そのような国際関係の自然状態を規制して、安全保障理事会の措置が効果を生じるまでの間、より限定的な自力救済、自衛（緊急防衛ないし正当防衛）だけを許していると捉えることができるのである。

11　el derecho inmanente de legítima defensa, individual o colectiva.

⒄　存立危機事態要件批判

最後に、日本の2015年の平和安全法制整備法による集団的自衛権の存立危機事態における限定的承認そのものの一般的妥当性について、国内憲法問題をひとまず棚上げにして、日本と同様の大陸近隣の島国であるイギリスの例で考えてみよう。1940年5月10日、ドイツ軍がベルギー、オランダ、ノルウェーを武力制圧し、チェンバレン内閣が倒れ、チャーチル内閣が成立した当時の国際情勢において、ドイツ軍が英仏海峡なり北海なりを超えてイギリスに上陸作戦を仕掛けるまで、イギリス軍は発砲を待たなければならない義務が、一般論として、あるべきだろうか？　この点は、存立危機事態の要件の妥当性を支持するだろう。一方、1939年9月1日、ドイツ軍がポーランドに侵攻した時点では、一般論として、イギリスには、背後からベルリンを急襲空爆する権利はあるべきではないといえるだろうか？　このような状況下でのイギリスの集団的自衛権の行使は、「帝国主義」に当たるのだろうか？日本法のいう存立危機事態という集団的自衛権の限定的行使要件は、国際社会の視点では、およそ主権国を主権国たらしめる国際法そのものの防衛義務を無視した身勝手な要件ではないだろうか？　集団的自衛権の行使について、キャロライン事件ウェブスター公式（急迫不正の侵害に対する、その必要性に比例した、やむを得ない実力行使は許される）に加えるべき制限があるとすれば、それは、行使国の国と住民に対する義務に矛盾しない範囲ということになるのではないだろうか。

8　憲法第9条の法文解釈と自衛隊

⑴　実定法主義

実定法主義は、例えば常識や、理性、あるいは、神の法（jus divinum）⊃天賦権（divine right）(⊃王権神授説（divine right of the king）や天賦人権（divine right of man))〔注：A⊃BはAがBを含む（BがAの真部分集合である）ことを示す〕、や自然法（jus naturalis）＝自然権（natural right）など、論者によってその内容が恣意的に変わりかねない法や権利やルールを一種の道徳として排除し、正統な立法権によって客観的、手続的に法として実定された法、または正統な司法権によって法として認められた法（jus positum）のみを法とする立場である。従って、実定法主義の下における法文解釈は、字句の自然な意義をもって解釈することを本筋とする。字句に矛盾や曖昧さがある場合は、例えば論理的整合性、文脈的一貫性、常識というものが、解釈を手伝うことができるが、そうではない限りは、字句の自然な意義が、法律の立法目的に適合させる目的的解釈や文脈解釈よりも優先する。

⑵　憲法第9条第2項の文理解釈

日本国憲法第９条第２項の前段本文「陸海空軍その他の戦力はこれを保持しない」に即して考えると、軍や戦力のというのは、個別の「名称」、固有名詞ではなく、普通名詞である。陸上自衛隊、海上自衛隊、航空自衛隊という名称の存在を定義し、性格付けるに当たり、どの言葉を選ぶか、例えば「軍事力」と呼ぶか、「防衛力」と呼ぶか、「自衛力」と呼ぶか、「戦力」と呼ぶか「武力」と呼ぶか、どれも似通った言葉である。自衛隊は、自衛隊法第87条により、「その任務の遂行に必要な武器を保有」し、同第88条により「我が国を防衛するため、必要な武力を行使することができる」とある。自衛隊法の用語としても、実態としても、これを軍隊ではない、例えば警察隊であるといっても、およそ説得力がなく、言葉の上でのごまかしに過ぎない。

⑶　常識、合理性、自然法などの排除

ここで、「戸締り用心、火の用心、外国からの侵略に用心し、国を守るのは当然です」とか、「攻められて軍隊がありませんでは済まない」とかいうことは、憲法第９条に書かれている文章の素直な解釈問題としては、条文にあらわれてこない「常識」や「合理性」あるいは「自然法」とでもいうべき問題である。条文の意味するところが極めて明確である以上、常識や合理性や自然法などは、その解釈に影響を及ぼさないのが実定法主義である。そういう

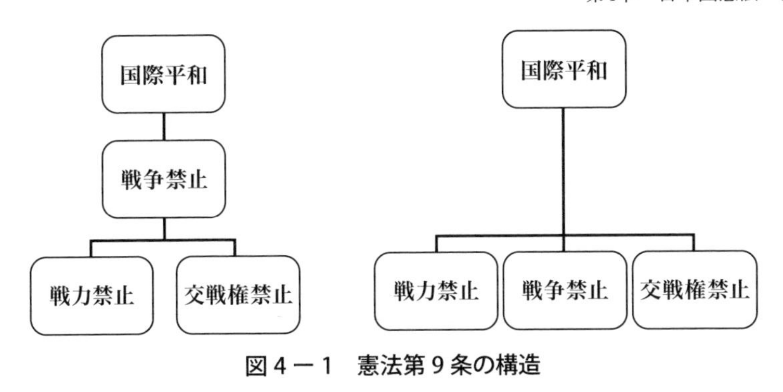

図４－１　憲法第９条の構造

点が気になる人は、どうぞ憲法改正手続の中でいって下さいということになる。

⑷　芦田修正の影響

では、第２項の冒頭の「前項の目的を達するため」という一文（芦田均修正）によって、同項前段の意味が変わるだろうか？

⑸　憲法第9条第1項の目的

第１項は、「日本国民は、正義と秩序を基調とする国際平和を誠実に希求し、国権の発動たる戦争と武力による威嚇又は武力の行使は、国際紛争を解決する手段としては、永久にこれを放棄する」とある。その目的とは、「正義と秩序を基調とする国際平和」であろうか？　それとも「国権の発動たる戦争と武力による威嚇（いかく）または武力の行使の永久放棄」であろうか？

⑹　憲法第9条の構造

第９条の構造として、国際平和という目的の実現手段に戦争放棄と戦力保持禁止と交戦権の禁止の３つがあると読むか（**図４－１**右図）、国際平和という目的のために、まず戦争放棄があり、その戦争放棄を確実にするために戦力保持禁止と交戦権の禁止という担保手段があると読むか（**図４－１**左図）、そういう違いは生ずる余地があるかも知れない。第９条の条文上の構造としては、左図が素直であろう。しかし、国際平和と戦争放棄と、そのどちらが「前項の目的」であるにせよ、「陸海空軍その他の戦力は持たない」という第２

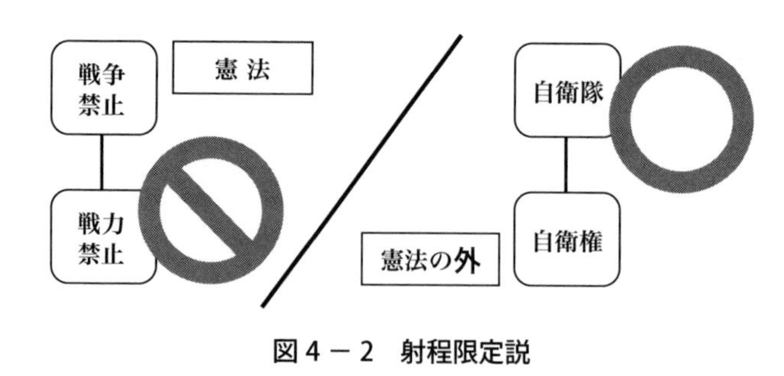

図４－２　射程限定説

項の意味に変化はないように思われる。

①　担保規定

「国際平和」が目的で、「戦争と武力行使や威嚇の永久放棄」は、その達成手段、方法であるとすると、第２項の、陸海空軍その他の戦力の不保持」は、「戦争と武力行使、威嚇の放棄」を確かにするための担保措置に見える。武力を持っていると、つい使いたくなって、間違いが起るかも知れないので、最初から保持しないと。これを便宜的に「担保措置説」とする。法文解釈としては、これが最も素直である。

②　射程限定説

第１項において、自衛権は明文上放棄されていないことに着目して、憲法以外の法源、国際法の国連憲章第51条において、あらゆる国に固有の権利として認められている、急迫不正の武力攻撃に抵抗すべき自衛権の比例行使までを放棄する趣旨は第９条第１項にはないと解釈し、その上で、第２項冒頭の「前項の目的を達するため」という文言には、同項本文「戦力禁止」の適用範囲を第１項の目的に照らして合目的的に狭める効果があると解釈し、自衛のための陸海空軍その他の戦力の保持は、必ずしも禁止されていないと解釈する。これを芦田修正による第２項の射程限定説とする（**図４－２**参照）。

③　政府解釈（芦田修正無関係説）

1972年の政府見解から2014年まで内閣法制局が維持してきた政府見解は、

1972 年以降の従来の政府見解

国際法の平面	国際紛争を解決する手段としての武力行使	国連安保理の授権を受けた武力行使	自衛権の発動	
			集団的自衛権	個別的自衛権
国内平面	戦力 ⊘			防衛力 ○

2014 年 7 月 1 日閣議決定、2015 年 9 月 19 日安保関連 2 法

国際法の平面	国際紛争を解決する手段としての武力行使	国連安保理の授権を受けた武力行使	自衛権の発動	
			集団的自衛権	個別的自衛権
国内平面	⊘ 戦力	多国籍	派遣活動	武力攻撃事態
			存立危機事態	
			防衛力 ○	

図 4 － 3　2014 年の政府憲法解釈の変化図

国連憲章第 51 条の文面上の個別的自衛権と集団的自衛権の区別に着目し、日本の個別的自衛権の行使のための必要最小限の防衛力は、憲法第 9 条第 2 項が禁止する他国に攻撃的な脅威を与えるような「陸海空軍その他の戦力」には当たらないと解釈する。これは、射程限定説と異なって、第 2 項冒頭の目的声明（芦田均修正）が、禁止されている戦力の範囲を限定するとは解釈せず、武力行使に抵抗する個別的自衛権の行使のため最小限の防衛力は、そもそも「戦力」ではないので、憲法第 9 条第 2 項の禁止対象には該当しないとする解釈である。これを（芦田修正は第 2 項の解釈とは）無関係説とする。

(7)　射程限定説批判

射程限定説は、自衛隊の根拠を、日本国憲法の外の法源、国際法の自衛権に求める点で、憲法秩序に不安定性をもたらす。そして、その前提となる「武力攻撃に抵抗する自衛権の行使は国際紛争を解決する手段としての武力の行使または武力による威嚇には当たらない」という解釈は牽強付会（けんきょうふかい）である。なぜなら、武力攻撃に対する自衛権の行使による武力紛争は国際紛争の一種ど

ころか、その代表的な種類に属し、そのために相手方が武力攻撃を止めれば、それは必ずしも紛争原因そのものの解決ではないかも知れないが、少なくとも国連安保理が最も注目する国際紛争は停戦の実現で解決されたことになり易いからである。例えば、フォークランド戦争は、アルゼンチン軍がフォークランド諸島を占領したことに対し、イギリス軍が個別的自衛権を行使してアルゼンチン軍を撃退し島を奪い返したことで「解決」したのである。今日でもなおアルゼンチンがフォークランド諸島をマルビナス諸島と呼んでその領有権を主張し続けていることを国際紛争として認識しているイギリス人は少ないし、いわんや、より広い国際社会においておや。そして、そもそも、自衛のための軍備なら許されるという考え方は、厳密には、憲法第9条第2項ではなく、ポツダム宣言第11条「戦争の為の再軍備（を可能にする産業)」の禁止について妥当するかも知れない解釈に過ぎない。

(8)　政府解釈（無関係説）批判

無関係説も、まず、これも、あらゆる軍備を包括的に禁止した憲法第9条第2項ではなく、すでに述べたように戦争のための再軍備を可能にする産業を禁止したポツダム宣言第11条の解釈としてのみ成り立つ。次に、自国に対する武力行使に抵抗する個別的自衛権の行使のために保持する必要最小限の「防衛力」は「戦力」には当たらないという点は、牽強付会であろう。なぜなら、何が「戦力」に当たるかを考え始めると疑問が尽きないからである。また、本章第7節「自衛権」で指摘した理由で、個別的自衛権と集団的自衛権の区別にこだわるのは、たとえ、それが1972年から2014年7月1日の閣議決定までの代々の内閣法制局長官の一貫した見解であったにせよ、論理的に見て、決して筋のよい見解ではない。一国平和主義のそしりを免れないであろう。

(9)　2015年の安保立法

2015年9月19日の安保関連2法、平和安全法制整備法と国際平和支援法は、この無関係説（従来の内閣法制局長官説）の依拠する個別的自衛権と集団的自衛権の峻別を相対化し、平和安全法制整備法により、日本の存立危機事態における集団的自衛権の行使、つまり個別的自衛権の限定的な延長、を許し、同法と国際平和支援法により、多国籍派遣軍事活動に参加した自衛隊の部隊による集団的自衛権の行使を許すものである（→第5章）。

⑽　内閣法制局長官

なお、内閣法制局長官は、憲法、法令、条約の政府解釈や、閣議に付される法律案や政令案や条約案の解釈を担う。憲法第81条所定の裁判所の違憲立法審査権は、1803年のマーベリー対マジソン事件米連邦最高裁判決（Marbury v Madison 5 US 137）以来の米国判例法を継受したものとして、特定の事件の当事者の権利義務に即して特定の法律、命令、規則、処分の合憲性を事後的に審査するものとされている（警察予備隊事件、最大判昭和27年10月8日民集6巻9号783頁）。これに対し、内閣法制局長官は、いわば法令案等の合憲性を含めた事前点検を担当している側面がある。この側面は、比較法的にはイギリスの法務総裁（Attorney-General）に近く、フランスの国務院（Conseil d'État）の機能の一部と比較できるかもしれない。ただし、イギリスの法務総裁は与党議員であり閣僚に列する政治職であるが、フランスの国務院（行政裁判所）は政治から独立している。

⑾　イギリス法務総裁とフランス国務院

どちらが、日本の内閣法制局長官の実態に近いかといえば、仕事的にはイギリスの法務総裁が近いものの、日本のものは、議員ではなく官僚のポストである点では、いささかフランスの行政裁判所の頂点である国務院の機能の一部も近似性を持ち、後者の方が、日本の「官高政低」の土壌に即した側面を持つ傾向性は、観察できるかも知れない。しかし、2012年12月の総選挙で成立した安倍晋三内閣において内閣法制局長官人事の政治性が高まり、例えば2013年8月8日に従来の人事慣行を破って外務省出身者を内閣法制局長官に起用して物議を醸（かも）したのち、2014年5月16日に人事的にはより保守的に検事出身の横畠裕介を起用しつつ、同年7月1日に集団的自衛権の合憲性に関する従来の政府解釈を変更し、集団的自衛権を合憲とする閣議決定を行った。

そして2014年12月、消費税率引き上げ時期を遅らせることの是非を争点とし、憲法改正を静かな公約として掲げた解散総選挙を経て、2015年5月14日、憲法改正のないまま、安保関連2法案について合憲の閣議決定が行われた。

⑿　裏の憲法

横畠裕介以前の歴代の内閣法制局長官が、少なくとも1972年以降は、集団的自衛権を違憲、個別的自衛権を合憲としてきたことは、それがたとえ法律解釈としては筋の悪い国内向けの区別だとしても、裁判所の統治行為論の濫用（→本章9節、83-86頁）による憲法判断回避を前提として、官界において、一定の安定性を持つ形で、実効性のある独自の憲法秩序を構成してきたと捉えることはできるかも知れない。いわば「表の」憲法典の字句を離れて、官僚が「これこそ憲法の意味するところであるぞ」と指し示す解釈が、いわば「裏の」「事実上の」憲法として存在し、それが、表の憲法とは矛盾を抱えながら、あくまでも相対的に、一定の法的安定性を確保してきたとはいえるだろう。そういう観点からすれば、安倍晋三内閣における従来の官製憲法解釈の変更に基づく憲法改正なき立法は、単に「表の」憲法に違反するだけではなく、「裏の」憲法たる官製憲法秩序にも違反するクーデターであったといってよいだろう。

⒀　2015年安保立法の制限の安定性

実際のところ、官製憲法解釈（芦田修正無関係説、78-79頁）の依拠する個別的自衛権と集団的自衛権の峻別は、それが、たとえ、どれだけ筋の悪いものであろうとも、日本に対する武力攻撃の発生の有無という、比較的分かりやすい基準で峻別できるところが、一定程度の法的安定性をもたらし得る基礎であった。ところが、2015年の安保関連2法は、即ち平和安全法制整備法であれ国際平和支援法であれ、それに代替し得る新たな安定的な基礎を提示し得る性質の変更ではない。仮に、多国籍軍事活動に派遣される自衛隊の集団的自衛権は別扱いにできるとしても、例えば、日本の存立危機事態というものに、北朝鮮軍の対韓国武力攻撃がどの程度に至ればそれに当たるのか、中国軍の金門島を含む台北政府施政権下に対するどの程度の武力攻撃がそれに当たるのか、インドネシアでイスラム系過激派が政権奪取したらどうなのか、フィリピンのミンダナオ島のイスラム系過激派がインドネシアの過激派と連結してロンボク海峡に迫ったらどうなのか、「イスラム国」ISがイラク南部を制圧してホルムズ海峡を脅かすようになったらどうなのか、アメリカ本土における同時多発テロの発生はどうなのか、などなど、そういうことを考え始めると、裁量の余地があり過ぎて、これでは法的安定性をもたらす基準とはならないであろう。従って、この立法によって、これまでの官製憲法解釈は破綻したと捉えることは、妥当だと思われる。

⒁　存立危機事態の倫理的妥当性

また、日本の「存立危機事態」という限定そのものの倫理的妥当性に問題があり、これまでの集団的自衛権の否定と同様、一国平和主義という批判を免れないであろう。

⒂　結論

従って、2015年の安保関連2立法のもたらした日本の憲法秩序に対する破壊的な打撃は、そのための安倍晋三内閣によるあからさまな言論の自由の敵視政策と並んで、人権と法の支配を守るための代案の検討を要請する。本書では、憲法第9条第2項の、例えばイギリス1689年権利章典第6条式の文案による限定的改正（→本章11節(10)、103頁）、あるいは、憲法第9条第2項には触れないで、憲法上の義務からの緊急時の逸脱（いつだつ）（derogation）を許す手続規定を設ける立法（→本章11節(11)、103頁）、ならびに、日本の仮再軍備のあり方そのものの根本的な概念（コンセプト）転換を示唆（しさ）する（→第5章）。

9　統治行為論

⑴　統治行為論

例えば、日米安全保障条約に基づくアメリカ合州国の軍隊の一部の日本国領域内における「駐留」のように、一見して明白に、日本国憲法第 9 条第 2 項の禁止している日本国の陸海空軍その他の戦力の「保持」とはいえない、高度に政治的な問題の当否については、自由選挙と国会討論という議会制民主主義の政治過程において決着をつけるべきで、民主的に選挙されたわけではない裁判所としては、判断を避けるべきだという趣旨の説明がなされることがある（最判昭和 34 年 12 月 16 日刑集第 13 巻第 13 号 3225 頁、砂川事件最高裁判決）。これが、いわゆる「統治行為論」である。

⑵　適用にふさわしい事件

つまり、統治行為論の対象となって、裁判所が判断を避けるべき問題の性格は、①憲法の条文の普通の文字通りの文理解釈によっては答えが出ず、②高度に政治的である、とまとめることができる。

⑶　日本の裁判所による適用傾向

すると、この論法は、厳密には、在日米軍ではなく、自衛隊やその前身のように、一見明白に、憲法第 9 条第 2 項に違反する、つまり憲法の裁判所による通常の文字通りの解釈によれば、違憲とならざるを得ない事案については、当てはまらないというべきであろう。しかし、現実には統治行為論は自衛隊の違憲性を問う裁判の判決にも用いられた（例、札幌高判昭和 51 年 8 月 5 日行裁例集第 27 巻第 8 号 1175 頁、長沼ナイキ訴訟）。つまり、日本では、統治行為論は、①の法文の通常の文理解釈で答えの出る問題かどうかではなく、もっぱら、②の高度の政治性の方がものをいう傾向が見られる。

⑷　立法府と司法府の抑制と均衡

しかし、①の法文の通常の文字通り解釈で答えの出る問題について、裁判所の出したその答えの「政治性」を問うことは、司法の独立、裁判官の独立という重要な憲法的価値に照らして間違っているというべきであろう。なぜなら、条文の通常の文字通りの文理解釈というのは、機械的であり、であるからこそ、非政治的であるからである。つまり、司法判断というのは、その意味で、規範的に、非政治的なものなのである。その判断の及ぼす効果が、特定の情況下の特定の権力にとって都合が良いか悪いかで、裁判官の判断が変わるようでは、それでは、独立した裁判官とはいえない。裁判官は、政治家の顔色をうかがうのではなく、法律と当事者の立論と証拠を見て判断するのが仕事である。例えば、上述の長沼ナイキ訴訟において、札幌高等裁判所や最高裁判所が、札幌地方裁判所のように憲法判断を行い、自衛隊は違憲であるという唯一可能な司法判断を下したとしよう。そうすれば、国会は、憲法を改正するための手続を開始するか、それとも自衛隊法を廃止するか、あるいは、本書の提言する第三の道（憲法上の義務からの逸脱（いつだつ）手続）を探るかの選択を迫られることになったであろう。そういう難しい選択を迫られることは、国会議員にとって「面倒くさい」ので「迷惑」かも知れない。しかし、それは、国会議員が税金で給与を受けとる本来の「仕事」なのであるから、面倒くさいとか迷惑などという「たわごと」では決して済まされない。裁判所として、国会に、その本来の仕事をさせることを遠慮すべき理由などないのである。すでに見てきた、1952 年の海上保安庁法の改正であれ、同年の保安庁法の制定であれ、1954 年の自衛隊法の制定であれ、憲法改正手続を先にとらなかったことは、すべて、憲法改正の発議権を持つ国会の単なる怠慢である。裁判所が、その怠慢を是正してこそ、初めて、裁判所と国会の間で、抑制（よくせい）と均衡（きんこう）（check and balance）が働くことになるのである。

(5)　裁判官人事

従って、裁判官人事においても、仮にある裁判官が自衛隊違憲判決を出したからといって、その裁判官が絶対平和主義者であると早合点し、その政治思想的背景を詮索（せんさく）して評価することは大きな間違いである。それは単に憲法第 76 条 3 項「すべて裁判官は、その良心に従い独立してその職権を行い、この憲法及び法律にのみ拘束される」(裁判官の独立）に反するだけでなく、すでに述べた理由で、その背景にある、司法判断そのものの規範的な非政治性を理解していない幼稚さがあるためである。さらに敢（あ）えていえば、仮に、内心では日本に国防軍が必要だと考えている裁判官であっても、まず国会に憲法改正の発議をなさせて、本格的な再軍備の手続を開始させるために、自衛隊の違憲判決を出すことは十分に考えられるのである。

⑹　遠慮と抑制

そもそも、憲法が三権分立といって、国の立法権（国会）と行政権（内閣）と司法権（裁判所）を分けているのは、そうすれば、3つの権力機関の間にチェック機能が働き、全体としてバランスがとりやすく、極端な政治が行われにくいというメリットがあると考えられるからである。抑制と均衡とは、決して、遠慮し合うことではない。むしろ、他方の怠慢と惰性（だせい）と堕落（だらく）に対し、職務を通して、愛の鞭（むち）をふるうことも必要である。従って、単に問題が「高度に政治的だから」という理由だけで、裁判所が、その問題を「政治家（国会議員）に任せて」、単純な憲法の条文の文法的解釈で答えの出る問題から逃げてしまうと、その抑制と均衡が働かないことになる。

⑺　自衛隊の違憲性放置の弊害

ことに、憲法の場合、平易な文章が多く、とくに憲法第9条ともなれば、小学生でもその内容は容易に理解できる。従って、その憲法の条文に照らして明らかに矛盾した事実が存在することは、日本の将来世代の遵法（じゅんぽう）精神を阻害し、日本の法治国家としての顔に泥を塗り、法の支配を否定することになる。自衛隊の憲法訴訟における上級裁判所の判断回避は、その効果として、国会に憲法改正か自衛隊の廃止か、あるいは本書の提言する第三の道（憲法上の義務からの逸脱手続）をとるかの選択を迫ることを回避し、国会議員と有権者を甘やかし、もって憲法第9条第2項と自衛隊法の併存、すなわち、憲法が明文で包括的に禁止する軍隊・戦力の恒久的保持を許す由々（ゆゆ）しき変則事態をもたらしている。そして、軍事に関する事柄について、法の支配が貫徹されないことの危険性については、第8章も参照して欲しい。

10　日米安全保障条約

(1)　1951年の旧条約

1951年の日米安全保障条約（吉田茂総理・アチソン国務長官）では、日本国は、独立に当たり、武装解除されていて自衛権を行使する有効な手段を持たないので、無責任な軍国主義が世界から駆逐されない間の暫定措置として米軍の継続的駐留を望んだ（旧条約前文）。ついては、日本国はアメリカ合州国に日本国内とその「付近」(独立後もしばらく米軍施政下に置かれた沖縄や小笠原を指す）に米軍を配備する権利を与え、アメリカ合州国はそれを受諾して、極東における国際の平和と安全の維持、及び日本国の安全、に寄与するために用いることができる（旧条約第1条）と定めた。意地悪くいうと「米国は日本が頼むから米軍を日本に置いてやるぞ。ありがたく思え。気が向いたら日本を防衛してやってもよいが、約束はできぬ」と。そして、米国としては、むしろ日本が、再び他国を攻撃する脅威となり、あるいは国際連合憲章の目的や原則に従って平和と安全を増進すること以外に用いることのできる軍備を持たない範囲で、直接または間接の侵略に対する自国の防衛のために「暫増的に自らの責任を負うことを期待する」と明記された（旧条約前文)。失効条件は、「国際連合又はその他による日本区域における国際の平和と安全の維持のため十分な定めをする国際連合の措置又はこれに代わる個別的若しくは集団的の安全保障措置が効力を生じたと日本国およびアメリカ合衆国の政府が認めたとき」(旧条約第4条）であった。これは、北大西洋条約機構（NATO）を模した地域的集団安全保障機構ができることを想定した側面を持つが、現実には困難で、日米二国間の安全保障条約の改定の可能性も明記しつつ、事実上、期限の定めはなかった。

①　暫定措置

前文の、無責任な軍国主義が世界から駆逐されない間の暫定措置というのは、連合国のポツダム宣言第6条が、「無責任な軍国主義が世界より駆逐されるに至るまでは、平和、安全及び正義の新秩序を樹立できないので、日本国民をだまして世界征服の挙に出るという過誤を犯させた者の権力及び勢力を永久に除去する」と宣言していたことを踏まえたものである。中国大陸や朝鮮半島における共産党の武力革命ないし戦争も無責任な軍国主義の一種であると解釈して、当初の日本の永久非武装中立化方針から暫定的に離脱せざるを得ないという趣旨で、ポツダム宣言の占領目的との矛盾を、最小限にとどめるために必要な文言であったといえる。

②　日本の軍備制限

次に、日本の防衛責任に関する「日本が再び他国を攻撃する脅威となり、あるいは国連憲章の目的や原則に従って平和と安全を増進すること以外に用いることのできる軍備を常に避けながら」という注意書きも、ポツダム宣言第 11 条が、日本国が再び戦争のために武装する（re-arm for war)、戦争のために再軍備をなすことを可能にするような産業を禁止したことと、矛盾しないような表現を選んだといえる。憲法第 9 条第 2 項の「戦力」(war potential）の無理な「官製解釈」(本章 8 節 (6) ③、78 頁）も、実は、このポツダム宣言第 11 条の趣旨の解釈として、初めて意味が通るのである。

③　侵略

日本に対する「間接の侵略」とは、日本国内の共産党の武力革命の試みを指し、朝鮮戦争勃発前に、例えばアメリカ陸軍省作戦計画課が治安警察隊（constabulary）なら軍隊と区別して日本に保持させられるだろうと考えた、元々の発想に従っている。朝鮮戦争への中国共産党軍の介入を受けて、ソ連軍の北海道に対する「直接の侵略」に備えることが緊急に要請され、警察予備隊の装備が、治安警察隊用の、例えば 105 ミリ榴弾（りゅうだん）砲ら、軍隊用の 155 ミリ榴弾砲へと変化したことなど（→本章、61 頁）も踏まえた表記になっている。

④　防衛責任の引受け

なお、「日本国が自国の防衛に対し暫増的に自らの責任を負うことを期待する」は、in the expectation, ..., that Japan will itself increasingly assume responsibility for its own defenseの外務省訳というべきところであるが、英語は「日本国が自国の防衛に対して自らの責任を漸増的に引き受けていくことを期待する」ということで、「暫増的」ではなく「漸増的」のはずである。これは、あくまでも、外務省側で、安保条約そのものの暫定的、臨時的性格を、ここであらためて強調したに過ぎない。つまり、安保条約の存在する暫定期間において、臨時に、しばらく増加させると読めるように訳した訳(わけ)である。ただし、日本語も「正文」なので有効であるし、安保条約全体の趣旨と矛盾するわけではない。

⑵　1954年の日米相互防衛援助協定

1954年の日米相互防衛援助協定（岡崎勝男外相・アリソン米駐日大使）、通称MSA協定は、第8条において、1951年の日米安全保障条約の前文にあった日本の「暫増的」な「自主防衛責任の引受け」への米国の「期待」を、日本の「自主防衛力の増強」の条約上の「軍事的義務」(military obligations) であると読み替えた上で、その「義務」を果たすという日本国政府の「決意」を再確認し、その上で、あらためて日本国政府が「自国の防衛力及び自由世界の防衛力の発展及び維持に寄与し、自国の防衛能力の増強に必要となることがあるすべての合理的な措置を採るものとする」という表現で法的義務を定めた。

①　協定第9条の意味

なお、同協定第9条には、1951年の日米安保条約の条文を読み替え、修正するように解釈されてはならないと規定されている。しかし、安保条約上の軍事的義務を果たす政府の決意というのは、軍事施設の提供だけだとすると、何のためにそんな決意表明が必要だったのかが分からない。やはり、自国の防衛能力の増強に必要となることがあるすべての合理的措置を採る義務（自衛隊の創設）に重点があるように思われる。

②　協定第8条の意味

第8条の文面上は、もはや1951年安保条約前文にあったような、ポツダム宣言第11条の「戦争のための再軍備を可能にする産業の禁止」の趣旨を再解釈した、「他国を攻撃する脅威となる軍備を避ける」、「国連憲章の目的や原則に従って平和と安定を増進すること以外の目的に使用できる軍備を避ける」などの制限はついておらず、ただ「自国の政治及び経済の安定と矛盾しない範囲で、その人力、資源、施設及び一般的経済条件の許す限り」という表現で、イギリス外務省関係者が当初考えていたような国際的遠隔操作が可能な経済的制限の他は、意図的に深読みして、「政治的安定」という表現に「憲法秩序を乱さない」というニュアンスを読み込むことが可能かも知れないという程度の制限があるだけである。この段階で、条約上は、憲法第9条第2項は、純粋に日本の「国内問題」と見做(みな)されるようになったといってよいだろう。

③　自由社会の防衛力の維持発展への寄与

次に、「日本だけでなく自由社会の防衛力の維持発展に寄与する」というのは、日本の防衛力増強により、米軍の極東での負担を軽減して、米軍のヨーロッパや中東に対する展開力を保全するという趣旨で、必ずしも日本の集団的自衛権の行使を前提とする内容ではないという解釈は不可能ではない。もちろん、不可能ではないだけであって、暗に集団的自衛権の行使を前提としていると解釈することも可能には思われるが、明示で発動されてはいない。

④　日本の再軍備義務

この協定は、1951年の安保条約の期待から1歩も2歩も踏み込んだ再軍備の法的義務を定めたものと解釈でき、そのための憲法改正義務をも定めたのだと解釈するのが本来の筋であろう。しかし、そのこと自体として、この「協定」という名前の条約（昭和29年条約第6号）が、憲法第9条第2項に直接違反するわけではない。憲法改正手続をとることが、憲法に違反するわけではないからである。憲法と抵触するのは、その直後に、日本の国会が、憲法改正手続をとらないままに制定した自衛隊法（昭和29年法律165号）の方である。

(3)　1960年の現行条約

1960年の日米相互協力及び安全保障条約（岸信介総理・ハーター国務長官）は、最後の第10条但書で、1951年の旧条約前文にあった無期限の暫定措置としての条約の性格付をあらため、数字で10年間の効力を限り、その後は、締約国のいずれか一方による解除通告の後1年で失効するという失効規定を置いた。そして米軍は日本の安全と極東の国際平和と安全のために日本の基地施設等の使用権を得て（新条約第6条英語正文）または日本が米軍にそれらの使用を許可した（同日本語正文）。そして、日米各国は、日本国の施政下にある領域における、いずれか一方に対する武力攻撃が自国の平和及び安全を危うくするものであることを認め、各国の憲法上の規定や手続に従い共通の危険に対応することを宣言した（新条約第5条）。

①　集団的自衛権？

これは、「いずれか一方に対する武力攻撃が自国の平和と安全を危うくするものであると認め、共通の危険に対応する」という言い回しから日米二国間の集団安全保障を実効化させる、両国の集団的自衛権の行使を「宣言」したと解釈できる。ただし、内容的には、日本の方は、在日米軍に対する武力攻撃に対する自衛権の行使を宣言しているだけで、在日米軍に対する武力攻撃は、あくまで日本国の主権領域に対する武力攻撃ともいえる以上、日本国自身の個別的自衛権を行使しますよという「宣言」に過ぎないということもできる。

②　憲法との関係

次に、「宣言」というのは、必ずしも法的な義務を負っていないということもできる。その上、アメリカも、日本も、あくまで、「それぞれの憲法上の規定や手続に従って」共通の危険に対応すると宣言しているだけなので、つまり、日米双方とも、そのために憲法に違反するとは「約束」していないといえる。すると、日本としては、憲法が禁止している「陸海空軍その他の戦力を保持」すべき法的義務は負っていないといえない訳ではなく、また、そのために憲法の改正手続をとる法的な義務を負っている訳でもないとも解釈とすることも可能である。

③　憲法改正義務の有無

ただし、日本の方で、この「宣言」には憲法改正手続をとるべき法的義務は込められていないと解釈すると、国際法の相互主義（reciprocity）により、米国も、従前通り、必ずしも日本を防衛すべき法的義務を負った訳ではないことになる。従って、日本が、これで米国に日本防衛の義務を引き受けさせたと解釈するためには、日本も、自国と在日米軍の防衛責任を実効性のあるものにするために、憲法を改正する義務があると解釈せざるを得ないであろう。

④　霞ヶ関文学

しかし、それは、1960年の新安保条約そのものが憲法に違反するということを意味しない。違反しているのは、自衛隊法の方である。ただ、以上の諸点は、いずれも、米国向け、国内向けの2つの別々の「顔」を巧妙に両立させる巧妙な「霞ヶ関文学」というべきであろうか。こういうことは、議論を混乱させるだけなので、止めた方がよいと、本書も第2章の地位協定の節（→24-25頁）で指摘しているところである。

⑤　旧条約との違い

ちなみに、1960年の日米安保条約は、1950年の大西洋条約（大西洋条約機構NATOの根拠条約）をモデルにしている。とくに1960年日米安保条約第10条但書の失効規定は、1950年の北大西洋条約が20年の効力を保った後は、加盟国は、米国に対する一方的通告をもって1年後に脱退できること（北大西洋条約第13条）を模範に、日本の自主権を強化したものと評価できるだろう。1951年の安保条約が、その失効条件として、NATO型の集団的な安全保障措置だけでなく、個別的な二国間措置に言及していたことからすると（旧条約第4条）、その後者に当たる1960年の安保条約には、アメリカとしては、元々は、日本（岸信介内閣）が憲法第9条第2項を改正して締結することを期待していたのではないだろうか。

⑥　北大西洋条約との違い

なお、NATOと日米安保条約は、いくつか重要な相違がある。とくにNATOでは、加盟国の軍隊の他の加盟国への駐留（→第2章2節）については、別途、二国間で取極めがなされている。そして、多国間同盟として独自の機構を持つ。実際に、1966年にフランスの要請で在仏米軍は撤退し、2006年にもアイスランド（氷国）の要請で在氷米軍は撤退し、後者には、代わりにノルウェー軍が駐留している。

(4)　2015年安保立法との憲法抵触性の相違

以上に対して、すでに見た通り、2015年の安倍晋三内閣の平和安全法制整備法や国際平和支援法（安保関連2法）は、自衛隊の権限や活動範囲を拡大するものなので、在日米軍と異なり、これは、憲法第9条第2項の絶対的軍備禁止にまともに違反する。そういう法律案の国会での採決「強行」は、憲法との抵触（conflict）の点で、1960年の岸信介内閣による改定日米安保条約の国会承認の「強行」とは、全く異質であるといえるであろう。

(5)　米国の指導

日本に憲法の「解釈改憲」を促した米国の一種の行政指導等について、第5章2節以下参照のこと。

コラム①　1960年安保闘争とは一体何だったのか？

条約改正がなければ

そもそも、1960年の安保条約改定は、当時、すでに施行されていた安保条約の改定であった。安保闘争が改定に反対したのだとすれば、旧来の安保条約の無期限の効力に賛成する意図だったということになる。すると、安保条約の有効期限については、新安保条約が導入したNATO並みの10年（1970年まで）有効、あとは日米いずれかの一方的解除通知から1年後に失効するという新規定ではなく、従来通り、期限の定めのないままで、それで日本人の独立心や自尊心や横並び意識にとって満足できたのであろうか？

日米安保条約体制に対する反対

1951 年の日米安保条約の改定だけではなく、1954 年の日米相互防衛援助協定（MSA 協定）や、在日米軍の地位協定も含めて、それらの「親」条約の改定を機会にして、どのような形であれ、日米安保体制そのものに改めて反対したのだとすれば、その方が筋は通るが、その分、当時の岸信介内閣総理大臣に対する批判は、相対化されるであろう。それなら、本来、吉田茂総理に対する批判の方が、はるかに筋が通っているからである。

多様な反対目的

その反対運動の背景には、日本国憲法の狭い文字通り解釈（司法解釈）を超えた、広い政治的な目的、例えば日本の非武装中立化を第一歩とする世界恒久平和の確立という目的を守る闘いと捉えていた人もいたであろうと同時に、米軍撤退を共産革命への足がかりとするための闘いという思惑の人もいたと思われる。実際、1960 年の国際関係を今からかえり見れば、その年の暮れに南ベトナム解放民族統一戦線が結成されて、インドシナ半島東岸の「自由圏」において武力革命の烽火があがり、朝鮮半島でも、北朝鮮軍が南北軍事境界線の下にトンネルを掘って韓国に対する再侵略の準備をしていたという、共産主義陣営による武力攻勢の時代に当たっていた。しかし、そのどちらでもなく、自衛隊そのものの賛否は別として、その違憲性を棚上げにしたまま、条約レベルで次々に勝手な約束をして自衛隊の任務を広げ、あるいは将来広げる可能性を創ることに対して、「まず、そういうことをする前にやるべき手順があるのではないか？」という異議申し立ては、決して無視されるべきではないと思われる。この点について、当時、どれほど明確に意識していたかは別として、何らかの違和感を感じていた人たちこそ、本当は、大多数だったのではないだろうか？

安保条約と憲法

自衛隊の違憲性を一旦棚に上げて、条約だけ見ると、すでに前節で見たように様相は異なる。憲法第 9 条の狭い「司法的」な文理解釈の次元でいえば、1951 年の旧安保条約であれ、1960 年の新安保条約であれ、主に憲法の禁止する日本の軍隊や戦力とはいいがたい外国軍の日本駐留のための条約であった。確かに、1954 年の日米相互防衛援助協定第 8 条が日本に対し暗に憲法改正を義務付ける防衛力増強義務を定め、1960 年安保条約第 5 条も、米軍に日本防衛義務を引き受けさせたと、日本側で解釈するためには、当然、日本国憲法の改正の必要な正式の再軍備を前提とする内容となっているが、それだけでは、米国との契約（条約）通り、そのような憲法改正手続きを採(と)ること自体を憲法が決して禁止していない以上、憲法違反とはいえないことも明らかであった。裁判所としては、従って、在日米軍であれ、条約であれ、一概に違憲とはいえず、むしろ、その内容の高度な政治性から、自由選挙と国会討議という議会制民主主義の政治過程にその決着を預けるべき争点であったと思われる（→本章9節「統治行為論」）。それ故、岸信介内閣が同条約の国会承認を、国会外の大きな安保反対デモにも拘(かかわ)らず「強行」したとしても、国会は、「国権の最高機関」（憲法第41条）として、これを国会における討議と議決によって決着をつけるのにふさわしい事案と見て、国会外のデモを無視して決める権限を持たないとはいえないので、決して日本国の憲法秩序を乱すことだったとは一概にいえなかったと思われる。

条約改正の必要性

気になるのは、すでに1954年の相互防衛援助協定で自主防衛力増強義務が定められて、同年に自衛隊が発足していたのに、なぜ、1960年のタイミングで、日米安保の親条約の改定が必要だったのかという点である。とくに、1951年の日米安全保障条約締結に至る吉田外交が、よくいわれるように、戦争に負けて外交で勝った「勝利」（日清戦争という戦争に勝って三国干渉において外交で負けた陸奥宗光外交の逆）であったというのなら、1960年になぜ改定が必要だったのか？

アメリカ側の事情

アメリカがさらに要求したとすれば、憲法第9条第2項の絶対非武装規定の改正と集団的自衛権の容認だったかと思われる。ただ、憲法改正は日本国民の決めること、というのが、アメリカの従来からの公式の立場であった。憲法改正には、国民投票が必要だからであるし、自衛隊の違憲性の解決は、あくまでも日本の法治国としての見識の問題であるというわけであろう。集団的自衛権については、1960年安保条約第5条は、すでに見た通り、在日米軍と日本の相互防衛「宣言」を掲げて、在日米軍の防衛が、日本にとって集団的自衛権の行使にあたるような言い回しが用いられている。ただ、これは、集団的自衛権行使といえない訳ではないが、在日米軍が日本領土にいる以上、日本の個別的自衛権の範囲内であるとも解釈できる。その上、「宣言」なので、法的義務ではないといおうと思えばいえる。そういう意味で二重に巧妙な「霞ヶ関文学」であった。

日本側の事情

それよりも、日本側に安保条約の改定を求める強い動機があったことを示唆するのが、豊下楢彦（2008年、159-165頁）の吉田外交失敗説である。それは、必ずしも吉田茂外交を批判するものではない。中国共産党軍の大陸制圧により加速していた対日講和・日本独立条件の外交交渉の中で、吉田茂内閣総理大臣兼外務大臣と外務省は、1950年6月25日の朝鮮戦争の勃発を受け、米軍は日本を基地に使わなければならない必要に迫られたと読み、これで、日本は、米国と、晴れて、双方向的な取引（give and take）ができる立場に立ち、米軍に日本防衛義務を負わせることができると計算し、省を挙げて歓んだという。吉田茂が、その計算をもとに、わざと「大陸情勢が日本に影響を及ぼすことはない」と豪語したところ、昭和天皇が、かつて1945年夏に対米講和の仲介方を頼んでいたソ連に見事に裏切られた経験から、朝鮮戦争の勃発で共産革命の危険におびえて、翌6月26日に米国務省の担当官ダレスに連絡して、「どうか日本を防衛して欲しい」と頼んだ。そのために、吉田内閣の計算が破綻し、その結果、「米国は、日本の求めに応じて、日本に軍隊を置いてやるぞ。そして、気が向いたら日本を守ってやってもよいから、感謝せよ」という内容の1951年安保条約になってしまったと解説している。この豊下説については、内容的に、昭和天皇による、日本国憲法どころか、旧帝国憲法からも逸脱した違憲行為があったことを示唆（しさ）しており、何より感情的に異論が出やすいであろうが、1951年の日米安保条約の改定を日本側が求める、その強い動機の背景的事情をよく説明できることは確かである。

安保闘争の効果

1960年安保「闘争」の客観的な最大の「効果」は、おそらく、憲法第9条第2項の絶対非武装規定の改正が、55年後の今日までなかったということではないだろうか。1960年の岸信介内閣の安保条約改定は、前提にある自衛隊の違憲性は棚上げにして、条約の条文が憲法には直接違反しないように注意深く巧妙に言葉を選んでおり、それこそが2015年の孫の安倍晋三内閣による安保関連2法との根本的な違いの1つであるが、1960年当時、あれだけの反対があると、岸信介としても、憲法改正は当分の間、とても無理だと判断した可能性は高い。しかし、安保「闘争」のすれ違いないし焦点ボケによる最大の犠牲者は、自衛隊そのものの是非は別として、本書の指摘する、ずっと置き去りにされてきたままの自衛隊の違憲性についての解決手続というべきなのではないだろうか。

では、国会前デモで警官隊と衝突して圧死したとされる樺美智子の死は？　例えば、2015年9月18日深夜から19日未明にかけての参議院での安保立法案の採決について、1940年生まれの自民党の鴻池祥肇参議院議長は、1960年当時は早稲田大学の学生であったが、2015年7月から9月にかけての国会前のデモを見て、1960年の安保闘争時の樺美智子死亡事件のようなことが繰り返されてはならないという確信に基づいて、採決を急いだと主張しているので、この問題は避けて通れない。しかし、これは以下の理由で論理の極めて飛躍した単なる感情論に過ぎず、採決を急いだことの正当化事由にはならないと考える。本書は、そもそも国際的に見れば日本のデモは1960年でも比較的おとなしい部類に入ると思われるので、警察権力行使がこの点で、デモ取締りの必要に比して、割りの合うものだったかどうか疑念は残っていると考える。例えばイギリスでは 1972 年の北アイルランドの「血の日曜日事件」の再度の調査報告が 2009 年になって提出されて、正当化されない発砲や暴力が暴かれたりしているので、日本も、今後、独立警察苦情調査委員会のようなものを立ち上げる契機として、再調査をしてみたらよいのではないかと考える。ただ、樺美智子の死に限らず、第 8 章で触れるように、日清日露の両戦役で流された日本兵の血で贖(あがな)った満州だから捨てられないとか、「支那事変」（日中戦争）で死んだ「英霊」に報いるために撤兵できない（東條英機の対米開戦理由）など、その種の血に訴える感情論は、その政治的立ち位置に拘らず、回避することが重要かと思われる。

将来世代への効果

考えられるべきは、当時の日本の将来を担うべき青年世代が、結果として深い失望感に襲われて、政治的に極めて消極的になり、立憲政体の主体としての公民意識を喪失したという「効果」の方であろう。この「落ち込み」は、それだけ「闘争」目的、ないし、あるべき反対目的が何だったのか、いま 1 つ理解されていなかった証拠とも思われるが、積極的な公民意識の喪失は、単に民主主義国である以前に、一個の立憲政体として、極めて不健康な状態であるとだけは断言できよう。仮に、1960 年の安保条約の改定の国会承認を強行しなければ、どうなったかと考えれば、1951 年の従来の安保条約と 1954 年の相互防衛援助協定という名前の条約と、その子や孫にあたる協定類がそのまま維持されたと考えられる。それが、日米関係にとって、例えば大きな障碍となったかといえば、おそらく、そういうレベルの変化は何ももたらさなかっただろう。もちろん、日米安保条約は期限の定めのない暫定措置のまま残ることになったであろう。その不利益と、折角、直接民主主義的な要求までするようになった、日本の将来を担う世代の公民意識を考えて、その要求を押しつぶさないことの利益と不利益を秤にかけて、よく考えて評価する必要があると思われる。

国民投票の選択肢

岸信介内閣として、1 つやってみてもよかったと思われることは、日米安保条約改定の要点、例えば、米軍の日本防衛の義務付け、そして条約の有効期限についての 2 点、新旧条約の違いをできるだけ簡易に明確化し、米軍に日本防衛を正式に義務付けようとすれば憲法改正が必要になることも明記した上で、そういう条約改正の是非、イエスかノーかを国民投票にかけて、国会外のデモを投票箱に置き換える試みである。ポイントは、よく分からずにただ反対を叫んでいるデモを、より理性的な民主主義のプロセス（行程）に載せるところにある。仮に負けても、従来の日米安保体制が残るだけだったのだから、リスクは決して高くはなかった。

11　結論

⑴　ポツダム宣言第11条

1945年7月24日のポツダム宣言（日本降伏条件の宣言）第11条の戦争のための日本再軍備を可能にする産業の禁止は、ひいては戦争中からの連合国のドイツと日本に対する共通の戦後処理方針であった。その基礎には、1943年11月のカイロ宣言とテヘラン宣言にあらわれる米英中ソ四ヵ国による世界の警察官構想と、同年1月のカサブランカにおける米ローズベルト大統領の抜け駆けの無条件降伏要求があった。

⑵　憲法第9条第2項

なお、日本国憲法第9条第2項の絶対非武装規定は、ポツダム宣言第11条の戦争のための再軍備を可能にする産業の禁止とは似て非なるもので、国際管理が困難である。

⑶　米陸軍作戦計画課の解釈

例えば、米陸軍の作戦計画課が1948年4月27日の『日本の限定的武装案』(Limited Military Armament for Japan）の中で陸軍長官と陸軍参謀総長宛に、将来における日本再軍備を選択肢に入れながら、当面は、「唯一妥当であり、日本人民に関する合衆国の長期的な政治的立場にとって最良なのは、憲法が、治安警察（constabulary）よりも高度の日本軍組織創設を違法としていると解釈することである。そうでなければ、日本人が、彼らの憲法のほかの条項を簡単に無効化することを助長するかもしれず、我々は日本で自らの威信を弱めることになるであろう」と述べていた点が注目される（柴山2010年53頁)。これは、苦肉の策であったが、憲法の一条文を反故にすれば、他の条文をも反故にする危険が高いことは、当然の危惧であった。

表4－3　軍備をめぐる変則手続と回避方法

年月日	変則的な判断や手続	回避方法
1946/02/13-11/03	昭和天皇の戦犯訴追を回避する代価として憲法で戦力保持と交戦権を永久禁止（帝国陸海軍の解散とは別）	退位
1946/04	総選挙の勝利党首でない者に組閣の大命（幣原喜重郎貴族院議員）	勝利党首の任命
1946/05/02	総選挙の勝利党首（鳩山一郎）の組閣大命拝受後の公職追放	連合軍最高司令官の辞任
1946/05/22	国会議員として選ばれなかった者（吉田茂）を総理大臣に任命	第1党衆議院議員から選ぶ
1950/08/10	違憲政令、警察予備隊令	憲法改正手続または 逸脱手続
1952/04/26	違憲立法、海上保安庁法の改正	
1952/04/28	（独立）	
1952/07/31	違憲立法、保安庁法	憲法改正手続または逸脱手続
1954/06/09	違憲立法、自衛隊法	
宙ぶらりん期 自衛隊合憲の政府解釈（官製解釈） （個別的自衛権の範囲内）		
2015/09/19	違憲立法、安保関連2法	憲法改正手続または逸脱手続

⑷　過ぎたるはなお及ばざるが如し

実は、イギリス外務省は、ポツダム宣言の米原案を見たときに、やり過ぎと感じ、1945年9月24日の内閣極東民政計画部の報告書は、憲法も占領終了後にも日本に根付くような改正が望ましいと考え、「帝国憲法の精神における第二の維新」という趣旨で、帝国憲法の必要最小限の改正を行い、例えば、帝国憲法第11条に根拠を持つ統帥権の独立や勅令による軍部大臣現役武官制（→本節⑹、100-101頁）などの軍が天皇を笠に着て誰に対しても責任を負わずに政治を支配する制度を改め、天皇の統帥権を廃止し大権を内閣の助言と承認に基づかせ、軍部大臣を含めて閣僚に、国会議員、とくに大半は衆議院議員たるべき要件を課し、文民統制を貫かせるなどの必要最小限の改正にとどめるべきであるという考えであった（柴山2010年175頁）。しかし、当初からソ連のスターリンを信じ過ぎたローズベルト米大統領の戦後構想には無理があり、日本の非武装中立化は、「過ぎたるは、なお及ばざるがごとし」で、米陸軍は、すぐに、憲法改正の必要性に直面するに至った。できてしまった新憲法の一条文が、政治的、軍事的な現実の中で反故にされれば、ウッデマイヤー米陸軍作戦計画課長の懸念した通り、基本的人権の尊重や議会制民主主義などの、憲法のその他の原則が打ち捨てられることにつながるので、「及ばざるがごとし」であった。

(5)　天に唾す

だからといって、憲法は出来が悪いから、守る必要がないという考え方は、日本国憲法が、たとえ外国製であっても、一応、形だけは、帝国憲法の正規の改正手続を踏んで成立した、日本の憲法なのだという現実を忘れた無責任な態度で、まさに「天に唾(つばき)する」に等しいというべきであろう。つまり、何でもアメリカのせいにして、自国の現行憲法にケチをつけるあまり、自国の基本的な憲法秩序とその手続を否定することにつながるとすれば、本末転倒といわざるを得ない。

(6)　第二の明治維新

なお、イギリスの内閣極東民政計画部の「帝国憲法の真の精神における第二の維新」という考え方は、いい得て妙であった。なぜなら、昭和天皇も、偶然、1946年1月1日の詔書で「広く会議を興(おこ)し万機公論に決すべし」という1868年の明治天皇の五箇条の御誓文を引用して、占領改革の樹立しようとする議会制民主主義の日本的根拠を提示したが、これこそ、明治維新の「真の精神」というのにピッタリであったからである。イギリス内閣極東民政計画部の批判した、軍部大臣現役武官制を支えた統帥権の政府からの独立、とくに天皇直属の参謀本部は、元来、明治の自由民権運動が、かつて坂本龍馬の『船中八策』にあったような公議政体樹立を求めてきた旧土佐藩士を中心に、愛国公党、後の自由党を結成して議会開設を訴え、投票により政権交代を目指したことに対抗する目的で導入された。とくに、陸軍大輔山縣有朋(やまがたありとも)は、自由民権運動を、長州の脱隊騒動、佐賀の乱、西南戦争などの士族の反乱が、剣を筆に持ち替えただけのものと捉えて、プロイセンの軍の政治的中立を保障する参謀本部をモデルにして、軍を議会政治から超然とさせて、明治維新体制の護持を図った（雨宮 1998 年 60 頁）。そして、このことが、軍その他の行政上の所管事務について、有権者から選ばれた議員たる閣僚（国務大臣）が議会で質問に答える義務を負い、有権者の審判に付される（答責、アカウンタビリティー）というイギリス式議会政治の実現に向けた成長を阻害する一大要因となったのである。その端的な例こそ、軍が議員でもない現役武官を大臣として内閣に派遣して内閣を掣肘（せいちゅう）する軍部大臣現役武官制であった。とくに、1940 年、日独伊三国軍事同盟（枢軸同盟）締結に反対する米内光政の内閣を、陸軍が内閣に派遣していた陸軍大臣畑俊六を辞任させることで総辞職に追い込んだ事例が、国際的によく知られる（同制度の倒錯した政軍関係への影響について→第 8 章、200-201 頁）。

(7)　自由民権運動と参謀本部

イギリスの議会政治は、元来、例えば、1991 年のパリ和平協定に基づきカンボジア「内戦」の「戦場を投票箱に」置き換えて解決する過程を補佐した国連平和維持活動の目的などに直接通じる目的を有している。従って、自由民権運動は「剣を筆に持ち替えた」士族の反乱の延長に過ぎないという山縣有朋の捉え方は、板垣退助が、佐賀の乱や西南戦争の剣を受け継がずに、代りに筆を持った瞬間に、武士の世の政治からイギリス式の議会政治のプロセスに乗り換えて、日本政治の文明開化を図ったことを理解しないものだった、その意味で、「広く会議を興し万機公論に決すべし」という五箇条の御誓文の「真の精神」と矛盾する捉え方であった、と現代（昭和）の視点で捉えなおすことができる。これこそが、「帝国憲法の真の精神における第二の維新」としての昭和の憲法改正（日本国憲法制定）の妙というべきであろう。

(8)　戦後の議会制民主主義

自由民権運動が、剣を筆に持ち替えて、政党を立ち上げ、議会開設を訴え、選挙による政権交代を目指したことは、当時は、参謀本部の設置で流産したとはいえ、日本の近代立憲政治の第一歩であったと捉えられる。昭和の軍国主義の嵐の後の「第二の維新」による憲法改正は、故ローズベルト米大統領の逸脱政策の負の遺産と連合国軍最高司令官の独善的な勇み足によって、当初から「過ぎたるは、なお及ばざるがごとし」に終わる危険を孕みながらの再スタートとなった。案の定、中国大陸と朝鮮半島における共産党の武力革命と侵略戦争をめぐる世界的な冷戦の影響で、日本は軍国主義の根絶が済まないうちに米軍管理下で憲法と矛盾する仮の再軍備を進め、自由民主党の長期の一党支配が続くことになった。この仮の再軍備が置き去りにした憲法問題は、本来は、冷戦の終結後、選挙による政権交代を経て、新政権の主導で憲法に必要最小限の改正が施される形で解決する道が一番きれいな形だと思われた。しかし、1993年と2009年の2度の政権交代は、いずれも短命に終わった。それは、日本の立憲政体の不健全さの現れである。この点、1960年の安保条約の改定は、その前提の自衛隊を別にすると、必ずしも憲法違反といえる文面でもなかったのだが、それ以前の吉田茂内閣当時から、占領軍最高司令官の指令や米国との条約で色々と約束されて、国内の憲法秩序と手続がおろそかにされてきたことに対する違和感を背景とした、若い世代の反対を巻き起こした。これを押し切って国会承認に至り、結果として日本の次世代の立憲政体の主体としての公民意識の成長の芽を摘むこととなったのは、有害であったといえよう。2015年の安保関連2法に至るや、これは、もはや1960年の安保条約の改定と本質的に異なり、やるのなら、まず、憲法改正を経なければ、立法すべからざる内容であった（内容は第5章参照）。

(9)　憲政復活の一提案

では、どうすればよいか？　第2章で触れた通り、ヨーロッパ人権条約第15条や国際人権規約第4条には、ある範囲の人権尊重義務からの緊急時の逸脱手続が設けられている。イギリスは、1998年の人権法でヨーロッパ人権条約を国内で直接適用する際に、逸脱の国内的定期点検手続を導入した。しかし、この手続のモデルになり、かつ、これよりもずっと厳しい定期的な点検手続が、イギリスの1689年権利章典第6条の常備軍の設置保持の違法化規定について存在している。1689年の権利章典第6条は、人権の現代的な個別化以前の「平和的生存権」と名付け得る古典的な粗い人権の担保規定と位置付けられるが、議会は、その規定の下で、原則違法の常備軍の設置保持について、毎年、定期的な議会両院の賛成議決と5年毎の正式な立法手続の中で点検する手続を、300年以上にわたる実務慣行、いわば憲法的習律（constitutional convention）として築き上げてきたのである。

⑽　憲法第9条第2項の一改正案

これにならって、日本でも、憲法第9条第2項を、例えば、「陸海空軍その他の戦力は、国会の承認なく、これを設置し、保持することはできない」との文言に改め、同第3項として「前項の国会承認は、効力1年の臨時立法によりなすことができる。その効力は毎年国会両院の賛成議決を得た政令で更新できるが、政令による更新は連続4年を超えることができない」という時限逸脱手続を新たに定める憲法修正条項の追加を、憲法第96条所定の手続により国会が発案する（つまり、現状の憲法第9条の条文はそのまま維持され、その内容を改正する憲法第1修正が追加される）。その上で、一旦、自衛隊と安保関連諸立法をまとめてその効力を停止し、憲法改正の是（イエス）非（ノー）を国民投票にかける。このとき、非（ノー）と答えた場合は、自衛隊は自然消滅し、日本は完全非武装になることを、国民投票用紙に明記する。そして、憲法改正成立後は、自衛隊と安保関連諸立法を、その逸脱手続に沿って時限立法に改める。

⑾　憲法第9条第2項の文面維持案

そうではなく、例えば、第8章を読んだ結果として、元亀3年12月22日(1573年1月25日)、徳川家康が、三方ヶ原の戦いで武田信玄に敗れたとき、そのときの自分の悔（くや）しく情けない顔を絵師に描かせて、その「しかみの自画像」を、終生、自戒のために、保持していたという故事にならい、憲法第9条第2項を日本の「しかみの自画像」として、また日本のこれからの人権保障の基礎となる「平和的生存権」の請願として、久しく国の指導者の戒めとするために、そのまま堅持することが必要ではないか？　あるいは、イギリスのマグナ・カルタのように、ユネスコ世界記憶遺産（Memory of the World）に登録すべきではないか？　そのように思う読者のためには、敢(あ)えて憲法改正はせずに、①憲法第９条第２項からの逸脱定期点検手続を、イギリスの手続にならった内容で、国会立法をもって定め、②一旦、自衛隊法と安保関連諸法を総てまとめて効力を停止した上で、③「憲法第９条第２項からの逸脱定期点検手続法」をあらためて国民投票にかけて、反対すれば、効力停止中の自衛隊法と安保関連諸法は失効し、日本は完全非武装となることを国民投票用紙に明記して国民投票を実施し、④賛成多数を得れば、公布、施行し、自衛隊法と安保関連諸法を、すべて、その憲法からの逸脱について定期点検手続に従わせることが考えられるであろう。

⑿　軍備の内容的規制について

なお、そういう手続による軍備の時間制限ないし国会の時限授権よりは、国会立法で武力行使の内容を制限する方がよいのではないかという議論については、毎年の逸脱立法の効力の延長ないし、4年毎の逸脱立法の再立法の際に、内容的制限を見直せばよいと考えられる。

⒀　日本の国会の信頼性について

そもそも、イギリス議会と違って、日本の国会は有権者に信頼されていないという議論は、国会議員を有権者が選ぶ以上、選挙戦の自由度を向上させたり、投票日の選定などについて規定を設けるなどの工夫で対処すべき問題ではないかと思われる。

第 5 章

米軍の利益相反と2015年安保関連 2 法

【本章要旨】

日本国憲法第 9 条第 2 項の武装禁止という主権制限を、国という一種の法人に対する刑事的な行為能力制限、即ち刑罰と性格づけるとき、自衛隊という「仮」軍隊は、刑罰からの仮釈放（parole）に当たり、日米安全保障条約は、保護観察処分（刑法第 25 条の 2）に当たる（→第 2 章）。「仮」というのは、正式な憲法改正による「刑罰」の終了が未だにないからである。

この刑罰説に必要な留保は、3 つある。

第 1 は、仮釈放と保護観察は、受刑者の罪状と、本人の改善や更生の程度に従って決められるべきであるところ、日本の仮再軍備は、民主化や人権尊重という意味での更生の度合い云々以前に、中国共産化、朝鮮戦争の勃発（ぼっぱつ）という緊急事態において仮軍備が必要となり、刑罰から仮釈放されたこと（→第 4 章）。

第 2 は、仮釈放手続（仮再軍備手続）に重大な瑕疵（かし）（欠陥）が認められること（→第 4 章）。

第 3 は、保護観察官（probation officer）は、警察官とは別であることである。しかし、アメリカ軍は、仮釈放中の受刑者（日本）の仮軍備の保護観察に当たりながら、国際の平和と安全を保障する警察的任務にも就いており、その 2 つの仕事の間には、利益相反（conflict of interests）がある。即ち、保護観察の仕事は、仮釈放中の受刑者の改善と更生に気を配るべきであるのに、警察の仕事は、治安維持（peacekeeping）の必要に応じて、更生した元受刑者の専門知識や技能や経験などに補助されることもあるからである。保護観察官と警察官が同一になると、場合によっては、本来、警察任務の補助に用いるべきではない、未だ保護観察中の仮釈放中の受刑者を、その改善や更生の度合いを都合よく合理化して、警察任務の補助に用いる危険がある。

本章では、とくに冷戦の終結後の日米防衛協力指針（ガイドライン）の周辺にある論文等を見ながら、米軍の、世界の警察官の 1 人であり、日米安保条約の下で日本の保護観察官でもある二重の地位から来る利益相反が、具体的にどのような望ましくない影響をもたらしているか、2015 年の日本の安保法制の立法改革に即して考えてみたい。

1　冷戦の終結のもたらした変化

(1)　大西洋（ヨーロッパ）

①　冷戦の終結

アメリカから見て、大西洋の向こう側で1980年代後半から1990年代初頭にかけて急速に進んだ東西冷戦の終結は、世界情勢に広範な変化をもたらした。冷戦の終結は、1985年に誕生したソビエト社会主義共和国連邦（ソ連）のゴルバチョフ政権と当時の米レーガン政権の間で、1987年にヨーロッパに配備されていた中距離離核弾頭の削減条約が締結されてから急速に進み、米ソの協力で世界各地の地域紛争の解決が促進されて、これを支援する国連平和維持活動も急増した（グールディング『国連の平和外交』東信堂2005年）。

②　各地の個別主義、排外主義の台頭

ヨーロッパでは1989年の東ドイツ当局の錯誤によるベルリンの壁の崩壊と1990年のソ連の大幅譲歩によるドイツ再統一の影響で、東欧のソ連衛星国と、ソ連構成国のバルト三国など、各地でドミノ倒しのように共産党一党支配が崩壊し、1991年12月にはソ連そのものが崩壊した。これは自由民主主義の共産主義・全体主義に対する勝利として歓迎された。しかし、同時にこれまで普遍性と進歩を志向する2つのイデオロギー、あるいは大きく分けて2種類の民主主義と人権思想（自由民主主義と社会民主主義、自由権と社会権）の競争的求心力が弱まり、かわりに民族、宗教あるいは「文化」「文明」といった各地の個別価値あるいはその純粋性へのこだわりが排他的、排外的傾向を強め、国際秩序の大きな不安定要素として顕在化するに至った。

③　ユーゴスラビア内戦

例えば、1992年までにユーゴスラビア社会主義連邦共和国が、それまでの南スラブ諸民族の融合政策とは逆方向の分裂と内戦に陥った。南スラブ諸民族は、血筋や言語の点では同族といってよいが、旧ハプスブルク帝国のカト

リック・南ドイツ語文化の影響の濃いスロベニアとクロアチアやハンガリー系ボイボディナ自治州、旧ロシア帝国のギリシャ正教・ロシア語文化の影響の濃いセルビアとモンテネグロとマケドニア、そして旧オスマン・トルコ帝国のイスラム教文化の影響の濃いボスニア・ヘルツェゴヴィナやアルバニア系コソボ自治州などがあった。東欧革命の潮流の中で、多数派セルビア系住民が、既得権益を失うことを恐れて、ライバルのクロアチア系住民と衝突し、イスラム系住民を迫害したことが、内戦の原因と考えられる。一旦、内戦が始まると、山間部に孤立性の高い多様な共同体が共存していたことがあだとなった。

④　北大西洋条約機構の変容

この武力紛争に対応して、北大西洋条約機構（NATO）は、冷戦期の専守防衛的な地域的集団安全保障から、域外での平和の強制と平和維持へと、その任務を大きく変化させた。さらに、2001年9月11日のアメリカ本土における同時多発テロ攻撃の発生に対して、アメリカがNATO史上初めて北大西洋条約第5条の「加盟国の一に対する武力攻撃は全加盟国に対する武力攻撃とみなす」という集団安全保障措置の発動を求めて「テロとの戦い」が始まり、2003年4月16日には、NATO軍が、初めてヨーロッパの外、アジアのアフガニスタンに派遣された多国籍軍（ISAF）の主体となった。

- 普遍性と進歩を志向するイデオロギーの競争の終焉
- 個別的な民族、宗教、「文明」に対するこだわりによる排外主義と紛争
- NATOの任務の変化：専守防衛から域外での平和強制と平和維持へ

⑤　NATOの拡大

東欧革命後、NATOは旧仮想敵国の東欧ソ連の旧ワルシャワ条約機構の加盟国やその承継国に加盟を促し、1999年にポーランド、チェコ、ハンガリー、2004年にバルト三国、スロヴァキア、スロベニア、ブルガリア、ルーマニア、2009年にクロアチアとアルバニアが加盟して、その領域も大きく東に拡大した。

⑥　NATOの拡大の影響

しかし、NATO 加盟国が武力攻撃を受けたわけでもないのに NATO 軍が域外へ派遣され、国連の枠組みさえ超えて「人道的軍事介入」と称して独自の判断で域外に積極的な武力攻撃を行い（1999 年のコソボ自治州問題についてのベルグラード空爆）、NATO 加盟国が、旧ソ連衛星国のみならず旧ソ連構成国を巻き込んで増加したことは、ロシア連邦の強い反発を買った。

⑦　統一ドイツの軍事作戦

なお、1999 年の NATO 軍のベルグラード空襲では、ドイツ空軍機が、第二次世界大戦後初めて、武力攻撃を実施した。ベルグラードは、二つの世界大戦においてドイツ（オーストリア）と敵対したセルビアの首都であったため、否応なく日本の防衛関係者の横並び意識と、ロシア連邦及び中華人民共和国の防衛関係者の警戒心を、可能な限り最大限刺激した。

⑧　ロシアの逆襲

2008 年春のブルガリアの首都ブカレストにおける NATO 会議がウクライナやグルジアの加盟を示唆すると、ロシアは、同年夏にグルジアの南オセチア州へ「人道的」軍事介入を行ってこれを牽制し、2014 年にはウクライナの一部、クリミアに正体不明の兵隊を送り込んでこれを「併合」した。このため、リトアニア、ラトビア、ポーランドが自国の安全保障、領土不可侵性、政治的独立に対する脅威を感じ、北大西洋条約第 4 条の防衛協議を申請した。その後もウクライナ東部で武力紛争が続き、ロシアは核兵器の使用をも示唆するようになり、「新冷戦」ともいわれる時代に突入している。

⑵　太平洋（東アジア）

①　アメリカとの個別安全保障取極

アメリカから見て、太平洋の向かい岸には、北大西洋条約機構（NATO）のような固い地域的集団安全保障機構は、同じ英語圏のオーストラリアとニュージーランドとの ANZUS 条約以外にはなく、それも 1985 年以来、ニュージーランドが非核化政策をとってアメリカとの同盟関係は冷却化していて、二国間化条約化する傾向がある。その外は、フィリピン、台湾、韓国、日本それぞれとの間における個別条約や立法措置（対台湾）による安全保障の取極めの束がある。

②　共産主義体制の残存

中華人民共和国は、1989年、東欧革命に先んじて天安門事件で民主化運動を鎮圧して共産党一党支配を守り、冷戦構造は維持された。中華人民共和国の急速な軍拡と海洋進出及び北朝鮮の核兵器及びミサイル開発は、とくに日本との軍拡競争を刺激している。

③　中華人民共和国の海洋進出

在フィリピン米軍は、1989年のベトナム軍のカンボジアからの撤兵完了後、フィリピンの火山の噴火を契機として、1991年から撤収した。その直後から、中華人民共和国が南シナ海の浅瀬や無人島に建設工事を行うようになった（→第6章）。また、1996年には、中華人民共和国は、台湾における初めての民主的な総統選挙に対して、その上空を超えてミサイルを2発発射して、李登輝総統の「中国」の枠組みからの独立志向を牽制するなど、反民主的な目的のために武力行使を辞さない姿勢を見せた。その後、フィリピン南部でもイスラム系過激派の活動が活発化し、米軍はフィリピンに戻ったが、中華人民共和国の南シナ海での建設工事（自衛権の発動要件である武力攻撃には至らない）はとまらない。

④　イデオロギーから歴史解釈へ

中華人民共和国は、漢民族が圧倒的多数を占めるといっても、西部の広大な領土がチベット、モンゴル、ウイグルなどの少数民族の自治区となっている多民族国家であるため、ソ連東欧における友党の一党支配体制の崩壊や、ユーゴスラビアやソビエト連邦の分裂以降、過敏になっている。同時に共産主義イデオロギーの求心力の低下は著しく、代わりに、共産党の抗日戦争における「英雄的闘争」の神話教育（実際に日本軍と戦ったのは国民党）を、政権の正統化に用いる傾向性が強くなった。

⑤　北朝鮮

北朝鮮においても、1994年7月8日、最高指導者、金日成の死後、子の金正日があとを継ぎ、これが2011年12月17日に死亡すると、今度は、その子、金日成の孫に当たる金正恩が最高指導者となり、三代にわたり共産党の権力が世襲されて、共産主義の理想からは完全に逸脱した前近代的な「金王朝」が現出している。いずれにおいても、共産主義イデオロギーの衰退は不可逆的であり、代わりに偏狭な民族主義が台頭している。

⑥　日本

そして、陣営こそ異なるが、日本でも、1989年に1926年から続いた昭和が終わり、平成の世を迎え、1993年と2009年には総選挙により自由民主党の一党支配が一時的にせよ崩れる事態が2度発生し、脱冷戦化の機運が確かに存在した。

⑦　韓国、台湾

日本における2度の政権交代の間に、韓国では金大中大統領（1998-2003）、台湾では民主進歩党の陳水扁総統（2000-2008）と、それぞれ大統領（総統）の直接選挙で政権交代が実現した。しかし、国土面積、人口、経済規模で、韓国は日本のそれぞれ4分の1、5分の2、8分の3、台湾は日本の10分の1、5分の1、5分の1なので、日本の国会の多数派が入れ替わった2009年8月の総選挙は、規模の上では、より本格的な変化を示唆した。可能性としては、政権交代によって、敗戦後の保護観察下の日本から、「更生」した自由民主主義国としての日本に変身して、北太平洋地域の積極的な民主化の模範となることが考えられた。次節に見るアメリカの期待には、政権交代によって、憲法第9条第2項を改正して、世界各地の集団安全保障に日本兵が参加することも含まれていたと思われる。

⑧　日本の政権交代の失敗

しかし、長く続いた一党支配の既得権益のしぶとさか、政権交代は2度にわたり流産した。新政権は、どちらも過去の総理経験者の孫を総理に担いだ、いわば源氏を担いだ北条氏のような政権であった。2009年の民主党政権は、総選挙で単独過半数を占めたにも拘（かかわ）らず社会民主党と連立したため、民主的な政権交代で「更生」を証明し、第二次世界大戦の結果としての「懲罰」のくびきから解放される道、すなわち憲法を改正して、アメリカ・NATOを中心とした有志連合による国際紛争の管理に参加するという選択肢は眼中になかった。

⑨　自民党の変質

一方、自由民主党も、敵の一時的な成功に目と心を奪われて、同様に過去の総理経験者の子や孫を担ぐようになり、そのためますます過去の栄光にとらわれた後向き、内向きの偏狭な民族主義に傾倒していった。

⑩　北東アジアの軍拡競争

これらの日本の動向は、ロシアや中華人民共和国あるいは北朝鮮において進行しているナショナリズムや歴史修正主義や世襲による一党支配の動向と、奇妙な類似性を持っている。その結果、日本対中朝の双方の民族主義が、相互に刺激し合って、双方の軍拡と反自由、反人権、一党支配、全体主義化を正当化するという、一見仲が悪いことを逆手にとって、軍拡という共通の利益を追求する、危ない北東アジア利益共同体を形成しつつある。

(3)　インド洋

①　イスラム圏の台頭

最も不安定な地域はイスラム圏であろう。中東、北アフリカ、中央アジアはキリスト教のライバル宗教であるイスラム教が根強い。世俗化の著しい欧米のキリスト教と異なってイスラム教の伝播力は強く、かつこの地域には石油、天然ガスなどの戦略資源が豊富である。イスラム教は、中東、北アフリカ、中央アジアを中心にサハラ砂漠以南のアフリカや東南アジアにも急速に勢力を拡大し、欧米の内側にも移民を通してイスラム系住民が存在する。

②　湾岸戦争

1990年夏のイラク軍によるクウェート併合は、第一次世界大戦によるオスマン朝トルコ帝国の崩壊後、イギリスとフランスが先頭となって築き上げてきた地域秩序に対する挑戦であった。当時は、国連安保理決議第678号の下で、1991年に米英仏主導の多国籍軍がイラク軍をクウェートから追い出して、「一国に対する武力攻撃は全世界に対する武力攻撃である」とする集団安全保障の典型的実現例となった。

③　テロとの戦い

しかし、この多国籍軍の湾岸戦争をきっかけとしてイスラム原理主義運動が広がり、2001年9月11日のアメリカ本土における同時多発テロ攻撃に至った。アメリカは、自衛の名目でアフガニスタンに武力介入し、2003年には、テロとは無関係の、おそらく石油利権の問題で、イギリス軍らと一緒にイラクのサダム・フセイン政権を武力で転覆し、その後、長きにわたり治安の回復に苦労している。

④　アラブの春

2011年からの「アラブの春」といわれる北アフリカから中東にかけての民主化・イスラム化運動がシリアの内戦を引き起こすと、その混乱に乗じて、シリアとイラクの両国国境（旧フランス委任統治領と旧イギリス委任統治領の分割線）にまたがって自称「イスラム国」という名のテロ集団の「国」が建設され、欧米からイスラム聖戦戦士を集めながら、拡大している。

⑤　湾岸戦争の日本への影響

さて、1990年夏のイラク軍のクウェート侵攻に対する国連安保理決議に基づく多国籍軍の集団安全保障の武力行使、いわゆる湾岸戦争から、太平洋の日本にも資金援助だけでなく軍事的な貢献が求められるようになった。

⑥　平和維持活動から海賊対策へ

日本は、段階的に、国連の平和維持活動に、最初はナミビアやニカラグアの選挙監視などの文民活動から、カンボジアで自衛隊の施設大隊（工兵隊）などの軍事性の低い分野からの参加を進め（1992年のPKO法こと「国際連合平和維持活動等に対する協力に関する法律」）、一方、マラッカ海峡やソマリア沖の海賊対策に海上保安庁の巡視船や自衛隊の護衛艦を派遣しながら（2009年の海賊処罰法）、これまで通り、憲法第9条を改正することなく、個別の国会立法で、国内世論向けの歯止めを付けながら、アメリカからの海外派兵要請に対し、漸増的に対応してきた。

⑦　そして平和の強制へ

一方、日本が遠慮してきた戦争後のNATO主導の多国籍軍の活動、例えばボスニア・ヘルツェゴヴィナ安定化軍（SFOR, 1996-2004）には、オーストラリア、ニュージーランド、マレーシアが、コソボ派遣軍（KFOR, 1999-）には、その後撤退しているが、フィリピン、マレーシア、モンゴルが、そしてアフガニスタン国際安定化支援軍（ISAF, 2004-）には、オーストラリア、ニュージーランド、マレーシア、シンガポール、モンゴル、そして韓国が、それぞれ参加した。

⑧　今後

これらの活動は、2015年の安保関連2法の1つ、平和安全法制整備法が改正した「国際連合平和維持活動等に対する協力に関する法律」(平成4年法律第79号）第3条に新設された「国際連携平和安全活動」が、今後カバーするようになる可能性もある。

2　アメリカの「行政指導」

(1)　ソフト・ロー

以上の国際情勢の中で、アメリカが超党派で日本に求めてきたものを振り返る。日米安全保障条約は1960年の改定以来変更はなく、その後は、1978年11月、1997年9月、2015年4月と、これまで3次にわたって日米防衛協力指針（ガイドライン）と呼ばれる、ハードな（固い）法的権利義務を発生させない、柔らかいソフト・ロー（soft law）と呼ばれる行政指導的な文書が作成されて、日米の防衛協力関係を規律している。近年では、その合間に作成される非公式な報告書類も無視できない影響力を持つに至っている。

1. 1978年日米防衛協力指針（ガイドライン）
2. 1995年のナイ論文
3. 1997年日米防衛協力指針（ガイドライン）
4. 2000年、2007年、2012年のアーミテージ・ナイ報告書
5. 2015年日米防衛協力指針（ガイドライン）

①　日本の行政指導

なお、行政指導とは、行政機関がその任務または所管事務の範囲内において、一定の行政目的を実現するために特定の者に一定の作為または不作為を求める指導、勧告、助言その他の行為であって、法的権利義務を変動させる「処分」には該当しないものをいう（行政手続法第2条第6号）。つまり、相手方の任意の協力によってのみ実現される。行政指導の長所は臨機応変に行政課題に応じることができることと、相手方との対立を回避して円滑な行政運営が可能になることが挙げられる。他方、行政指導の短所は、恣意的な行政指導を招きやすいことが挙げられる。そのため、行政手続法では、行政指導の法的根拠と任意性を確保し、従わないことによる不利益取扱いを禁止するとともに（法第32条）、行政指導の趣旨、内容、責任者を明確に示すことが求められている（法第35条）。

②　日米合同委員会

行政指導は、アメリカ法のやり方とは違う。しかし、在日米軍の地位協定の実施協議機関として、日米合同委員会（Joint Committee）というものが設置されており、そこで日本の同協定の運用方針を、法的義務とは別として、提示することがあり（→第2章2節、24-25頁）、アメリカも、そういう日本の任意性の行政指導的なやり方を学習し、対日関係で適用するに至った可能性は窺（うかが）える。この手法には、臨機応変に日米共通の安全保障上の課題に応じることができ、例えば1960年の安保条約改定をめぐる闘争のような対立を避けて円滑な条約義務の履行が可能になるというメリットが考えられる。しかし、そもそもアメリカには、世界的な平和維持責任と、日本に対する保護観察責任があって、その2つの責任の間には利益相反があるので、行政指導的な指針が恣意的につくられる懸念を払拭（ふっしょく）するメカニズムは存在しないというべきであろう。

③　日本の長期一党支配の強化

とくに、日本では1955年以来、長期にわたって自由民主党の一党支配が続いており、とくに2009年から2012年にかけての政権交代の流産により、近時、より一党支配体制が強化されているといって過言ではない。

④　開発独裁型の癒着

ここで懸念されるのは、開発独裁型の癒着（ゆちゃく）である。開発独裁とは、先進国から発展途上国への開発援助が、窓口となる受け手の当局者の手元に集中し、その独裁権力化を助長し、国の発展には結びつかないことを指す。フィリピンのマルコス政権が好例である。日本では、マルコスのような個人ではないが、自由民主党の長期一党支配を、1950年代から1960年代にかけてCIAが資金面、情報面で支えたことが明らかにされており[1]、アメリカとは違って、官僚

1　http://www.nytimes.com/1994/10/09/world/cia-spent-millions-to-support-japanese-right-in-50-s-and-60-s.html

制が政権交代の影響を受けない常任官僚制（permanent civil service）になっていることと合わせて、権力の組織的な癒着が比較的進みやすい体質が、冷戦下に作られてきたという歴史的背景がある。

⑵　1995年のナイ論文

①　ジョセフ・ナイ教授

ハーバード大学の国際政治学の教授のジョセフ・ナイは、日本では相互依存論で著名である。1960 年代の植民地の独立（インデペンデンス）の時代に対し 1970 年代に相互依存（インターデペンデンス）という紛らわしい言葉で国際社会の一体性を強調しながら、アメリカの影響力の維持を正当化したともいえる。このナイ教授が、民主党クリントン政権の国防次官補（国際安全保障担当、1994-1995 年）を勤め、1995 年 7 月 1 日の Foreign Affairs 誌において、冷戦後のアジア戦線におけるアメリカの選択肢を 5 つに分けて、現状のアメリカ主導の個別諸同盟の束の維持を推奨した。

①　東アジアから完全撤退し西半球または大西洋に専念する戦略
②　東アジア各国との個別諸同盟からの軍事的撤退
③　東アジア各国との個別諸同盟の束に代わる緩い地域的制度を作る
④　NATO 型の地域的同盟を作る
⑤　アメリカ主導のもと個別諸同盟の束の活用

②　アメリカの太平洋からの撤退案

①と②の選択肢は、太平洋国家アメリカの利益に沿わず、短期的にはアメリカの国防上の負担を減らしたとしても、太平洋の対岸に勢力均衡の政治を復活させ、長期的にはアジアの不安定化を促進して、逆にアメリカの負担を増やしてしまう危険性が高いとしている。

③　太平洋の多国間組織案

③と④の選択肢は相互に排他的であるとは思えないが、ナイ教授は東アジ

アにおけるNATO型地域同盟の設立は間違いであると考える。その理由は、ロシア連邦や中華人民共和国がアメリカの敵にはならない可能性のある段階で、その可能性を捨てる選択となることを挙げた。つまり、平たく説明すれば、日米同盟は日本の軍国主義を封じ込め、韓米同盟は北朝鮮の侵略を抑止するためのものだという風に、個別の同盟関係の意義を個別に説明すれば、アメリカとしてはロシアや中華人民共和国とは直接衝突しないというわけである。この方針は、必ずしも民主党政権に限られるものではないと思われる（→コラム⑩「アメリカ人の夢の「姉妹共和国」、中国」）。

④　現状の個別同盟の強化案

そして、⑤のアメリカ主導のもと東アジア各国との既存の個別諸同盟を、世界と地域の安全保障に活用することを目標とし、日本についてはすでに始まっていた国連平和維持活動への参加を第一段階として、さらに本格的に世界的な集団安全保障への参加を求めていく内容となった。

コラム②　アメリカ人の夢の「姉妹共和国」、中国

2007年2月の第2次アーミテージ・ナイ報告書が批判しているように、米国内には、太平洋を挟んで、米国と中国が共同統治する地域秩序を提言する見解が根強い（Armitage, 2007, p. 14）。そのアメリカ側の背景には、東京大学法学部でアメリカ政治外交史担当した故五十嵐武士教授も指摘し、近年ではジェイムズ・ブラッドレーの『中国という蜃気楼～アジアにおけるアメリカ的大惨事の秘められた歴史』（James Bradley, *The China Mirage: The Hidden History of American Disaster in Asia*, Little Brown, 2015）にもあらわされている問題がある。アメリカ人は、一個の国民（ネーション）として、太平洋の対岸に住む中国人もアメリカ人宣教師の伝道によりアメリカ合州国の「姉妹共和国」を構成する一個の国民となるという一種の「明白な宿命」（manifest destiny）を天からの啓示として授かっていると考える傾向があった。かのマッカーサーも、ジョージ・ケナンとの会見で、かつて古代ローマのカエサル（シーザー）がガリア遠征においてそこにローマの文明を移植したように、日本を、中国を中心とする大陸アジアにアメリカ式の生活様式（American Way of Life）を移植し自由と高度の生活水準と民主主義をもたらす、いわばキリスト教第三千年紀の伝道の橋頭堡として、自らの日本占領を位置付けていた（Foreign

Relations of the United States, 1948, VI, pp. 697-699)。その日本の非武装中立化構想の真意は、中国に危害を加える危険を永久に除去する措置として、やはり主眼は中国にあったと捉える方がよいだろう。例えばインド植民地統治に長い経験を持つイギリス人なら、もっと醒めているし、日本や中国についても、もっと現実的な考え方であったことはすでに見た通りである。それでも、アメリカ人のこの手の関心は中国市場の自由化やその可能性など手を変え品を変えながら今も続く傾向がある。それは、もともと合衆国と似た国土面積と太平洋の対岸という地理的位置からアメリカ人が勝手に「そうなって欲しい」と思い描く幻想に過ぎなくとも、そもそもピルグリム・ファーザーズ（「巡礼始祖」）のピューリタン、清教徒的な開拓精神でできた国なので、この点では純粋（pure）に夢に生き、夢に死ぬ道を選びかねない。マッカーサーの発想も、キリスト教第三千年紀の新天地を開く橋頭堡という規模である。今は幻想でも、千年経つうちに現実化するかも知れない。つまり、アメリカ人の幻想の中にだけ存在する中国という夢の姉妹共和国となるべき国に対するアメリカ人としてのひたむきな片思いを、アメリカ人は永遠に捨て去ることはないだろう。それが理性的に考えて、どれだけアメリカの国益に反することであっても、恋は盲目である。愛は命である。片思いほど純粋に一方的に勝手に燃え上がる恋はなく、厄介なことに、その実現が遠ければ遠いほど、振られれば振られるほど余計に燃え上がる性質がある。そして、そのために往々にして周辺の小国は目に入らなくなる。それは、昔から、イギリスに比べて図体は大きいことがアメリカの取得でもあるからである。そしてこのXL「サイズ」の点は、アメリカ人のロシア観にも重大な影響を与えがちである。

(3)　1997年の第2次日米防衛協力指針（ガイドライン）

①　周辺事態

1997年9月23日の日米防衛協力指針は、北朝鮮の核ミサイル開発とともに、1996年の台湾総統選挙に際して中国からの分離独立を阻止する目的で中華人民共和国が弾道ミサイルを2発発射する形で、武力による威嚇（いかく）を実施したことを受けて、「周辺事態」に力点を置いて作成された。この指針の下、日本は1999年の周辺事態安全確保法こと「周辺事態に際して我が国の安全及び安全を確保するための措置に関する法律」(平成11年法律第60号）2003年の武力攻撃事態安全確保法こと「武力攻撃事態等における我が国の平和と独立並びに国及び国民の安全の確保に関する法律」(平成15年法律第79号）とその翌年の一連の武力攻撃事態関連諸法を立法した。指針そのものは、新たに法的権利義

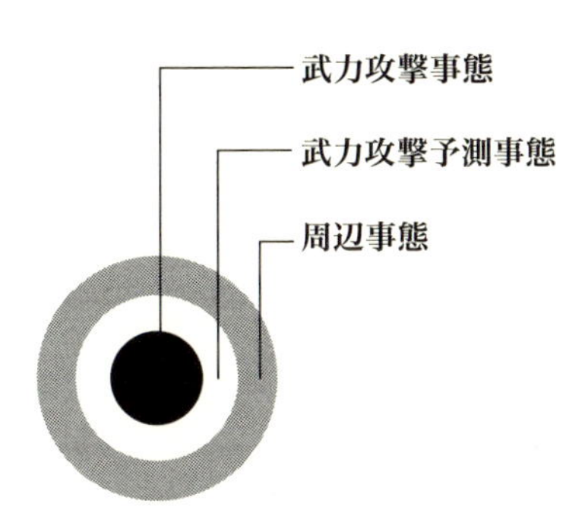

図５－１　周辺事態

務を定めるものではなかったが、これまでの日米安保条約がそうであったように、まるで行政指導のように、日本が、任意に、憲法改正を含めて、必要な立法措置をとることを示唆する内容であった。

②　指針の目次的構造

指針の目次的構造は**表５－１**の通りである。対日武力攻撃を撃退する責任は主に自衛隊が負うという防衛原則が示されているが、弾道ミサイル攻撃については、そうではなく日米の緊密な協力と調整の下、米軍が日本に必要情報を提供し、必要に応じて自衛隊の攻撃力を補って武力を行使することを検討するとされた。

③　その他の事態との関係

指針は、「日本周辺地域における事態」(situations in areas surrounding Japan) とは「地理的概念ではない」と明記していた (指針６頁)。これは、核弾道ミサイルやその開発製造に必要な科学技術と産業の発展により、安全保障の上で、地理的な距離の持つ意味が比較的に相対化されてきたことを踏まえた表現と思われるが、実に、紛らわしい表現である。日本の国内立法上の定義は、「そのまま放置すれば我が国に対する直接の武力攻撃に至るおそれのある事態等我が国周辺の地域における我が国の平和及び安全に重要な影響を与える事態」(周辺事態安全確保法第１条) であった。「周辺」事態とは 2003 年の武力攻撃事

表5－1　指針の目次的構造

<table>
<tr><td rowspan="3">平時の協力</td><td colspan="4">情報共有と政策協議</td></tr>
<tr><td colspan="4">安全保障協力の様々な類型</td></tr>
<tr><td colspan="4">二国間計画</td></tr>
<tr><td rowspan="18">日本に対する武力攻撃に対する行動</td><td colspan="4">対日武力攻撃急迫時</td></tr>
<tr><td rowspan="17">対日武力攻撃発生時</td><td rowspan="3">二国間行動協調原則</td><td colspan="2">日本に主たる撃退責任</td></tr>
<tr><td colspan="2">自衛隊は日本領域の防衛作戦を実施し、米軍がこれを支援し、自衛隊の能力を補完する作戦を実施</td></tr>
<tr><td colspan="2">米軍の迅速な補充と日本の協力</td></tr>
<tr><td rowspan="5">作戦概念</td><td colspan="2">防空</td></tr>
<tr><td colspan="2">周辺海域と海上通信の防衛</td></tr>
<tr><td colspan="2">空と海からの日本侵略に対する反撃</td></tr>
<tr><td rowspan="2">他の脅威に対する対処</td><td>ゲリラ</td></tr>
<tr><td>弾道ミサイル</td></tr>
<tr><td rowspan="9">作戦行動と要請</td><td colspan="2">命令と調整</td></tr>
<tr><td colspan="2">二国間調整機構</td></tr>
<tr><td colspan="2">通信と電子</td></tr>
<tr><td colspan="2">諜報活動</td></tr>
<tr><td rowspan="5">兵站支援</td><td>補給</td></tr>
<tr><td>運輸</td></tr>
<tr><td>維持</td></tr>
<tr><td>施設</td></tr>
<tr><td>医療</td></tr>
<tr><td rowspan="8">日本の安全保障に重要な影響を及ぼす日本周辺地域における事態（周辺事態）</td><td colspan="4">日本周辺事態予測時</td></tr>
<tr><td colspan="2" rowspan="7">日本周辺事態への対処</td><td rowspan="4">一方の政府が始めた活動への協力</td><td>救援活動と難民対策</td></tr>
<tr><td>捜索救助</td></tr>
<tr><td>非戦闘員の疎開</td></tr>
<tr><td>国際平和と安全保障の維持のための経済制裁の効果を確保する活動</td></tr>
<tr><td rowspan="2">米軍の活動に対する日本の支援</td><td>施設利用</td></tr>
<tr><td>後方地域支援</td></tr>
<tr><td colspan="2">日米作戦協力</td></tr>
<tr><td rowspan="4">指針の下の効果的な防衛協力のための二国間計画</td><td colspan="2" rowspan="3">二国間計画と共通規格と共通手続の樹立</td><td colspan="2">二国間防衛計画と相互協力計画</td></tr>
<tr><td colspan="2">国防準備のための共通規格の樹立</td></tr>
<tr><td colspan="2">共通手続の樹立</td></tr>
<tr><td colspan="4">二国間調整機構</td></tr>
<tr><td colspan="5">指針見直し</td></tr>
</table>

態安全確保法（平成15年法律第79号）にいう日本に対する武力攻撃事態を「中心」事態としたときの「周辺」事態を指すという捉え方は、おそらく、それほど間違っていないだろう。それが地理的概念でないという点だけは、2015年の安保関連2法の1、「我が国及び国際社会の平和と安全の確保のための自衛隊法等の一部を改正する法律」(平和安全法制整備法）第3条において、「周辺事態法」のいう「周辺事態」が、「重要影響事態」に変更されて明確化された。

④　日米防衛協力の項目

1997年指針に付された、「周辺事態」における日米防衛協力の機能及び領域と、協力事項の例は、以下の通り（**表5－2**)。

⑤　条約上の権利義務を超えた期待

指針は、あくまで日米安全保障条約の運用指針というべきであるが、この内容は、いささか日米安全保障条約の法的権利義務より広くなる傾向性がある。米軍は日本国の安全に寄与するだけでなく、極東における国際の平和及び安全の維持に寄与するためにも、日本国において施設及び区域を使用する法的権利を有する（条約第6条)。しかし、日本は、あくまで日本国の施政下にある領域における武力攻撃に対処するように行動すると宣言しているに過ぎない（条約第5条)。従って、日本国の施政下にない周辺地域における事態に対処する米軍の活動に、日本が後方支援を行うことは、少なくとも条約上の法的義務ではないというべきであろう。しかし、条約上、法的義務はなくても、日本が任意に自発的に責任を引き受けることが期待される。それが、指針の「行政指導」的性格である。

なお、機雷撤去（掃海）は、この指針が推奨する法的基礎（周辺事態法）のまだなかった朝鮮戦争のときに、日本の海上保安庁が日本の周辺海域（日本海）で実施した前例がある。国際法上は、中立違反となる。

そして、「周辺事態」のもう1つの歴史的先例として、ベトナム戦争のときには、ベトナムの米軍に物資補給をするということで、米軍のLST（Landing Ship Tank）と呼ばれる、第二次世界大戦中に開発された、浜辺に戦車や兵隊を

表5－2　日米防衛協力の項目

機能と領域	協力項目の例		
日米のどちらか一方の始めた活動に対する協力	救援活動と難民支援		・被災地への人と補給物資の運搬 ・被災地での医療、通信、運輸 ・難民の救援と輸送、緊急物資の搬送
	捜索と救助		・日本領土と周辺海域における捜索と救助および関連活動における情報の共有
	非戦闘員の疎開		・非戦闘員の集合と輸送に必要な通信と情報の共有 ・非戦闘員の米軍の航空機や艦船による輸送のための自衛隊施設や民間の港湾空港の利用 ・日本入国の際の非戦闘員に対する関税、入国審査、免疫検査 ・非戦闘員の日本における宿泊、移動、医療の支援
	国際平和と安全の為の経済制裁の実効性確保		・経済制裁の実効性確保のための国連安保理決議に基づく船の臨検と関連活動 ・情報共有
米軍の活動に対する日本の支援	基地施設の利用		・米軍航空機や艦船による補給その他の目的のための自衛隊施設や民間の港湾空港の利用 ・自衛隊施設や民間港湾空港における米国の人員や物資の積卸、積揚及び保管場所の確保 ・米国の航空機や艦船による自衛隊施設や民間港湾空港の利用時間の延長 ・自衛隊飛行基地の米国航空機による利用 ・訓練場所の提供 ・米国の施設や敷地における事務所や宿泊施設等の建設
	後方地域支援	補給	・自衛隊施設、民間港湾空港における物資（武器弾薬を除く）と燃料、油、潤滑油等の米国航空機や艦船への補給 ・米国の施設や敷地への物資（武器弾薬を除く）と油類の補給
		輸送	・物資や油類の日本国内陸海空輸送 ・公海上の米国艦船への人員、物資、油類の輸送 ・人員、物資、油類の輸送のための車両やクレーンの利用
		維持管理	・米国航空機、幹線、車両の修理と維持 ・修理部品の提供 ・維持のための道具や物資の一時的提供
		医療	・日本国内の被災者の治療 ・日本国内での被災者の移動 ・医薬品の提供
		保安	・米国の施設や敷地の安全 ・米国の施設や敷地の海からの監視 ・日本国内の輸送路の安全 ・情報・諜報の共有
		通信	・通信用電波（衛星通信を含む）と米日の関連情報機関の間の通信設備の提供
		その他	・米国艦船の出入港の支援 ・自衛隊施設や民間港湾空港における物資の積卸、積揚 ・米国施設や土地の上下水道、電気の供給 ・米国施設や土地の作業者の一時的増加
日米の作戦協力	偵察		・諜報共有
	地雷撤去と掃海		・日本領土の地雷や日本領海と周辺の公海における機雷の撤去 ・地雷、機雷に関する情報、諜報の共有
	海と空の管理		・海の交通量の増加に対応した日本周辺海域における交通の調整 ・日本周辺空域の交通規制と空域管理

揚陸するために船首が割れて開く輸送船（戦車揚陸艦）の乗務員が日本の民間から募集された。そして、日本人民間乗組員は、実際には援助物資だけでなく、武器弾薬も運び、ついには危険のため武装させられた。これは、法的には民間有志の行動ということになろうが、その募集を国があっせんしたとなると、国際法上は、中立に違反する可能性が高い。

⑷　3次にわたるアーミテージ・ナイ報告書

表5－3　3つのアーミテージ・ナイ報告書

年月	名称	発行機関	頁数
2000年10月	合州国と日本―成熟したパートナーシップへ向けて前進 The United States and Japan: Advancing Toward a Mature Partnership*	国防大学校国家戦略問題研究所（NISS）	7
2007年2月	日米同盟―2020年に向けてアジアを正しく The U.S. - Japan Alliance: Getting Asia Right through 2020**	戦略国際問題研究センター（CSIS）	27
2012年8月	日米同盟―アジア安定の錨となるように The U.S. - Japan Alliance: Anchoring Stability in Asia***		20

* ohttp://www.isn.ethz.ch/Digital-Library/Publications/Detail/?lang=en&id=46462
** csis.org/files/media/csis/pubs/070216_asia2020.pdf
*** http://csis.org/publication/us-japan-alliance-1

①　研究グループ

さて、これまで2000年10月、2007年2月、2012年8月の3次にわたって提言されてきたアーミテージ・ナイ報告書は、米国の共和党と民主党の両党派の日本・アジア通の研究グループがまとめたものに、リチャード・アーミテージ（元国防省情報員、ブッシュ二世政権の国務副長官、2001-2005）とジョゼフ・ナイ教授（ハーバード大学特別功労教授、国際政治学、カーター政権の国務次官補、クリントン政権の国防次官補など）の2人の名前を冠したものである。トップの2人を除いて、第2次報告書の研究グループは半数が第1次報告書のグループと同じ、第3次報告書の研究グループは、10人中8人までが第2次報告書の研究グループと同じ要員である。

②　目的

3つに共通して、すっかり貧乏になった日本国が「反抗的で怒りっぽい国粋主義」(第 2 次報告書 15 頁) に引きこもらないように、「日本の外交面での独立志向はアメリカの国益と矛盾しない」と主張したり (第 1 次報告書 7 頁)、「米英の特別関係が米日同盟のモデルである」として、太平洋側の日本に大西洋側のイギリスに近い役割を期待したり (第 1 次報告書 3 頁)、日本など世界の大勢にもはや関係がないという世論が根強いアメリカにおいて「日米同盟の強化に加えた日米中の三角関係の促進」を訴えたり (第 2 次報告書結論 26 頁)、日本は「一等国にとどまりたいか、それともこのまま二等国に転落していくのか」と決断を迫ったり (第 3 次報告書序論 1 頁)、日本をなだめたり、すかしたりしながら、世界の集団安全保障へのさらなる貢献を促す姿勢が見て取れる。

③　第1次報告書(2000年)

2000 年 10 月の第 1 次報告書は、冷戦終結後の日米安保条約の有益性を強調し、安保の負担の共有から諜報などの力の共有を推奨した。諜報の共有拡大は、その後の第 2 次、第 3 次報告でも要請されているが、これに対する日本側の対応といえるものが、2013 年の特定秘密の保護に関する法律である。経済面では銀行の不良債権の処理と、各種の規制緩和を推奨し、日本側としては小泉純一郎内閣がある程度履行したといえよう。「自民党をぶっ潰す」という小泉純一郎総理の掛け声は、ある意味、この勧告の実現のために、自民党を支え得る既得権益を破壊する必要性があることを示唆していた。

④　第2次報告書(2006年)

2007 年 2 月の第 2 次報告書は、2006 年 9 月 26 日に成立した第 1 次安倍晋三内閣の下の日本に対して、東條戦時内閣の閣僚の孫の内閣ということで、アメリカ世論が、心からの軽蔑と嫌悪の情を隠さなかったことに対応する性格があった。そのため、靖国神社や歴史認識の問題を、安倍政権は民主的に解決できると「知日家」の自信を示し (Armitage, 2007, p. 13)、従って将来に向けて米中関係を軸にするのではなく、中国周辺の日本、インド、オーストラリア、シンガポールなどが米国とのパートナーシップに基づいて模範を示して、アジアが自由市場、法の支配の下の継続的反映、政治的自由の拡大を強調するように誘導する形がよいことを切々と説いた（p. 14）。

⑤　つづき

そして、日本には、とくに危機において諜報情報の安全を確保しながら、国内の外交安全保障政策を迅速（じんそく）、敏捷（びんしょう）、柔軟に運営できる意思決定機構の構築、安全保障に関する日米の共通の利害関係のある分野で、日本がより高度な貢献ができるようにする憲法議論を歓迎し、海外派遣任務について個別の国会承認を要する法体制を改める議論を歓迎し、日本の防衛予算の増額を推奨し、日本が国連安保理の常任理事国になりたいのであれば、相応の集団安全保障への軍事的貢献が必要であることを強調した（Armitage, 2007, pp. 21-22）。つまり、すでに2015年の安保関連法の基本的な要素を勧告する内容であったといえる。

⑥　第3次報告書（2012年）

2012年の第3次報告書は、2009年8月の総選挙による自民党の政権喪失と民主党政権による普天間基地の辺野古以外への移設方針に不快感を示し、2011年3月11日の東日本大震災とそれに続く東京電力福島第一原子力発電所の多重メルトダウン事故を受けて脱原発の世論が巻き起こるのを見て、「日米同盟をより平等なものに強化するためには一等国同士の関係でなければならない。米国が将来にわたって一等国であることに疑いはないが、少子高齢化が進み、財政赤字が膨（ふく）らみ、首が回らず、悲観的になり、若者もうちにこもりがちな日本が、果たして一等国に踏みとどまる努力をするのか、それともこのまま二等国に転落するかは、日本の決断次第である。二等国でいいというのならこの勧告は読まなくてもよいが、日米同盟は日本が一等国として世界の舞台で完全なパートナーとして働くことを前提としている」(Armitage, 2012, p. 1）と、言葉巧みに次のような「責任ある措置」を推奨した。

①　中国の原子力発電所輸出に負けない、原発のさらなる推進（2-3頁）
②　環太平洋経済連携協定（TPP）への参加（6-7頁）

③　歴史修正主義により韓国ともめることの自重（7-8頁）
④　アジアでの人権外交（10頁）
⑤　米軍との共同作戦のための陸上自衛隊の強襲揚陸能力の拡大（12頁）
⑥　武器輸出三原則の撤廃と武器の共同研究開発（13頁）
⑦　サイバーセキュリティ（13頁）
⑧　憲法第9条の柔軟解釈による集団的自衛権の容認（14-15頁）

⑦　韓国との関係

2007年の第2次報告書ではそれほど紙面が割かれなかった韓国との関係が、中国との関係以上にクローズアップされたのは、第3次報告書の際立った特色といえる。米軍再編に伴う在韓米軍の陸上部隊の撤退の可能性を考慮したものだったのかも知れない。

⑧　憲法改正なき集団的自衛権容認

とくに⑧点目について、第3次報告書は、「日本の防衛と地域的安全保障の差は小さい。ホルムズ海峡の封鎖や南シナ海における軍事的非常事態は、日本の安全と安定に重大な帰結をもたらすだろう。かつてよく使われた剣と盾の比喩では、現在の激動する安全保障の実態を表すには単純過ぎる上、日本は国を守るために（剣をもって）攻撃する責任を持つ必要があるという事実を認識する上で誤解を与える。両同盟国には、より大胆な諜報・監視・偵察の共有と共同作戦能力と、日本の領域をはるかに超えた場所における作戦行動が要求されている」とした上で（12頁）、「（東日本大震災に対する米軍と自衛隊の）共同作戦『トモダチ』における（憲法）第9条の柔軟解釈に加えて、日本は法律（憲法）の再解釈（2009年の海賊処罰対策法）で紅海の出入口のアデン湾における海賊対策に参加した」ことと対比させて（15頁）、「皮肉なことに、日本の利益を守るために最も厳しい事態においては、米軍は、日本を集団的に守ることが法律によって封じられているのだ」と論じ、「日本の集団的自衛権の禁止を改めることは、この皮肉を完全に解決する。政策を変化させるといっても、日米統合司令部や、より軍事的に攻撃的な日本や、日本の平和憲法の改正を目指すべきではない。東日本大震災への対応は、日米両軍が、必要とあらば、いかにしてその能力を最大化させられるかを示した。平時、緊張、危機、戦争と推移する安全保障のあらゆる局面において、日米両軍が完全に協力して対応できるような権限を与えることは、責任ある措置といえるだろう」と結んでいる（15頁）。

⑨　巧妙なレトリック

「このまま一等国から二等国に転落して、誰からも相手にされないような国になりたくなければ」というのは、かつて1941年に「ただ座して四等国に堕すくらいなら潔く戦って桜の花のように血を散らして2600年の輝かしい歴史を飾る」(新名1976年141頁）といって米国を武力攻撃した日本人に特徴的な「自国の世界ランキング」へのこだわりと美意識を巧みに利用した言い回しで、米国「知日家」の日本研究の水準の高さにはいつも舌を巻く。そして「日本は世界第3位の経済規模を誇り、消費セクターは中国の倍の規模がある」と、これまた人口規模を捨象した国内総生産の世界ランキングという実質性に乏しい数字を挙げて、巧妙に日本人の中国人との競争意識を煽りたてている。かつて関東大震災で大損害を受けた今の東京大学の総合図書館の再建やアメリカ政治外交史の講座開設に尽力したこともあるJ.P. モルガン曰く「隣が儲かるのを見ることほど人の理性を暴力的に捻じ曲げるものはない」。

⑩　第3次報告書の特色

とくに、従来のアーミテージ・ナイ報告書は、憲法改正は、日本国民の決めることだという原則から逸脱することはなかった。なぜ、この第3次報告書だけが、この点の長年のアメリカの大原則から逸脱したのか？その理由について、現筆者の質問に対する回答が、報告書起草者、とくに、そういうことを提言しそうなアジア系の起草者から、かえってこないので、よく分からないが、これこそ、米軍の警察官任務と保護観察官任務の利益相反の悪影響の最たるものといって過言ではないだろう。

(5)　2015年の第3次日米防衛協力指針

①　指針の目次的構造

2012年8月15日の第3次アーミテージ・ナイ報告書の勧告を受けて、2014年7月1日の閣議決定が憲法は集団的自衛権をも許している、と従来の憲法解釈を変更したあと、2015年の安保関連法案の国会審議の前、2015年4月17日に第3次日米防衛協力指針が打ち出された。**表5－4**にその基本構造を示すが、それは、これから審議されるべき立法内容に即して、平時、緊張、危機、戦時へと、継ぎ目のない（シームレス）防衛体制を構築することが目的であった。つまり、立法がなされることを事前に予測するような内容であった。

3　2015年の安保関連2法

(1)　2015年の安保関連2法

2015年の安保関連2法は、以下の「我が国及び国際社会の平和及び安全の確保に資するための自衛隊法等の一部を改正する法律」と「国際平和共同対処事態に際して我が国が実施する諸外国の軍隊等に対する協力支援活動等に関する法律」の2本立てである。

(1)「我が国及び国際社会の平和及び安全の確保に資するための自衛隊法等の一部を改正する法律」(以下、「平和安全法制整備法」平成27年9月30日法律第76号)

①　本則で改正

（第1条）自衛隊法（昭和29年法律第165号）

（第2条）国際連合平和維持活動等に対する協力に関する法律（平成4年法律第79号）

（第3条）周辺事態に際して我が国の平和及び安全を確保するための措置に関する法律（平成11年法律第60号）

（第4条）周辺事態に際して実施する船舶検査活動に関する法律（平成

表5－4　2015年の第3次日米防衛協力指針

<table>
<tr><td colspan="5">同盟関係の調整の強化</td></tr>
<tr><td rowspan="9">日本の平和と安全の継ぎ目なき保障</td><td>平時からの協力措置</td><td colspan="3">諜報・監視・偵察
空とミサイル防衛
海の安全
資産の保護
訓練
兵站支援
基地施設の利用</td></tr>
<tr><td>日本の平和と安全に対する脅威の発生への対応</td><td colspan="3">非戦闘員の疎開
海の安全
難民対応
捜索と救助
両軍施設や敷地の保護
兵站支援
施設の利用</td></tr>
<tr><td rowspan="4">日本に対する武力攻撃に対する行動</td><td colspan="3">武力攻撃が予測される時</td></tr>
<tr><td rowspan="3">武力攻撃発生時</td><td colspan="2">協調行動のための諸原則</td></tr>
<tr><td>作戦概念</td><td>空の防衛
ミサイル防衛
海の防衛
陸の防衛
陸海空横断防衛</td></tr>
<tr><td>作戦支援活動</td><td>通信と電子技術
捜索と救助
兵站支援
施設利用
化学生物放射線原子力保護</td></tr>
<tr><td>日本以外の国に対する武力攻撃に対する行動</td><td colspan="3">資産の保護
捜索と救助
海における活動
ミサイル攻撃対策
兵站支援</td></tr>
<tr><td colspan="4">日本における大規模災害に対する協力</td></tr>
<tr><td rowspan="2">地域と世界の平和と安全のための協力</td><td>国際活動協力</td><td colspan="3">平和維持活動
国際人道支援、災害救助
海の安全
パートナーの能力構築
非戦闘員の疎開
諜報・監視・偵察
訓練
兵站支援</td></tr>
<tr><td colspan="4">三国間、多国間協力</td></tr>
<tr><td>宇宙とサイバー空間における協力</td><td colspan="4">宇宙空間における協力
サイバー空間における協力</td></tr>
<tr><td>二国間の協力企画</td><td colspan="4">防衛兵器と技術についての協力
諜報協力と情報漏洩の防止
教育と研究の交換</td></tr>
<tr><td colspan="5">指針の見直し手続</td></tr>
</table>

12 年法律第 145 号）

（第 5 条）武力攻撃事態等における我が国の平和と独立並びに国及び国民の安全の確保に関する法律（平成 15 年法律第 79 号）

（第 6 条）武力攻撃事態等におけるアメリカ合衆国の軍隊の行動に伴い我が国が実施する措置に関する法律（平成 16 年法律第 113 号）

（第 7 条）武力攻撃事態等における特定公共施設等の利用に関する法律（平成 15 年法律第 114 号）

（第 8 条）武力攻撃事態における外国軍用品等の海上輸送の規制に関する法律（平成 16 年法律第 116 号）

（第 9 条）武力攻撃事態における捕虜等の取扱いに関する法律（平成 16 年法律第 117 号）

（第 10 条）国家安全保障会議設置法（昭和 61 年法律第 71 号）

②　附則で改正

（第 3 条）道路交通法（昭和 25 年法律第 105 号）

（第 4 条）国際機関等に派遣される防衛省の職員の処遇等に関する法律（平成 7 年法律第 122 号）

（第 5 条）武力攻撃事態等における国民の保護のための措置に関する法律（平成 16 年法律第 112 号）

（第 6 条）武力紛争の際の文化財の保護に関する法律（平成 19 年法律第 32 号）

（第 6 条）原子力規制委員会設置法（平成 24 年法律第 47 条）

（第 7 条）行政不服審査法の施行に伴う関連法律の整備等に関する法律（平成 26 年法律第 69 号）

（第 8 条）サイバーセキュリティ基本法（平成 26 年法律第 104 号）

（第 9 条）防衛省設置法（昭和 29 年法律第 164 号）

（第 11 条）内閣府設置法（平成 11 年法律第 89 号）

（第 12 条）復興庁設置法（平成 23 年法律第 125 号）

⑵「国際平和共同対処事態に際して我が国が実施する諸外国の軍隊等に対する協力支援活動等に関する法律」(以下、「国際平和支援法」平成27年9月30日法律第77号)

⑵　3つのポイント

これらは、極めて複雑な立法であるが、㋑従来の日本に対する「武力攻撃事態」と「武力攻撃予測事態」に付け加えて、新たに「存立危機事態」という国連憲章第51条にはない漠然とした概念を導入して、自衛隊の防衛出動とそれに伴う武力行使を許したところが、従来の憲法の「官製解釈」では許されない集団的自衛権に訴えるしか、その正当化の方法がないということで、国会の内外で論争を引き起こした。そして、㋺従来の分かりにくい「周辺事態」を「重要影響事態」に変更しただけでなく「国際平和共同対処事態」という新しい概念を導入して、それらの事態に対処して戦闘を行う米軍だけでなく、戦闘を行ういわゆる多国籍軍に、日本が国内外を問わず弾薬の提供や戦闘作戦行動のために発進準備中の航空機への給油や同航空機の整備を含めた物品や役務の提供を行うことなどの後方支援を行うことになった点や、それらの事態に対して経済制裁をもって対処する場合に日本も参加して船舶検査活動を行う点が、そうすることによって日本が中立国にはならず、戦争に巻き込まれる危険性を高めるということで、国会内外の論争の種となった。また、㋩従来の国際連合平和維持活動や人道的な国際救援活動に加えて「国際提携平和安全活動」などという、例えば平和の強制活動と、果たしてどういう対応関係にあるのか、一見しただけではサッパリ分からない概念を導入したことは、この種の海外派遣活動に伴う自衛権については従来から混乱が見られてきたこともあり、国会内外における猜疑心を必要以上に高めるとともに、その反射効果として、なぜ日本がそういう活動に参加すべきなのか、その点の肝腎の論争から焦点がずれる傾向性が観取された。

⑶　㋑存立危機事態における集団的自衛権

さて、上記の本節⑵㋑の「存立危機事態」における集団的自衛権について、平和安全法制整備法は、武力攻撃事態安全確保法（平成15年法律第79号）とその一連の関連法を改正して、「武力攻撃事態」つまり「武力攻撃が発生した事態または武力攻撃が発生する明白な危険が切迫したと認められるに至った事態」と、「武力攻撃予測事態」つまり「武力攻撃には至っていないが事態が緊迫し、武力攻撃が予測されるに至った事態」に加えて、「存立危機事態」という概念を新たに挿入した。それは、「我が国と密接な関係にある他国に対する武力攻撃が発生し、これにより我が国の存立が脅かされ、国民の生命、自由及び幸福追求の権利が根底から覆される明白な危険がある事態」（武力攻撃事態安全確保法第2条新第3号）と定義された。これらの事態に際しては、内閣総理大臣は、日本の防衛のために必要と認める場合は、自衛隊に防衛出動を命令することができ（自衛隊法改正第76条第1項）、防衛出動においては、自衛隊は、日本を防衛するために必要な武力を行使できる（自衛隊法第88条第1項）。そして、存立危機事態における対処措置の中に「我が国と密接な関係にある他国に対する武力攻撃であって、これにより我が国の存立が脅かされ、国民の生命、自由及び幸福追求の権利が根底から覆される明白な危険があるもの（以下「存立危機武力攻撃」という。）を排除するために必要な自衛隊が実施する武力の行使、部隊等の展開その他の行動」（武力攻撃事態安全確保法第2条新第8号ハ（1））が新たに盛り込まれた。これが、2015年の新法が新たに認める自衛隊による集団的自衛権の行使の1類型である。

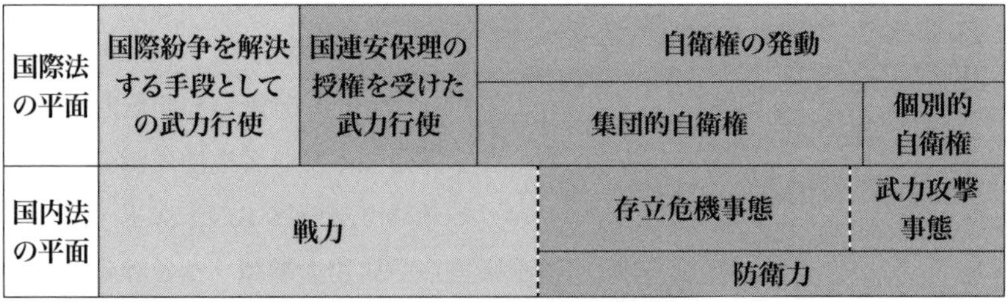

<table>
<tr><td rowspan="2">国際法の平面</td><td rowspan="2">国際紛争を解決する手段としての武力行使</td><td rowspan="2">国連安保理の授権を受けた武力行使</td><td colspan="2">自衛権の発動</td></tr>
<tr><td>集団的自衛権</td><td>個別的自衛権</td></tr>
<tr><td rowspan="2">国内法の平面</td><td colspan="2" rowspan="2">戦力</td><td>存立危機事態</td><td>武力攻撃事態</td></tr>
<tr><td colspan="2">防衛力</td></tr>
</table>

図5－2　存立危機事態の位置付け

①　継ぎ目のない安全保障と諜報

2015年4月27日の第3次日米防衛協力指針の「武力攻撃が予測される

(anticipated) 時」は、2015 年の安保関連 2 法で改正された武力攻撃事態安全確保法（平成 15 年法律第 79 号）にいう「武力攻撃事態には至っていないが、事態が緊迫し、武力攻撃が予測されるに至った事態」なのか、同法で武力攻撃事態に含まれる「武力攻撃が発生する明白な危険が切迫していると認められるに至った事態」なのか、区別が曖昧（あいまい）である。

②　イギリスの例

この点、2015 年 9 月 7 日のイギリスのキャメロン首相の議会での発表と国連安全保障理事会への報告によると、日本の国会が安保関連法案を審議中の 2015 年 8 月 21 日、イギリス軍は、軍諜報機関 MI6 がイギリス本土を含む西側の複数の目標に対するテロ攻撃を計画していた廉（かど）で以前から追跡していたイギリス国籍の「イスラム国」IS の戦闘員 2 名と同乗者 1 人を乗せた車両を、自衛のため、シリア領内において、無人攻撃機からミサイル攻撃して 3 名を殺害し、8 月 25 日、米軍が同じ方法でもう 1 人のイギリス国籍の IS 戦闘員を殺害したという。これらは、イギリス首相の主張によれば「自衛権の発動」であった。日本人の好きな国連憲章第 51 条の文言上の区別に従えば、イギリス軍の行動は「個別的」自衛権、アメリカ軍の行動は「集団的」自衛権の発動ということになるだろうか。

③　諜報に依存した線引き

日本の武力攻撃事態安全確保法にいう、武力攻撃予測事態、武力攻撃（切迫）事態、武力攻撃（発生）事態そして、存立危機事態の「継ぎ目のない」安全保障に即して考えてみると、このときイギリスが直面していた事態は、どれに当たるか？　具体的には、武力攻撃予測事態と武力攻撃（切迫）事態のどちらかということになり、おそらく武力攻撃事態に含まれる武力攻撃（切迫）事態だと、政府は主張するだろうが、その線引きは、完全に、諜報部の得た情報、それも国防にかかる機密情報の、内容と信頼性にかかる。さらに重大なのは、この問題は、「存立危機事態」と「武力攻撃事態等」の線引きについても同じであることである。なぜなら、武力攻撃は、外国への発生→日本への発生の予測→切迫→発生という順番で発生するとは限らないからである。むしろ**表5－6**のように存立危機事態に、武力攻撃事態も武力攻撃予測事態も、直接接していて、線引きは諜報部、それも外国諜報部からの情報次第ということもあり得る。

表5－6　存立危機事態の位置付け（その2）

<table>
<tr><td colspan="3">集団的自衛権</td><td>個別的自衛権</td></tr>
<tr><td rowspan="2"></td><td rowspan="2">存立危機事態</td><td colspan="2">X：　武力攻撃事態</td></tr>
<tr><td>切迫</td><td>発生</td></tr>
</table>

X：武力攻撃予測事態

④　諜報の信頼性

ここでのポイントは、2つあり、1つ目は、この諜報部からの情報に頼りきった線引きの難しさは、わざわざ「存立危機事態」などという新概念を導入しなくとも、武力攻撃予測事態（個別的自衛権の発動準備）や武力攻撃（切迫）事態、つまり、個別的自衛権でも対処できないわけではないという主張を支持する傾向があるということである。2つ目は、第8章で示す1931年9月18日の満州事変も、武力攻撃の発生に対する自衛権の発動で正当化され、本当に自衛権発動の要件を備えていたかどうかということについては、発生当初は、関東軍司令官でさえ、参謀の伝えてきた情報をそのまま信用したに過ぎなかった可能性があるということである。武力攻撃は自作自演であった。しかし、日本国内では、当時、何分、場所が遠く離れていて、人によっては事の潜在的重大性について意識が薄かった。今も、例えば、2015年10月9日、防衛大臣中谷元が、都内のNGO主催のシンポジウムで、すでに成立した安保関連2法について、「一番欠けていたのは憲法との関係の議論だ。一番しっかりしなければいけないところが十分に説明できなかった」と発言したというが、有権者の代表が集まる国会で、意図的に最重要問題の討議を避ける答弁をしてきたとすれば、自衛権の発動についても、その答弁の信頼性が疑われるであろう。日本だけでなく、2003年の米英軍のイラクに対する武力攻撃についても、イギリス議会の武力行使承認議決の根拠となった当時のブレア首相の発言、「（イラク大統領は）45分以内にヨーロッパを射程に入れた生物化学兵器を弾頭にしたミサイルを配備できる」という情報は、イラクに当時大量破壊兵器は存在せず、少なくとも間違っていたし、イギリスの関連諜報部の当時の情報評価においても信頼性の低い情報とされていたことが明らかにされている。また、ブレア首相の発言を額面通り受け取ったとしても、その情報だけでは、あくまでも可能性に過ぎず、決して「武力攻撃が発生する明白な危険が切迫していると認められるに至った事態」ではないし、「事態が緊迫し、武力攻撃が予測されるに至った事態」というためにも、他に何か別の情報が必要と思われる。

⑤　機密情報の公開検証

この点、イギリスの野党労働党は、2015年8月のシリア領内でのイギリスの攻撃の合法性についての法務総裁（日本の内閣法制局長官と比較できる）の助言の公表を求めた。与党保守党の前法務総裁ドミニク・グリーブ（Dominic Grieve）議員は、この決定は下院の諜報安全保障委員会において討議されることになると述べ、また裁判所においても審査ないし争われるとなると、政府が攻撃に当たり何を知り、何を知らなかったかを、公開で審査することについての困難を指摘した。その後、グリーブは下院の諜報・安全保障委員会委員長に任命された（The Guardian, 15 September 2015）。この点、保守党の元「影の内務大臣」デイビッド・デイビス（David Davis）議員は、何が攻撃の目的で、果たして十分な証拠があったのか、その外に方法がなかったのかどうかの検証がなければ、これは「司法手続によらない死刑執行」つまり暗殺になるので（ヨーロッパ人権条約第2条生命に対する権利違反）、きちんとした事後審査が必要であると述べた（BBC, Radio 4, Six O'clock News, 7 September 2015）。

なお、イギリス政府は、1967年、イスラエル軍が、エジプト軍とシリア軍とヨルダン軍による対イスラエル武力攻撃の切迫を諜報活動によって察知して、事前に武力攻撃し、ヨルダン川西岸地区、ゴラン高原、ガザ地区、シナイ半島を占領したことについては、国連憲章上許されないとしている。もし、2015年8月のイギリス軍のシリアでの自国籍戦闘員に対する武力攻撃が、イギリス本土に対する切迫した武力攻撃に対する自衛権の行使として認められるのであれば、この2つの一見「先制攻撃」(pre-emptive strikes) の事例の違いを整合的に理解するためには、イスラエル軍の行動は1949年の停戦ラインを超えた土地の占領とその継続により、むしろ「過剰防衛」に当たるという違いくらいしかないであろう（第4章7節「自衛権」で述べたように、英米法の自衛は正当防衛である)。つまるところ、諜報部の得た情報に基づく事前の攻撃については、その政府の信頼性がまず問われるということであろうか。

⑥　米英の失敗例

一般論として、2003年のイラクに大量破壊兵器があるということは、1990年のイラク軍のクウェート侵攻を契機として、それ以来、数々の国連安保理決議で制裁が加えられていて根拠が薄弱であったが、少なくとも2011年以降のシリアについては、化学兵器の使用の具体的証拠があり、国際社会としては、もっと早くから平和の強制的回復措置が必要な事態が続いているというべきであろう。しかし、2003年のイラク戦争に「騙された」という世論と、イラク占領及び2001年からのアフガニスタンでの戦争の負担のために、米英は二の足を踏んできたのである。すると、いわゆる「同盟国」に軍事的な負担が求められる可能性は否定できない。

(4)　㋺制裁・戦闘の後方支援

次に、本節(2)㋺（131頁）の「周辺事態」改め「重要影響事態」と「国際平和共同対処事態」における経済制裁に伴う日本による船舶検査や、それらの事態における軍事制裁に携わる米軍または多国籍軍の戦闘に対する日本の後方支援等について。

①　国際平和共同対処事態と重要影響事態

「周辺事態」を「重要影響事態」と言い換えてしまうと、言葉の上では「存立危機事態」と紛らわしいが、内容的に「重要影響事態」は「国際平和共同対処事態」と、すでに本節(3)で述べた「存立危機事態」は「武力攻撃事態等」と、それぞれセットで捉えるべきである。なぜなら、重要影響事態と国際平和共同対処事態において日本が実施できるのは、それらの事態における船舶検査と（船舶検査活動法、平成12年法律第145号）、それらの事態に対処して戦闘作戦行動をとる「合衆国軍隊等」（重要影響事態）や「諸外国の軍隊等」つまり多国籍軍（国際平和共同対処事態）への弾薬の提供、戦闘作戦行動のために発進準備中の航空機の整備や給油などを含めた「後方支援活動（国際平和共同対処事態では「協力支援活動」という）」（国際平和支援法と重要影響事態安全確保法の両方の第3条第1項第2号）と、敵味方を問わず、戦闘行為の結果遭難した戦闘参加者の捜索救助活動であるからである（両法第3条第1項第3号）。重要影響事態における「後方支援活動」と国際平和共同対処事態における「協力支援活動」の違いは、前者には「物品及び役務の提供」に限られ、「便宜の供与、その他の支援措置」、つまり基地や空港、港湾施設等の使用などがないことである。これらの事態における外国軍に対する後方支援は、武力紛争の一環と見做（みな）される危険性が高い。

旧「周辺事態」改め新「重要影響事態」安全確保法（平成11年法律第60号）第3条第1項の別表1や別表2の備考の「武器（弾薬を含む。）の提供は含まないものとする」から、2015年の改正で「弾薬を含む。」という語句が削除されたことについて、通常の日本語としての解釈の余地はあるものの、武器と弾薬の区別は、本来、日本語のものではなく、英語のammunitionの訳語としての弾薬の意味するところが、「武器（weapon）から放たれる物、即ち弾丸やロケットなど」（Collins English Dictionary）から来ていると思われる。つまり、弓や投石器や銃や大砲やミサイル発射台が武器で、矢や石や弾丸やミサイル（とくにその弾頭）が弾薬に当たり、核弾頭、毒ガスや枯葉剤などの化学薬物、細菌なども弾薬に当たる。改正前は、そういう「弾薬」の提供は可という解釈が成り立つが、改正後も、通常の日本法として考えると区別があるのかないのか不明である。

②　国際平和共同対処事態

さて、「国際平和共同対処事態」とは何か？　それは、「国際社会の平和及び安全を脅かす事態であって、その脅威を除去するために国際社会が国際連合憲章の目的に従い共同して対処する活動を行い、かつ、我が国が国際社会の一員としてこれに主体的かつ積極的に寄与する必要があるもの」である（国際平和支援法第1条）。国際平和支援法の目的とは、その事態に際し、「当該活動を行う諸外国の軍隊等に対する協力支援活動等を行うことにより、国際社会の平和及び安全の確保に資すること」である（法第1条）。どの「諸外国の軍隊等」とは、「国際連合の総会又は安全保障理事会の決議が存在する場合において、当該事態に対処するための活動を行う外国の軍隊その他これに類する組織」であり、「決議」というのは、「当該外国が当該活動を行うことを決定し、要請、勧告し、又は認める決議」か、その他「当該事態が平和に対する脅威又は平和の破壊であるとの認識を示すとともに、当該事態に関連して国際連合加盟国の取組を求める決議」をいう（法第3条第1項第1号）。従って、**表5－7**では「授権決議」という。そして、その「活動」とは、すでに別の法律の基礎のある、例えば国際連合平和維持活動と、「国際連携平和安全活動」と、人道的な国際救援活動や、旧「周辺事態」改め「重大影響事態」に対処する米軍等の活動を除く（法第3条第1項第1号）。すると、「国際連携平和安全活動」については後述するが、とりあえず、具体的に、どういう外国軍の活動が「国際平和共同対処事態」における日本の協力支援活動と捜索救助活動の対象になるかというと、例えば、国連憲章第7章の強制措置、例えば軍事制裁や経済制裁が考えられる。軍事制裁としては、安保理の自由に任され、安保理軍事参謀委員会（未設置）の下に置かれることが予定されている憲章上の国連軍（未実現）の他、1950年6月25日の北朝鮮軍の韓国侵攻に対する国連安保理決議83号の勧告下の国連旗を掲（かか）げ米軍が指揮権を持つ朝鮮国連軍や、1990年8月2日のイラク軍のクウェート侵攻に対する国連安保理決議678号の授権下の米英仏軍を中心とした多国籍軍などの戦闘的多国籍軍が典型例といえよう。さらに、同法の国連「総会」決議への言及は、1950年の朝鮮戦争時に採択された国連総会決議377(V)号「平和のための結集決議」を使った手続を想定していると思われ、それは国連安保理決議案が拒否権の発動により採択できない場合の措置となる。経済制裁は、1967年5

月29日の国連安保理決議第253号の南ローデシアに対する経済制裁が好例で、南ローデシア（現在のジンバブウェ）に海への出口はなかったが、例えば隣のモザンビーク沖で、イギリス海軍が船舶検査を行った。

表5－7　国際平和共同対策事態と重要影響事態

<table>
<tr><td rowspan="2">国際法上の根拠</td><td>国連安保理又は総会による授権決議</td><td></td></tr>
<tr><td></td><td>日米安保条約の同盟的情宜</td></tr>
<tr><td rowspan="2">日本法</td><td>国際平和共同対処事態における多国籍軍の戦闘</td><td>重要影響事態における米軍等の戦闘</td></tr>
<tr><td colspan="2">日本による後方支援</td></tr>
</table>

③　重要影響事態

一方、「周辺事態」改め「重要影響事態」とは、「そのまま放置すれば我が国に対する直接の武力攻撃に至るおそれのある事態等我が国の平和及び安全に重要な影響を与える事態」を指す。重要影響事態安全確保法の目的は、その事態に際し、「合衆国軍隊等に対する後方支援活動等を行うことにより、日本国とアメリカ合衆国との間の相互協力及び安全保障条約の効果的な運用に寄与することを中核とする重要影響事態に対処する外国との連携を強化し、我が国の平和及び安全の確保に資すること」である（法第1条)。「合衆国軍隊等」とは「重要影響事態に対処し、日米安保条約の目的の達成に寄与する活動を行うアメリカ合衆国の軍隊及びその他の国際連合憲章の目的の達成に寄与する活動を行う外国の軍隊その他これに類する組織をいう」(法第3条第1項第1号)。

「そのまま放置すれば我が国に対する直接の武力攻撃に至るおそれのある事態等」という言い方から、この重要影響事態安全確保法（平成11年法律第60条）は、むしろ、武力攻撃事態等安全確保法（平成15年法律第79号）の更なる延長に捉えられやすい（→本章2節(3)③、119頁)。もちろん、その性格を否定するものではないが、この法律の2015年改正後の狙いは、国際連合安全保障理事会（ないし総会）の授権決議のないところで、米軍その他の外国軍が、集団的自衛権に訴えて戦闘作戦行動をとるときに、日本が、後方支援を行うところにミソがあると考えられる。なぜなら、日米安保条約の目的達成とか、国際連合憲章の目的達成という幅を持たせた表現で、例えば国連安保理決議や、あるいは日米安保条約の特定の条文上の権利義務への言及を避けているからである。そのため、表5—7では、日米安保条約の「同盟的情宜」という表現で、例えばアーミテージ・ナイ報告書『日米同盟』が日米同盟を米英同盟に比したことの狙いを表している。つまり、決して、それは、条約上、あるいは国連憲章上の義務ではないが、日米同盟をまるで米英同盟やNATOであるかの如く捉え、すでにNATO軍が、2001年9月11日のアメリカに対する武力攻撃（同時多発テロ）に対する集団的自衛権の拡大解釈で、アフガニスタンなどの域外へ派兵している実例（→本章1節(1)④、107頁）に準じた日本の貢献を意識した表現だと思われる。

④　2003年のイラク戦争

この点で気を付けるべき点は、例えば、2003年の米英軍のイラク戦争は、米英軍としては、イラクに国連安保理決議の課した武装解除義務を履行する「最後の機会」を提供し、さもなくば「重大な帰結に至ると既に繰り返し警告したこと」を付記した2002年11月8日の国連安保理決議1441号（本文第2条と第13条）がそのまま戦闘開始に十分であるという独自の見解に基づいて戦闘を開始したが、通常、国連安保理は、武力攻撃には授権条項（例、1990年11月29日の国連安保理決議第678号、本文第2条）があり、イギリス外務省の当時の首席法律顧問マイケル・ウッドは、安保理決議第1441号だけでは不十分であると当時の外務大臣に助言したことを、後の枢密院チルコット調査委員会での証言で明らかにした（Sir Michael Wood, Testimony before Chilcot Inquiry, 26 January 2010）。この国連安保理決議第1441号が、果たして「国際平和共同対処事態」に対する多国籍軍の戦闘活動について「当該外国が当該活動を行うことを決定し、要請し、勧告し、又は認める決議」、その他「当該事態が平和に対する脅威又は平和の破壊であるとの認識を示すとともに、当該事態に関連して国際連合加盟国の取組を求める決議」に当たるかといえば、やはり「暗黙の上で」という注釈を入れなければ困難であろう。仮に日本の国会の多数が、その困難さを理由に、国連安保理ないし総会による授権が不十分であるという解釈で「国際平和共同対処事態」への対処にはならないと反対したとしても、「重要影響事態」を主張して、このハードルを乗り越える道は残されていることになる。

⑤　その他の要注意例

また、国連安保理の授権決議なしに実施された1999年のNATO軍によるベルグラード空爆のような活動も、日本法上は、「国際平和共同対処事態」で対応できなくとも、「重要影響事態」を主張して、米軍による、国連安保理の授権なき、同様の強制措置の後方支援が行われる可能性は否定できないというべきであろう。実際、歴史上、米軍のベトナム戦争は、ハノイを含む北ベトナムに対する空爆や、隣のカンボジアに対する空爆を含め、国連安保理や総会の授権決議は一切なしで実施された。

(5)　㊁国際連携平和安全活動

次に本節(2)㊁（131頁）の「国際連携平和安全活動」は、「国際連合の総会、安全保障理事会若しくは経済社会理事会が行う決議、別表第1に掲げる国際機関が行う要請又は当該活動が行われる地域の属する国の要請（国際連合第7条1に規定する国際連合の主要機関のいずれかの支持を受けたものに限る）に基づき、紛争当事者間の武力紛争の再発の防止に関する合意の遵守の確保、紛争による混乱に伴う切迫した暴力の脅威からの住民の保護、武力紛争の終了後に行われる民主的な手段による統治組織の設立及び再建の援助その他紛争に対処して国際の平和及び安全を維持することを目的として行われる活動であって、二以上の国の連携により実施されるもののうち、次に掲げるもの（国際連合平和維持活動として実施される活動を除く。）をいう。

イ）　武力紛争の停止及びこれを維持するとの紛争当事者間の合意があり、かつ、当該活動が行われる地域の属する国及び紛争当事者の当該活動が行われることについての同意がある場合に、いずれの紛争当事者にも偏（かたよ）ることなく実施される活動、

ロ）　武力紛争が終了して紛争当事者が当該活動が行われる地域に存在しなくなった場合において、当該活動が行われる地域の属する国の当

該活動が行われることについての同意がある場合に実施される活動、

ハ）　武力紛争がいまだ発生していない場合において、当該活動が行われる地域の属する国の当該活動が行われることについての同意がある場合に、武力紛争の発生を未然に防止することを主要な目的として、特定の立場に偏ることなく実施される活動」

なお、別表第1に掲げる国際機関とは、国際連合総会が設立した機関又は国連の専門機関で、国連難民高等弁務官事務所その他政令で定めるもの、又は国際連携平和安全活動に係る実績若しくは専門的能力を有する国連憲章第52条に規定する地域的機関又は多国間の条約に設立された機関で、欧州連合その他政令で定めるものとある。国連憲章第52条に規定する地域的機関の代表例で、国際連携平和安全活動が何であれ、その経験と専門能力を有する機関といえば、例示されている欧州連合以上に、何よりも北大西洋条約機構（NATO）が挙げられよう。

①　排除される例

立法上の定義、とくにイの条件に適応する典型例は国際連合平和維持活動である。ハの予防展開は、1990年代前半のユーゴスラビア社会主義連邦共和国の分裂において、その構成国の1つのマケドニアに展開された国連予防展開軍（UNPREDEP, 1995-1999）の例があり、これは英国防衛安全保障研究所（RUSI）の言葉で「拡張型平和維持活動」(wider peacekeeping）と呼ばれる、「戦闘当事者の一般的な合意はあるけれども、実際には極めて不安定な現場で実施される平和維持活動」に当たる（*RUSI Journal*, vol. 141, no. 1, February 1996, p. 45)。ただ、イとハの不偏不党性は中立を意味しないので、これだけなら、既存の和平協定の公平な履行強制、違反行為に対する偏りのない積極的な武力行使や威嚇も当然許されそうに思われるが、ロの紛争当事者の不存在という条件を厳密に解釈すると、英国防衛安全保障研究所のいう「拡張型平和維持活動」の多くは、排除される可能性が高い。例えば、国連の例では、1960年代のコンゴ国連軍（ONUC, 1960-1964）や1990年代のユーゴスラビア国連保護軍（UNPROFOR, 1992-1995）は外れる可能性が高い。しかし、定義上「国連平和維持活動は除く」とすると、何らかの事情で国連の活動としては実施されなかった平和維持活動も考えられる。例えば、「(旧南）ローデシア」における白人住民のイギリス主権者に対する一方的独立宣言（反乱）状態から、1979年のロンドンのランカスター・ハウス和平協定に基づいてイギリスが主権を暫定的に回復し、イギリス連邦諸国監視軍（Monitoring Force, MF）を配備して、黒人を含む全住民投票を実施して、もって新しい国際的承認を得られる独立国の成立を補佐した活動は、結果的に翌年のジンバブウェ独立に至り、国連の活動としては実施されなかった平和維持活動に当たる（James, 1990, p. 107)。また、1979年のエジプトとイスラエルの平和条約の履行を監視するために、同平和条約の1981年の議定書によってシナイ半島に設置されて現在も活動中の多国籍軍及び監視団（Multinational Forces and Observers, MFO, 1982-）は、教科書的な平和維持活動の優等生といってよいくらいの成功事例であり（James, 1990, p. 122)、これには日本も早くから資金援助を行ってきた。しかし、これらは、日本の2015年立法の、国連の主要機関いずれかの支持を受けたものに限るという（おそらくは後付の）限定に引っかかるであろう。

②　含まれそうな例

すると、何が「国際連携平和安全活動」に当たるのか？　むしろ、「平和維持」という専門用語を意図的に避けて立法した本来の趣旨を考えれば、前述のイギリス王立統合軍研究所のいう「拡張型平和維持活動」だけでなく、1992年当時のブートロス＝ガリ国連事務総長の「平和のために為すべきこと」(An Agenda for Peace）の言葉で「平和の強制」(peace enforcement)、とくに休戦協定ないし和平協定を不偏不党かつ強制的に遵守させる多国籍派遣軍を本来想定していたのではないかと思われる。例えば、1995年のボスニア・ヘルツェゴヴィナについてのデイトン和平協定の履行を確保するために、国連平和維持軍としての国連保護軍（UNPROFOR, 1992-1995）に取って代って展開された平和の強制活動がそれである。これは、第1段階の、1995年の国連安保理決議第1031号に基づき和平直後の武装当事者間の停戦を実効的に確保する強制力を備えたNATO主導の履行軍（IFOR, 1995-1996）、第2段階の、1996年の国連安保理決議第1088号に基づくNATO主導の安定化軍（SFOR, 1996-2004）、そして第3段階の欧州連合主導のアルテア（薬草）軍（EUFOR Althea, 2004-）へと段階的に強制力を弱めて、平和維持活動化が進められた。この中で、とくに、欧州連合のアルテア（薬草）軍は、「国際連携平和安全活動」の本来のモデルの1つではないかと思われる。

③　要注意例

その他、1999年、ユーゴスラビア社会主義連邦共和国の構成国セルビアの自治州であったコソボについて、NATO軍が武力行使と更なる武力による威嚇をもってユーゴスラビア（セルビア及びモンテネグロ）代表に力ずくで合意と署名を強制して成立させた1999年のランブイエ和平協定を強制的に遵守させるための国連安保理決議第1244号に基づくNATO主導のコソボ派遣軍（KFOR, 1999-）も、戦闘終了後の合意に基づく和平行程の履行に成功した「国際連携平和安全活動」の1例に数えられるかも知れない。2001年9月11日に発生した北米同時多発テロを原因とする米軍のアフガニスタン侵攻の後始末の同年12月5日のボン和平協定（アフガニスタンにおいて常設政府機関が再建されるまでの間の暫定措置に関する協定）の履行を武力をもって確保するために、同年の国連安保理決議1386号に従ってNATO軍主導で設置され、とくにイギリス部隊がタリバンという不正規軍と激しい戦闘を繰り広げた国際安全支援軍（International Security Assistance Force, ISAF, 2001-2014）は、和平協定の強制執行部隊の名にふさわしく、名前も「国際連携平和安全活動」にふさわしく思われる。しかし、現実の立法結果にあるイの不偏不党性や、ロの紛争当事者の不存在を厳密に捉えると引っかかるであろう。

⑹　欧州連合軍

一方、日本の立法が国際連携平和安全活動の実施主体の例として明示している欧州連合主導の軍事活動には、先述のボスニア・ヘルツェゴヴィナに派遣されているアルテア軍の前に、2001年の旧ユーゴスラビアの構成国マケドニアのアルバニア系住民問題等に関するオーリド枠組合意の遵守を見守る欧州連合と欧州安全保障協力機構（OSCE）の文民監視団を警護するために投入されたNATO軍のAllied Harmony作戦の後を受け継いで2003年に投入された欧州連合協調軍（EUFOR Concordia, 2003）があり、これは、同年中に欧州連合警察使節（EUPOL Proxima, 2003-2005）に置き換わった。

①　平和維持軍の地ならし隊

欧州連合軍は、アフリカにもいくつか派遣されており、2006年の国連安保理決議第1671号に基づき、コンゴ民主共和国における選挙期間中に国連平和維持活動（MONUC）を武力で支援した欧州連合軍（EUFOR RD Congo, 2006-)、スーダンのダルフール紛争に際して2007年の国連安保理決議第1778号に基づき、中央アフリカ共和国とチャドで文民とスーダン避難民を保護し、人道的な国際救援活動の可能な状態を切り開いて、国連平和維持使節（MINURCAT, 2008-）を導入する地ならし先鋒隊をつとめた欧州連合軍（EUFOR Tchad/RCA, 2007-2008)、そして2013年のリーブルビル和平協定の履行のため、2014年の国連安保理決議第2134号に基づき、中央アフリカ共和国に人道的な国際援助活動の可能な状態を切り開き国連平和維持使節（MINUSCA）を導入する地ならし先鋒隊としての欧州連合軍（EUFOR RCA, 2014-）などがある。とくにアフリカに派遣された3例は、現地政府の合意とともに国連安保理決議によって授権されており、「国際連携平和安全活動」の想定例のうちに入らないとは言い切れないように思われる。いずれも国連憲章第7章の強制措置として授権されており、「欧州連合の常備軍」とも呼ばれる戦闘集団（Battlegroups, 18個大隊）から派遣されている。

②　軍事訓練使節

欧州連合は、また、軍事訓練使節（EUTM）をソマリア（2010年の国連安保理決議第1964号で支持）やマリ（2012年の国連安保理決議第2071号で要請）に派遣している。これらは、2015年の平和安全法制整備法が改正する国連PKO法第3条新第5号「国際平和協力業務」(旧第3号）に新設されるヲの国の防衛に関する組織等の設立又は再建を援助するための助言又は指導及び教育訓練に当たるであろう。やはり日本の新立法上は、国連平和維持活動とともに国際連携平和安全活動の一環に当たる。

③　警察使節

欧州連合は、1995年のデイトン和平協定の履行のためにボスニア・ヘルツェゴビナに設置された国連平和維持使節（UNMIBH, 1995-2002）の一部としての国際警察任務隊（IPTF）を継承して欧州連合軍事警察使節（EUPM, 2002-2012）を派遣し、現地警察の監督、改革、組織犯罪対策支援などを行った。欧州連合は、その後も警察使節（EUPOL）をマケドニア（Proxima, 2003-2005）、キンシャサ（コンゴ民主共和国の首都、2005年2月～2007年）、パレスチナ（2006年1月～）、アフガニスタン（2007年6月～）コンゴ民主共和国（2007年7月～）に派遣している。また、2008年には国連コソボ暫定行政使節（UNMIK, 1999-）という平和維持活動の一部として欧州連合コソボ法の支配使節（EULEX, Kosovo, 2008-）が設置されて現在も活動中である。日本の国連PKO協力法にも、警察行政事務の助言、指導、監視が国際平和協力業務の一部（改正前の法第3条第3号チ→新第5号リ）として含まれており、新たに、欧州連合コソボ法の支配使節等の任務にならって、矯正行政事務に関する助言、指導、監視（2015年改正後の法第3条新第5号ヌ）、その他、立法、行政又は司法に関する事務に関する助言または指導（改正後の法第3条新5号ル）が加えられる。

④　憲兵使節

欧州連合は、さらに派遣用の憲兵隊（EU Gendarmerie Force）を設置し、2009年から国際安全支援軍の一部としてアフガニスタンの文民治安警察や下士官を訓練し、2010年にはハイチで人道的な国際救援活動後の治安回復支援のために派遣された。

⑤　まとめ

総じて、「国際連携平和安全活動」というのは、とくに欧州連合が中心となって派遣してきた戦闘集団（EUFOR）（平和維持活動地ならし隊）、軍事訓練使節（EUTM）、そして文民警察使節（EUPOL ないし EULEX）などの活動のうち国連平和維持活動としては実施されない活動を想定している可能性がある。現実の欧州連合の活動は、平和維持活動の中でも文民使節に当たるものから、平和維持軍、そして、その範疇を超えた平和の強制、つまり停戦ないし和平協定の遵守強制に至るまで、非常に幅が広い。この中で、とくに平和の強制（下図の狭義の平和の強制）については、2015 年の立法段階では与党内の駆け引きの結果か、比較的参加しにくく規定されている。歴史的には、国連難民高等弁務官（緒方貞子）が、1994 年のザイール（現コンゴ民主共和国）のルワンダ難民キャンプ（ゴマ）の非軍事化・治安維持のために強力な国際治安部隊の派遣を要請した後、国際社会の無関心のため、やむを得ず難民受入国ザイールに保安隊の結成を依頼したこと（緒方 2015 年 194-195 頁）などを教訓と

表 5 － 8　2015 年安保関連法の新概念と国際慣行的概念の対照

<table>
<tr><td colspan="2">国際法</td><td colspan="3">国連憲章第 7 章</td><td colspan="2">当事者合意</td><td>第 6 章</td></tr>
<tr><td rowspan="2">概念</td><td>広</td><td colspan="3">平和の強制</td><td colspan="2">平和維持</td><td rowspan="4">平和的解決</td></tr>
<tr><td>狭</td><td colspan="2">平和回復</td><td>平和強制</td><td>拡張型</td><td></td></tr>
<tr><td colspan="2" rowspan="2"></td><td rowspan="2">侵略の撃退</td><td rowspan="2">停戦・和平案の受諾強制</td><td rowspan="2">停戦・和平協定の遵守強制</td><td colspan="2">合意安定度</td></tr>
<tr><td>低い</td><td>高い</td></tr>
<tr><td colspan="2">典型例</td><td>1991 年
米英仏等軍クウェートからイラク軍撃退</td><td>1999 年
NATO 軍ベルグラード空爆</td><td>IFOR
SFOR
KFOR
ISAF
EUFOR</td><td>ユーゴスラビア
UNPROFOR</td><td>ゴラン高原
UNDOF</td><td rowspan="5">国際司法裁判所
仲裁裁判
調停
周旋</td></tr>
<tr><td colspan="2" rowspan="4">日本法</td><td colspan="3">国際平和共同対処事態または
重要影響事態に対処する外国軍の活動</td><td colspan="2">国際連合平和維持活動</td></tr>
<tr><td colspan="3">後方支援</td><td colspan="2">参加</td></tr>
<tr><td colspan="2" rowspan="2"></td><td colspan="3">国際連携平和安全活動</td></tr>
<tr><td colspan="3">参加</td></tr>
</table>

IFOR: Implementation Force in Bosnia-Herzegovina
SFOR: Stabilisation Force in Bosnia-Herzegovina
KFOR: Kosovo Force
ISAF: International Security Assistance Force in Afghanistan
EUFOR: European Union Forces
UNPROFOR: United Nations Protection Force in former Yugoslavia
UNDOF: United Nations Disengagement Observer Force on Golan Heights

して、上記の欧州連合軍の諸活動が開発されているので、今次の立法の本音は、難民キャンプの武装解除、治安維持にあたる治安部隊などの派遣なのかも知れないが、今次の立法には余計な制限が沢山ついていて、日本は、当時の緒方高等弁務官の要請に応えることはできない。今後の動向が注視されるというべきであろう。

(7)　武力行使または武器の使用について

武力行使または武器の使用について。本節(2)㋑（131頁）の武力攻撃事態等ないし存立危機事態について。すでに第3次アーミテージ・ナイ報告書が触れたように、国防のために攻撃する責任があることは、これは例えば、敵の上陸部隊の戦闘能力を中立化するためには、まず攻撃しなければならないことから理解できよう。例えば隣の韓国や台湾に対する武力攻撃の発生をもって日本の存立危機事態と認定されれば、自衛隊に防衛出動命令が下り、戦闘に及ぶと想定されるが、とくに日本海や東シナ海を通る敵艦船や敵機に対しては、日本からの積極的な武力行使によりその戦闘能力の中立化、無害化が求められるであろう。問題は、その武力攻撃の主体が北朝鮮や中華人民共和国である場合に、そういう標的に対して日本の自衛隊が武力攻撃を加えることが政治的に妥当かどうかであろうが、そういう点を法律であらかじめ規定することは困難であろう。

(8)　正当防衛の要件を超えた制限について

最大の混乱は、本節(2)㋩（131頁）の人道的な国際救援活動や、国際連合平和維持活動や、国際連携平和安全活動や、(2)㋺の海外での船舶検査における「自衛権」について生じやすい。本書はすでに、少なくとも国の領域防衛の文脈を離れた文脈、とくに多国籍派遣軍の文脈においては、その目的が人道的な国際救援活動であれ、平和維持活動であれ、自衛権とは、もともと英米法概念であって、正当防衛と認識すべきであって、国連憲章第51条の文面に存在する個別的自衛権と集団的自衛権の区別などの枝葉末節に拘泥（こうでい）すると本末転倒に陥ることを説いてきた。つまり、自国隊への武力攻撃か、他国隊への武力攻撃か、あるいは国際公務員、あるいは難民、あるいは民間人に対する武力攻撃かに拘らず、武装した自衛隊員が、攻撃主体の攻撃能力を中立化するのに最適の場所に位置している場合においては、保護対象者の如何を問わず、正当防衛による武力の使用が認められるというより、そういう義務があるというべきである。例えば、2015年立法にあるように、その場で危険にさらされている者が自衛隊員かどうかとか、自衛隊員の管理下にあるかどうかとか、宿営地から離れて自衛隊にとっての逃げ場所があるかどうかなど、そのような日本の国際貢献の国際的信用性を損なうだけの身勝手極まりない制限を法律に書き込む神経が理解できない。そんな下らない制限を法律に書くくらいなら、最初から、参加しない方がましだからである。現実の2015年立法は、確かに「自衛権」と「正当防衛」という用語を区別して用いながら、実質的に集団的自衛権と個別的自衛権の区別にこだわったままである。

もちろん、活動の性格に応じて、武力行使（武器使用）準則（rules of engagement）というものはあってしかるべきであるが、それを国会立法に書き込むというのは、いささか首を傾げる。

⑼　憲法問題棚上げの影響

以上のような枝葉末節が気になって仕方がないというのは、そもそも、自衛隊の違憲性を棚上げにしているからだと思われる。

⑽　国会承認

次に国会承認。派遣活動については、それが人道的な国際救援活動であれ、国際連合平和維持活動であれ、国際連携平和安全活動であれ、国際平和共同対処事態または重要影響事態における船舶検査であれ、多国籍軍の戦闘の海外における後方支援であれ、遭難戦闘員の捜索救助活動であれ、予算が必要である以上、そして、派遣軍というものの統制の必要からも、一定の基本計画に、事前に国会承認を求めることは必要であろう。同時に、かつての台湾軍、朝鮮軍、関東軍、支那駐屯軍のような常駐軍と違い、臨時の派遣軍については、現地情勢に伴い流動性が高いことはいうまでもないことである。従って、例えば、国際平和共同対処事態について、アメリカ合州国憲法第1章第8条第12項[2]にならい、2年毎の再承認規定があることは（国際平和支援法第6条）、しかるべき措置であろうと思われる。ただし、その脱法措置に使われかねない重要影響事態において、事前の国会承認原則に対し例外の事後承認制度があることは別としても、2年毎の再承認規定がないことは如何（いかが）かと思われる（重要影響事態安全確保法第5条）。自衛隊が参加する人道的な国際救援活動、国際連合平和維持活動、国際連携平和安全活動についても、重要影響事態と同様の事前の国会承認原則と例外規定があるが、例えば日本だけが国内法に基づき現地紛争当事者の合意の安定性にこだわって自衛隊が参加する意義を損なうくらいなら、2年毎の再承認規定だけでよいのではないかと思われる（PLO等協力法第6条新第10項）。

⒀　米国式と英国式

なお、本書は、自衛隊（その名称は別として）の存在そのものについて、イギリスなら権利章典第6条の下での違法性阻却（そきゃく）のための議会両院の承認投票が毎年実施されていることから、アメリカ式の2年ではなく、イギリス式に毎年の自衛隊の存在そのものの是非を問う国会承認手続に合わせて再承認を行えばよいのではないかと考えている。

⒁　国の存亡の危機

一方、武力攻撃事態、武力攻撃予測事態、存立危機事態であるが、本書は、イギリス式に自衛隊の存在そのものの違法性の阻却のために毎年国会両院の承認投票にかけることを勧告しているが、この国防上の緊急事態における対処基本方針の国会承認については、それを法的義務とすることはいささか疑問がある。これは当然あるべき国会への報告義務とは別である。理由は、存立危機事態から武力攻撃予測事態にかけて、例えばイギリスの経験でいえば、

2　The Congress shall have Power ... to raise and support Armies but no Apportionment of Money to that Use shall be for a longer Term than two Years.

1940年5月10日、ドイツの手にノルウェーが落ちたとき、議会は、確かに開かれていて、チェンバレン首相にお前では頼りないから「さっさと去れ！」と要求し、チャーチルへの大命降下を招いたことがあった。つまり、ポイントは、そういう事態においては、誰を指導者にするかを決めること以上に大事なことはあるだろうか？ということである。小田原評定のような悠長なことをやっていては国が亡びる。選んだ指導者の自由に任せるべき事態というものがあるとすれば、まさに武力攻撃事態安全確保法のいう存立危機事態ではないだろうか。第8章で見るように、対米開戦後に東條であれ、小磯であれ、内閣総理大臣の自由な戦争指導体制が作れなかったことは、そもそも開戦すべきではなかったという留保を添えた上で、イギリスのチャーチル戦時内閣の戦争指導の自由度と比べて、繰り返すべからざる悪しき例だと思われる。

⒀　人権

実は、武力攻撃事態、武力攻撃予測事態、そして2015年の新法で新たに付け加えられる存立危機事態において、対処基本方針の国会承認の義務付け以上に重要な点として、極めて重大な欠陥を指摘しなければならない。従来から、憲法の保障する人権の「制限」(derogation）について、①少なくとも日本も加入している国際自由権規約第4条が列挙する緊急事態においても制限の許されない種類の人権の不可侵性を保障する規定が欠如していること、②その不可侵性保障の代わりに「日本国憲法第14条、第18条、第19条、第21条その他の基本的人権に関する規定は最大限に尊重されなければならない」(武力攻撃事態等安全確保法第3条旧第4項→新第5項）という概括的な「最大限尊重義務」が課されてはいるが、その明示例の中から自由権規約がいかなる場合も制限を許さない信教の自由（自由権規約18条、日本国憲法第20条）が漏れていること、そして、③制限は「公正かつ適正な手続の下に行わなければならない」という極めて概括的な指示があるだけにとどまり、例えば日本も加入している自由権規約のモデルとなったヨーロッパ人権条約を国内で直接適用するためのイギリスの1998年人権法第16条や第17条が定めるような人権制限（逸脱）を実施する権限と、期限と、定期的点検手続の具体的で詳細な規定が一切存在しないことなどの、人権保障の上での従来からの憂慮すべき重大な欠陥について、何一つ、改善が見られなかった（→本章156頁の自民党の憲法改正草案第99条）。

⒁　まとめ

まとめると、政府が、自衛隊の違憲性という根本問題を棚上げしたまま、かつ立法内容もよく理解しないまま、ただ、機械的に立法を急いだために（これらは2015年に限ったことではないが、人間でなくてもロボットでもできるような手続であった)、枝葉末節にこだわり過ぎ、果たして何のために日本が人道的な国際救援活動、国際連合平和維持活動、国際連携平和安全活動、国際平和共同対処事態への協力をするのかが分からなくなるような独り善がりの規定を盛り込み、存立危機事態から武力攻撃事態にかけて、ともすれば何が一番大切であるかを見失うような悠長な手続を要求している嫌いが見受けられる。その反面、武力攻撃事態、武力攻撃予測事態、存立危機事態における人権保障に関する、従来からの、自由権規約にも違反した重大過ぎる欠陥については、何ら、改善が見られなかった。これが、2015年の安保関連立法というものについての総括である。

4　検討——憲法改正なき集団的自衛権の容認の勧告について

2015年の安保関連2法案の国会審議において、安倍総理が当初「ホルムズ海峡の封鎖」事態を例に挙げて、集団的自衛権を容認する法案の必要性を説明していたことは、2012年の第3次アーミテージ・ナイ報告書の説明（第3次報告書12頁）を読めば、その受け売りであったことが分かる。報告書発表後の2015年の米国とイランの合意について認識がなかったようである。

そして同報告書15頁の「平時、緊張、危機、戦争と推移する安全保障のあらゆる局面において」云々は、まさに「継ぎ目のない」(seamless) 安全保障という2015年4月27日の日米防衛協力指針の基本指針の実現のために、集団的自衛権が必要不可欠であるという主張である。さらに、それが場合によっては「攻撃」を伴うことが指摘されているのは（第3次報告書12頁）注目に値する。何より、そういう集団的自衛権を認めるのに当たり、「平和憲法」はそのままに、その「柔軟解釈（lax interpretation）」による「政策の変化（shift in policy）」、つまり端的にいえば、閣議決定による従来の憲法解釈の変更を示唆しているところが注目される（第3次報告書15頁）。では、その理由、つまり災害救助における米軍と自衛隊の協力や、海賊の国際的取り締まりへの自衛隊の参加が、憲法第9条の柔軟解釈による集団的自衛権の容認によって可能になっているのに、日本が本当の武力攻撃にさらされたときには「米国は日本を集団的に守ることが法律によって封じられている」という主張は（第3次報告書15頁）、どこまで説得力を持つだろうか？

まず、東日本大震災における米軍と自衛隊の共同の災害救援活動が「憲法第9条の柔軟解釈」によって可能になったというポイントについて。災害救援活動は、災害がたとえ人災であっても、少なくともそれが武力攻撃でない限りは、集団的自衛権以前に、自衛権の問題でさえない。災害救援の目的の米軍と自衛隊の共同作戦が、憲法第9条の柔軟解釈によって初めて可能になったという考え方に何らかの根拠があるとすれば、それは、自衛隊の存在そのものが厳密な憲法解釈に従えば、違憲であるという点しかない。

次に国際的な海賊対策に自衛隊が参加しているポイントについて。海賊は災害ではなく、武器を使い、恐喝したりする。しかし、海賊行為は国際法上の犯罪であり、その取り締まりは、警察行動であって戦争でもなければ国際紛争でもなく、そのため、国連憲章第51条のいう国の個別的自衛権や集団的自衛権の発動にも当たらない。従って、やはり自衛隊の存在そのものが憲法第9条に違反しているというポイントを除けば、自衛隊による海賊鎮圧のための実力行使は、憲法第9条の柔軟解釈の問題ではないのである。なお、海賊行為が国際法上の犯罪であるというのは、必ずしも個々の海賊個人が国際法の主体であることを意味しない。なぜなら、海賊とは、本来、公海という、主権国の通常の属地的な警察権や裁判権の及ばない場所での犯罪行為なので、国際法は、どの国の公船に対しても、海賊個人の国籍に拘（かかわ）らず、これを取り締まり、処罰することができるように域外管轄権を許しているに過ぎないからである。つまり、海賊の取り締まりは、主権国家の主権領域外にいる個人に対する警察権（主権の一部）の、国際法上認められてきた域外行使なのである（→第6章）。

最後に、米国が集団的自衛権を行使して日本を防衛することが法律上禁止されているという点について。それは、国際法の相互主義の原則に従って、先述の1960年安保条約第5条を解釈し、日本が在日米軍に対する武力攻撃に対し集団的自衛権を行使できないのであれば、在日米軍も、日本に対する武力攻撃に集団的自衛権を行使しなければならないという謂れはないという主張かと思われる。しかし、そもそも在日米軍に対する武力攻撃は、定義上、日本の主権領域における武力攻撃なので、日本としては個別的自衛権で対応できる。では、個別的自衛権と集団的自衛権では国際法の相互主義の問題として釣り合わないだろうか？　実質的に、日本の自衛隊は個別的自衛権で在日米軍を防衛できるので、その義務を負うと解釈する場合でも、在日米軍は集団的自衛権を行使して日本を守る義務はないといわなければならないほど重大な区別が、個別的自衛権と集団的自衛権の間にはあるとでもいうのだろうか？　それは極論ではないだろうか？　なお、第4章で詳述した通り、少なくとも英米法用語としての自衛権、つまり自力救済の一形態、正当防衛としての自衛権であれば、個別的と集団的の区別をつけるべき合理的な根拠は存在しない。

第3次アーミテージ・ナイ報告書の主張は、以上のように言葉尻にこだわって重箱の隅をつつけば、いくらでも粗が出てくるのだが、本来の趣旨、「イイタイコト」は分からない訳ではない。つまり、憲法第9条の通常の解釈に従えば違憲のはずの自衛隊の存在そのものを、これまで、日本は「柔軟解釈」で許してきたのだから、集団的自衛権についても、うるさいことをいわずに、同様の「柔軟解釈」で容認すればよいだろう、という主張である。これはこれで首尾一貫した主張というべきである。

では、読者のみなさんは、第3次アーミテージ・ナイ報告書を読んで説得されて、憲法はそのままにして、自衛隊という軍隊を違憲のまま発展させる法律を作ってそれでよいと考えるだろうか？

仮に、安倍晋三総理大臣の祖父、1960年の日米安全保障条約の改定を行った岸信介総理（当時）であったら、こういうアメリカからの勧告を真に受けたとして、そのまま実行するだろうかという疑問もある。なぜなら、すでに第4章で見たように、1960年の日米安全保障条約は、違憲にならないように言葉を選んでいるからである。

そもそも、なぜ第3次アーミテージ・ナイ報告書は「憲法に触れるな」と勧告したのか？　単にそれが非現実的だと思われたからか？　それとも韓国や中国との関係を悪化させないためか？　それとも他に理由があったのか？例えば、民主党政権下、尖閣諸島が私有地のまま石原慎太郎の影響下に買収され右翼分子の挑発行動を許すことになることを防止するために国有化されたことが、かえって中国の反発を招いたことからすれば、憲法改正についても中国の過剰反応を惹き起さないように注意する必要があると考えられた可能性は高い。おそらく理由は複合的であろう。

実は、第3次アーミテージ・ナイ報告書は2012年8月15日に発表されたが、自由民主党が憲法改正草案を発表したのは同年4月27日で、報告書が、自民党改憲案の作成作業について、どれほどの情報を得ていたのかは分からない。ただ、普通、自衛隊の違憲性を解決しようと思えば、「成熟した」民主主義国であれば、その最も本質的な問題に焦点を絞った改憲案、例えばイギリスの権利の章典第6条にならった憲法第9条第2項の改正案を出して、説得できる賛成派を増やし、説得できない反対派は減らすことを考えるであろう。しかし、実際に自民党が用意した「改正草案」は、逆であった。例えば、天皇の国事行為に裁量権を与えるかの如く、内閣の「助言と承認」を「進言」に変更し（新第6条第3項）、国防軍の保持、目的、審判所等を、国会立法では変更できない憲法事項とし（新第9条の2）、治安維持法「国体ノ変革ヲ目的トシテ結社ヲ組織シタル者ハ死刑……ニ処ス」を想起させるように、「公益及び公の秩序を害することを目的とした結社を禁止」し（新第21条第2項）、明治時代の民法典編纂をめぐる法典論争「民法出でて忠孝滅ぶ」に類する議論を平成に蘇（よみがえ）らせる、人権ならぬ家の権利を新設し（新24条第1項）、イギリス型議会制民主主義の基礎というべき、国会議員たる大臣が有権者から選ばれた国会議員の前で答弁責任を負うアカウンタビリティーについて、「国は、国政上の行為につき国民に説明する責務を負う（新第21条の2）などと、主語と説明対象を入れ替えて骨抜きにし、「行政権は、この憲法に特別の定めのある場合を除き、内閣に属する」（新第65条）と、（地方自治体の首長を除くと）第8章3節（226-230頁）で見る帝国憲法の下での行政権のバラバラの並立状態が、帝国憲法の機能不全を招いたという歴史の教訓から学ばずに、再び内閣以外の行政権力を将来の憲法改正で創る道を開き、現第97条「この憲法が日本国民に保障する基本的人権は、人類の多年にわたる自由獲得の努力の結果であって、これらの権利は、過去幾多の試練に堪へ、現在及び将来の国民に対し、侵すことのできない永久の権利として信託されたものである」を削除し、緊急事態の宣言の効果として、すでに武力攻撃事態等安全確保法第第3条旧第4項（→新第5項）が人権保障の点で重大な欠陥を抱えたままであることを指摘したが（→本章3節(13)、151頁）、それと全く同じ条文となっていることなど（新99条第3項）、ほとんどありとあらゆる条文を原理的に換骨奪胎する、「改正」をはるかに超えた「新憲法案」である。それだけ論争的で反対者が増える。2007年の第2次アーミテージ・ナイ報告書が、わざわざ「安倍晋三総理大臣は就任早々北京を訪問して胡錦濤首席と会い、日中の歴史学者の合同日中関係史研究委員会を設置した」などということを特記して、「日本は民主主義国として成熟している」と主張して、小泉純一郎総理時代の靖国神社参拝に続く、東條戦時内閣の閣僚岸信介の孫の組閣に嫌悪感をあらわにしていた西側世論を納得させようとした経緯や（第2次報告書13頁）、ただでさえ日本における憲法第9条の改正の困難さを認識している人間にとっては、あり得ない憲法改正案であると思われる。ここにこそ、第3次アーミテージ・ナイ報告書が「憲法には触わるな」と勧告した真相が潜んでいたのかも知れない。「お前には、憲法改正は、無理だ」と。

また、逆に、アメリカの「知日家」からの助言に従い過ぎるにもほどがある。例えば、2015年8月14日に鳴り物入りで出された安倍晋三総理大臣の戦後70年談話は、日本が「国際秩序の挑戦者になった」ことを反省した。し

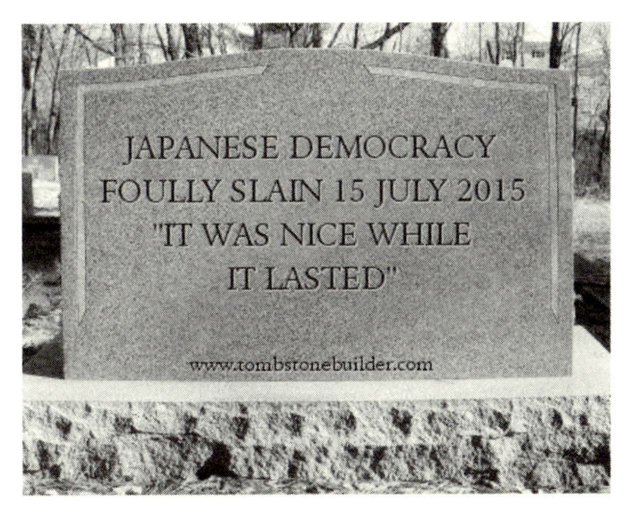

写真１　「日本民主主義の墓」

2015年（平成27年）7月15日、衆議院特別委員会は安保関連2法案の審議を打ち切って可決し、翌日の本会議に回した。在日イギリス人のヒュー・アシュトン氏は「日本民主主義の墓。2015年7月15日、暗殺。命のあった間はこの国にピッタリだった」という墓碑銘を作成した。法案は、2015年9月18日夜から19日未明にかけて参議院で可決されて成立した。84年前、1931年9月18日夜半に発生した柳条湖事件を機に、翌19日未明にかけて、関東軍が満州事変を起こした。どちらも、法治国に対するクーデターに位置付けられる（第8章参照）。（© HUGH ASHTON）

かし、国際秩序のおかしなところに挑戦することに何も悪いことはない。例えば、ベルサイユ講和会議で、国際連盟規約を起草するときに、日本が主張した人種平等条項は、そのとき通らなかったからといって、恨んで反感を持って挙句の果て連盟を去って済む問題ではなく、単発的に「大東亜共栄圏」のスローガンを掲げて戦争をして呆気（あっけ）なく散るよりも、もっと地道に、何度も何度も機会があるごとに粘り強く将来の実現を信じて努力を重ねていくべき課題であったと思われる。例えば、アメリカが望んだ1928年のパリ不戦条約でも、1919年のベルサイユ講和条約（国際連盟規約を含む）から9年の歳月を経て調印に至った。そして、2015年の憲法改正なき集団的自衛権の容認に限らず、軍隊を、違憲のまま、相応の逸脱手続と定期的な点検手続のないまま、恒久立法の積み重ねで大きくしていくことは、日本という国の法治国としての前提を突き崩すことになる。その過程は、「事変」の積み重ねで「戦争」になった過去（→第 8 章）とも重なる。

戦後 70 年にして、この有様は、第二次世界大戦後のアメリカの「世界の警察官」の 1 国としての立場と、そして日米安保条約の下「日本の保護観察官」としての立場の間に利益相反があり、その結果として、一種の「開発独裁」型の腐敗と癒着を日米関係にもたらしていることの例証というべきであろう。上の写真も、そのことをよく物語っている。

第6章
2015年の安保関連法の有益性

【本章要旨】

太平洋に接続する南シナ海や東シナ海における、中華人民共和国による、他国の権利主張を無視した抜け駆け的な現状変更は、2015年の安保関連2法の成立過程で、当初のイラン沖ホルムズ海峡の封鎖事態の代わりに、立法の正当化のために言及されるに至った。しかし、中国の建設工事は、自衛権の発動要件である武力攻撃を伴っていないので、必ずしも、(集団的) 自衛権だけで対応できるものではない。本章では、実践的にはどういう対応が考えられるか、その具体策を提示して、その文脈において、2015年の平和安全法制整備法や国際平和支援法というものが、どの程度、有益なのか、検討してみたい。

なお、本章ではフィリピン共和国が中華人民共和国を相手取ってハーグの常設仲裁裁判所に提起した仲裁裁判には触れない。理由は、国連海洋法条約上、海洋法上の争いが裁判または仲裁裁判で解決でき、かつ判決と異なり仲裁判断を得るためには究極のところ相手国の管轄権同意も出席も不要であるにしても、とくに相手国欠席のまま得られた仲裁判断の執行は困難だからである。また国際司法裁判所や海洋法裁判所の裁判管轄権については相手国の同意が必要なのに仲裁判断なら不要というのも、とくに商事事件以外の事件では、日本その他の国にとって不都合が生じかねない。本章の目的は執行方法の検討であり、海洋法の論点には立ち入らず、日本の民事保全法第23条をモデルに、国連安保理常任理事国以外の沿岸各国が (主権領域や排他的経済水域の妨害排除) 請求をなすための仮の地位を保全する仮処分命令を該当国裁判所が発し、これらを国連総会決議が追認し、その総会決議の執行を国連事務総長特別代表に委ね、特別代表が国際記者団と平和維持軍とともに民事的で平和的な再立入を試みることを提案する。もちろん中国軍がこれを武力で攻撃するかも知れないが、それは中国にとっての「満州事変」となるであろう。

1　問題の所在

1951年9月8日のサンフランシスコ講和条約（昭和27年条約5号）で日本がすべての権利を放棄した南シナ海に浮かぶ西沙群島（パラセル諸島）と新南群島（スプラトリー諸島）に対しては、複数の国々が領有権を主張している。この中で、独り、中華人民共和国が、抜け駆けで軍事基地の建設工事を進めている。これは、次に述べる東シナ海における自称海底地下資源採掘と合わせ、中国の並々ならぬ海洋進出への野心をあらわしている

問題は、日本が自衛隊による集団的自衛権の行使を可能にすることで、これらの中国の野心的行動を抑止できるかどうかである。もし、集団的自衛権では抑止できないとすれば、どのような対策があり得るか？

西沙群島（パラセル諸島、越南語「黄沙」、中国語「西沙」）：領有権を主張しているのはベトナムと中華人民共和国及び台湾（「中華民国」）である。

新南群島（スプラトリー諸島、越南語「長沙」、中国語「南沙」など）：領有権を主張しているのはフィリピンとマレーシアとブルネイと中華人民共和国及び台湾（「中華民国」）である。

マックルズフィールド堆とスカーバラ礁（合わせて中国語「中沙」）は、新南群島に含む。

まず国際法の基本前提として、浅瀬（例、マックルズフィールド堆）を人工的に埋め立て、または人工物を建立しても、領土とはならず、その周りに領海や排他的経済水域ができるわけではない。実は、例えば海底火山の噴火で新しい島ができれば、それは領有権の対象になるであろうが、今回はそうではない。

また、複数の国々が領有権を主張し、解決されていないところで、1国が、抜け駆けで建設工事を進め、無人島を自己の実効支配下に置いたところで、それで、ただちに領有権が確定し、排他的経済水域ができるわけではない。

とはいえ、係争国の1国による、係争物の、一方的で物理的な現状変更と実効支配という事実状態の確立は、これを放置すれば、これに対して平穏に領有権を主張している他の係争国（債権国）にとって、紛争の平和的解決を求める際の、その国の仮の地位や主張に、回復不能の著しい損害をもたらすと考えられる（→日本民事保全法第23条）。

しかし、国際法上の自衛権は、武力攻撃の発生を要件としており（国連憲章第51条）、中華人民共和国の行動が、建設工事にとどまり、武力攻撃に及ばない限り、自衛権の行使は容認されない。従って、集団的自衛権では、南シナ海や東シナ海における中華人民共和国の建設工事は止められない。また、実際、中国の南シナ海の浅瀬や無人島での建設工事は、在フィリピン米軍の撤退を機に始まったものであるが、米軍がフィリピンに戻っても変化はない。

これだけでも、安保関連2法は、この問題とは、直接何の関係もないことが明らかになったであろう。かといって、中華人民共和国の抜け駆け行為を、ただ手をこまねいて眺めているだけでよいのだろうか？　そこで、「代案」を考える。

2　海賊

国際法は、本来、公海など、どこの国の主権下にも属さない場所における往来妨害、暴行、傷害、殺人、器物損壊、窃盗などの犯罪を国際法上の犯罪、海賊行為（piracy）とすることで、どの主権国にも、これを取り締まるべき警察権と、各国法に基づき被疑者を刑事裁判にかけ、有罪となれば、これに刑罰を科す権利を与えてきた、あるいは国内法の域外適用を認めてきたと考えられる。

現在では、国連海洋法条約第101条に定義があり、船舶または航空機を使って、どこの国の管轄権の下にもない場所にある、その他の船舶、航空機、財物（property）を侵害する行為を海賊行為としている。

課題は、領有権や排他的経済水域の範囲について国と国の間に争いがあり、仮に、そのように競合している領有権等の主張をすべて棚上げすれば、どこの国の管轄下にも入っていないことになる海域に点在する岩礁、珊瑚礁、沙州、小島その他の無人島や浅瀬において、それを自国の実効支配下において、自国の領有権等の主張を有利にする目的で、一方的に、抜け駆けで、建設工事や、海底資源や海底地下資源の採掘などの、武力攻撃に至らない事実行為を行うことを、海賊行為と認定できるかどうかであろう。そのように、紛争の平和的解決の原則をかえりみず、係争物に対して請求をなす他国の仮の地位を侵害する行為を、有効に取り締まることができなければ、国際社会における法の支配は維持できない。

3　平和の破壊

この点、平和の破壊（breach of the peace）は、イギリス法では、元来は、王の平和（the King's peace）、王領における生活の静謐（せいひつ）や安全や秩序を乱す行為で、公共の往来妨害を含み、犯罪であったが、現在は警察に逮捕権を与える事実状態であり、犯罪そのものではない。

国際法上は、平和の破壊は、国際の平和と安全を乱す行為として、国際連合安全保障理事会の軍事制裁を含む強制行動を正当化する「事態」というべきであって、必ずしも国際法上の犯罪というわけではない。ただ、「王の平和」の破壊という原点に立ち戻れば、やはり「国連の平和」の破壊に対する措置は、軍事制裁というよりも、警察行動の色彩を濃厚に帯びる。

平和の破壊は、国際の平和と安全を乱す行為であればよく、必ずしも「武力攻撃」を伴わなければならない要件はないというべきであろう。例えば国際通商路上の平穏な往来について往来妨害の抽象的な危険を生じさせる行為や、その付近の領土紛争の平和的解決に予断効果を与える事実行為でも足りると考えられる。

この点、南シナ海は、インド洋側のマラッカ海峡やロンボク海峡から、太平洋側のバシー海峡までの国際通商路に当たり、付近の無人島や浅瀬に一方的に軍事基地を建設することは、そこの平穏な往来を妨害する抽象的危険を生ぜしめ、または領土紛争の平和的解決に予断効果を生ぜしめる事実行為に当たり、平和の破壊に当たるというべきである。

しかし、中華人民共和国が国連安保理の常任理事国として拒否権を持っているために、同国による南シナ海における平和の破壊については、国連安保理の公正な事実認定や有効な強制措置が全く期待できない。

このことは、中華人民共和国による平和の破壊には、本来、常任理事国として平和の破壊を取り締まるべき立場にある国による特権の私的な濫用という側面があることを示す。その点では、国際連盟の時代の常任理事国であった日本による満州事変にも匹敵するであろう。この点は、むしろ、中華人民共和国の領有権主張がその権利の濫用に当たるという考え方で対応すべきかと思われる。

4　国際紛争の平和的解決

領土紛争は、国内法的に考えれば、フィリピン、マレーシア、ベトナム（越南）、中華人民共和国、台湾（中華民国）などが、個別または集団的に裁判所に提訴して司法的解決を図ればよいと考えられる。

しかし、ハーグの国際司法裁判所は、主権国に対して強制管轄権を持たないので、例えば仮に新南群島についてフィリピンが提訴したところで、中華人民共和国が国際司法裁判所の管轄権を任意に認めない限り、何も有効な措置は採(と)れない。

この点でも中華人民共和国は、国際社会において指導的地位に立つべき常任理事国でありながら、主権を濫用し、国際紛争の平和的解決を妨害している。この経過も、領土紛争において、本来、法的には中華人民共和国に不利に働かなければならないはずであるが、とくに有効な手立ては簡単には見当たらない。では、とうすればよいか？

5　いくつかの選択肢

⑴　米軍による武力行使

アメリカが中華人民共和国に対し直接武力を行使してその建設工事を止める。しかし、中華人民共和国の武力攻撃がない限り、国連憲章上の自衛権は発動できない。

また、アメリカは、中国の、どのような体制であっても、武力行使は好まないと考えられる（→第５章コラム②、117頁）。

さらにアメリカが直接の紛争当事国になれば、むしろロシアの政治的、経済的、軍事的介入の機会を拡大するので、極東と日本の利益にもならない。

⑵　フィリピン、マレーシア、ベトナムなどの南シナ海沿岸国による集団武力行使

中華人民共和国による武力攻撃がなければ、武力行使は、たとえ集団的であっても、国際法上許されない。

自衛権の発動を超えた武力行使には、国連憲章上は、同第７章の下の安全保障理事会の授権が必要である。それには、常任理事国の拒否権の発動がないことが必要とされるが、中華人民共和国は、その常任理事国の一国であるため、そういう安保理決議を得ることは現実的に期待できない。

しかし、とにかく、事実として、他の領土紛争当事国の共同作戦で中華人民共和国の建設工事を物理的に破壊してしまえば、アメリカは、第三者的な立場で、中国との戦争を防止するために介入しやすくなるであろう。

従って、後述するように、沿岸諸国あるいはそれ以外の第三国の集団行動の正当性を、部分的にではあるが、支えることになる法的手続を、まず積み重ねていくことはできるであろう。

⑶　中華人民共和国に対する金融制裁その他の経済制裁

減速気味の中華人民共和国経済を破綻させる方法はいくつか考えられよう。

しかし、いずれにせよ世界経済への影響が大き過ぎて、幅の広いコンセンサスは得られないであろう。

⑷　メディア攻勢

中華人民共和国の国連安保理常任理事国としての権力を濫用した横暴を、記録し、メディアで世界に流布せしめ、国際世論を募る。

⑸　メディア攻勢の支援措置

①　支援の必要性

以下、上記5⑷のメディア攻勢だけでは実効性が少ないと考える人のために、メディア攻勢を支援する策の一案を示す。

②　司法的仮処分

中華人民共和国の抜け駆け行動により、国際通商路の往来が危険にさらされ、領土紛争の平和的解決に予断効果が生じないように、民事手続法を応用した何らかの保全措置を講ずることは不可能ではないと思われる。

1）　領有権主張国の裁判所の差止命令

まず、手順として、新南群島に領有権を主張しているフィリピン、マレーシア、ブルネイ、ベトナム各国の裁判所が、同諸島の現状の変更を禁じる差止命令を出す。西沙群島については、領有権を主張しているベトナムの裁判所が同様に差止命令を出す。

なお、台湾（中華民国）は、プラタス諸島（中国語「東沙」）を実効支配し、西沙群島にも新南群島にも領有権を主張している。「中華民国」は、現行の国連憲章の文面上、国連安保理常任理事国として明示されている国である。中華人民共和国は、国連実務上、1971年10月25日の国連総会決議第2758（XXVI）号によって、同決議の文面上の瑕疵（かし）（欠陥）に拘（かかわ）らず[1]、「中華民国」の国連における地位ないし「代表権」を継承したと拡大温情解釈されている。従って、「中華民国」が中華人民共和国の行為に対して差止命令を出すには利益相反がある。そのため、「中華民国」の裁判所による差止命令は求めない。

2)　国連総会の差止決議

国連安保理が拒否権の発動により平和の破壊に対して有効な強制措置を取れない場合でも、国連総会は、法的には拘束力のない勧告に過ぎないにしても、「平和のための結集決議」(総会決議 377A (V)) を通して、実質的な決議を採択することはできる。

国連安保理常任理事国が、その特権を濫用して国際通商路付近での領土紛争の平和的解決に予断効果を生ぜしめる現状変更を為していることについて、将来的に、紛争の平和的で公正な解決の可能性を保全する、即ち平穏に領有権を主張している国の「仮の地位を定める」ために、係争物の現状変更を差し止める仮処分を求める決議案であれば、多くの国連加盟国の賛同を得られるはずである。これは、日本の民事保全法第 23 条の応用であるが、ここでは、係争物の処分（譲渡）禁止の仮処分（同条第 1 項）というよりは、物理的な現状変更の差止であり、むしろ争いのある権利関係について債権国に生ずる著しい損害または急迫の危険を避けるためにこれを必要とする「仮の地位を定める仮処分」(同条第 2 項) に近いといえるであろう。

手続的には、国連憲章第 33 条（紛争の平和的解決）に「審査」という外務省訳のついている手続があり、その英語正文（enquiry）の意味は、満州事変において、旧国際連盟規約第 15 条の規定によって設立されたリットン調査団（Commission of Enquiry）の「調査」を意味している。そこで、リットン調査団をモデルに、まず、国連安保理に、調査団の派遣を提案し、中国の拒否権発動を待って、議案を国連総会に移し、国連総会決議をもって現状の調査のた

1　国連総会決議第 2758 (XXVI) 号の決定は、アルバニア提出の決議案をそのまま採択したもので、当の中国共産党の意思をそのまま表示した文言というべきであるが、「中華人民共和国の権利を回復し……蒋介石の代表を追放する」という内容なので、国連憲章制定時に存在しなかった権利を「回復」することはできないし、国連が国家間機関である以上「個人」の代表はいないので、いないものを追放することもできない。従って、これが、たとえ手続的には有効に採択されていたとしても、本来ならば、意味不明で、無効といわざるを得ない（これは中国共産党の意思表示能力そのものの内在的欠陥によるもので、温情解釈すべき謂(いわ)れはない）。

めに調査委員会を設置し、紛争の平和的解決のための勧告を含む調査報告書を総会に提出するよう委任する。

調査報告書は、領土紛争の当事国を除いて、総会に出席しているすべての加盟国の賛同できる内容を目指す。紛争当事国を除くというのは、元になる国際連盟規約第15条の「限定的全会一致」原則に従うからである。紛争当事者を判定から除くことは、いわゆる「何人も自らの事件について裁判官たることを得ず」(nemo iudex in causa sua) という自然的正義の要請に応じたものである。

調査報告書は、勧告とともに、総会決議で採択する。

なお、理想的には、中華人民共和国代表の合意を目指すべきかも知れない。その場合は、決議で特定の国を非難することを避けるべきであろう。ともあれ、例えば、南シナ海における西沙群島と新南群島における領有権紛争の公正な平和的解決を確保するために、一方的な現状変更は差し止められるべきであるというような、国際法の一般原則として受け入れやすい文言を選ぶべきであろう。

ただし、最終的には、紛争当事国の1つである中華人民共和国の賛成投票は「何人も自己の事件において裁判官たるを得ず」という自然的正義の要請に従い必ずしも必須要件ではないというべきである。また、当事国以外の出席国の全会一致の決議でなくとも、総会決議としては多数決成立するので、最終的には、成立さえすれば、それでよいというべきであろう。

3)　差止命令及び差止決議の執行

ここから重大局面、国連総会決議の支持を得た沿岸諸国の裁判所の差止命令（freezing injunction）の執行に入る。まず、沿岸の中国以外の領有権主張諸国の裁判所の執行官団が対象物に立入することは、国連総会決議の支持を得た、領土紛争の仮処分の執行のためとはいえ、主権争いに抵触する。従って、むしろ国際連合の国際公務員、例えば国連事務総長またはその特別代表が、平和的に立入し、建設工事の機械や施設等の財物一切を差押さえ、現場にいる人員を本国に送還することが適切と考えられる。課題は、実効支配者の同意のない立入となると考えられる点である。

国連事務総長特別代表と国際報道団の平和的な立入の身辺警護として、国連警察隊を接岸上陸させる。この国連警察隊は、国際連合平和維持軍に準じて正当防衛による効果的な武器の使用を認められる。そして、その接岸上陸が戦争に拡大することを防止するために、安全保障理事会の常任理事国のうち、中国以外の主要な1国（アメリカ）が、第三者的に中国と国連警察隊の間に入って、前者の後者に対する武力攻撃を阻止するために必要なあらゆる措置、例えば対象物周辺海域と上空の制圧措置を講じることができるように、その常任理事国は参加しない。

この国連警察隊には、実効支配者による抵抗が予想されるため、効果的に正当防衛を実施する覚悟と装備を整えた十分な海上及び航空の人員と物資の輸送、そして、陸上部隊の接岸上陸の先鋒隊と、主力陸上部隊を要する。

なお、国連安保理常任理事国ともあろうものが、過去の「帝国主義の被害者」であるという泣き言を連ねて、いつまでもいつまでもアファーマティブ・アクション（過去の不正の結果としての不平等を是正するための優遇措置）を求め、拒否権を盾に、弱小国と領有権を争い、係争物の現状を一方的に変更し、国際紛争の平和的解決の可能性を保全するために現状変更を差し止める総会決議に反して、国際公務員の平和的な立入を実力で阻止すれば、当然に、その国は、国際法の保護を受ける資格と特権の一切を自ら放棄し、全世界に対して宣戦を布告したものと見做（みな）されてしかるべきであろう。

さて、このような国連警察隊に、日本の自衛隊が参加することは、できるだろうか？

まず、日本の2009年の海賊処罰法第2条の下での「海賊行為」とは、船舶を使って、他の船舶やその中の財物や人を自己の支配下に置く行為や、他の船舶への侵入や損壊など、およそ他の船舶に対する侵害に限定されており、浅瀬や無人島に対する他の国の仮の請求権の侵害などは入っていない。また、東シナ海における中国の自称「天然ガス掘削プラットフォーム」は、一般に海底油田ガス田の掘削プラットフォームが船舶としてチャーター（傭船契約）されている商慣行から考えても、「船舶」と認定できると思われるが、その船舶の搾取対象は、他の船舶ではないため、仮にそれが海底地下資源（財物）

に対する他の国（日本）の仮の請求権を侵害するものであったとしても、「海賊行為」には当たらない。

すでに見たように、国連海洋法条約第101条による「海賊行為」は、船舶または航空機を使った、あらゆる国の属地的管轄権の外にある他の船舶や航空機や財物（property）に対する侵害を指している。この定義は、日本の海賊処罰法による定義より広いが、「どの国の管轄権も及ばない場所」という点で、複数の国の管轄権の請求が競合している場所には適用できないと考えられ、やはり、南シナ海の建設工事であれ、東シナ海の海底資源掘削船であれ、海賊行為には当たらないことになる。また、財物に、海底地下資源や、海底資源や、海中資源や、海中の浅瀬や、無人島、または、それらに対する請求権が含まれるかという問題もあるだろう。

ただし、仮に、そういう解釈を採用すると、国連安保理の常任理事国は、拒否権という特権を振りかざして、領有権なり、排他的経済水域なりを主張さえすれば、その主張の根拠がいくら薄弱でも、武力攻撃に至らない事実行為の積み重ね（武力攻撃に至る虞のある虞犯行為とでもいうべきか）によって、その請求の根拠を争う他の非特権国の仮の地位を排除することができることになり、国際法の公正さのために、著しく妥当性を欠くといわざるを得ない。

次に、国際連合平和維持活動等協力法の国際平和協力業務（法第3条）は、国際連合平和維持活動であれ、2015年の改正で新しく付加された「国際連携平和安全活動」であれ、基本的に該当活動地域の実効支配者の同意に基づく活動と考えられるので、同意なき警察行動は、たとえ、南シナ海や東シナ海の事態のように、武力紛争の存在しない状態におけるものであっても、その範疇には入らないだろう。

次に、2015年の国際平和支援法は、「国際社会の平和と安全を脅かす事態」において、「その脅威を除去するために」諸外国の軍隊が「国際連合憲章の目的に従い共同して対処する活動」を行っている場合に、日本の自衛隊による後方支援を許す法律で、国連の安保理か総会の授権が必要とされている。本節の考えている国連警察隊は、総会決議で授権できるが、日本ができることは、2015年の新立法では、後方支援のみである。

一方、本節の示唆している国連警察隊の活動は、実効支配国の同意のない強制執行に当たるといっても、現に存在する国際紛争の平和的解決の可能性を保全する民事司法的な活動として、1999年のベルグラード空爆や2003年のイラク戦争とは、本質的に異なる。あくまでも、武力紛争に至っていない領有権紛争において、対象物の抜け駆け実効支配者の合意を得ずに、国連総会決議に基づき、平和的に接岸、上陸して、現状変更を凍結しようとするものだからである。確かに、実効支配者が武力をもって抵抗しようとすれば、正当防衛ができるので、武力衝突の発生する危険性は低くはない。しかし、だからといって、平和的に国連総会決議が執行できる可能性も排除はできない。危険だからといって、国連安保理常任理事国という特権国の、周辺の非特権国に対するパワー・ハラスメントは、黙って座視していると、今後、さらにつけあがる危険性が高い。

結論として、2015年の日本の立法であれ、あるいは従前からの海賊処罰法であれ、本章の示唆する、国際紛争の平和的解決の可能性を保全する民事的な執行手続には、日本の自衛隊がその主体として参加することを正当化しない。

むしろ、係争地における広い意味での海賊行為の取締や、係争地における国際紛争の平和的解決の可能性（係争国の仮の地位）の保全処分などは、戦争や武力紛争と区別できるとするならば、これを軍隊任務とも区別して、自衛隊の性格を仮軍備から警察に戻した上で、こういう国際的な警察活動に正面から本格的に取り組むことができるようにする選択肢は、日本の立法政策担当者にとって開かれているというべきであろう。

6　提言

日本は、海洋通商立国として、海上通商路（シーレーン）の往来の安全の確保や海洋公共財の保全に重要な国益を有している。海上通商路の往来妨害の取締を、集団安全保障の文脈から切り離すコンセプトに、海賊という国際法上の犯罪がある。実は、それに応じて自衛隊のコンセプトというか、基本理念の変更をなすことも可能であろう。それは、専守防衛つまり個別的自衛権から集団的自衛権へというような、国連憲章第51条の文言の区別で捉えられるものではなく、むしろ自衛という自力救済のための部隊から、国際法上の犯罪の取締部隊への切り替えで捉えることができるだろう。

本書は、第2章において、自衛隊を「仮」軍隊と定義づけることによって、その憲法規範からの臨時の逸脱（いつだつ）手続で、その矛盾を最小化する道を示唆（しさ）した。本章では、警察予備隊や海上警備隊という、その出発点の名称に立ち返って(第4章4節～5節)、国際法上の犯罪の取締部隊への編制替えをもって、憲法第9条第2項からの逸脱の最小化を進める措置が示唆できる。そして、各国軍隊を国際社会の警察とすることは、本来、国際社会の発展の望ましい方向、あるいは「あるべき法」(de lege ferenda) ではないかと思われる。

なお、このアプローチに対する批判として考えられるのは、武力紛争の当事者を「テロリスト」と見做（みな）すことを含めて、これを「犯罪者」と捉えるアプローチは、結局のところ、戦争を警察行動の類推で正当化し、戦争の大量殺人と大量器物損壊としての巨大犯罪性を捨象してしまう危険を内包しているということであろう。本書は、ただ、国際社会の進歩の方向性としては、国際連合安全保障理事会の世界政府化という方向性に対して、各国軍隊が国際社会の共同警察として成長するという方向性があってもよいと示唆するだけである。また、あくまでも海洋往来自由を主眼に置き、内陸の崩壊国や無政府状態への軍事介入を警察行動として正当化する道に全面的に賛成する訳ではない。

第7章

地域的人権保障

【本章要旨】

第2章で扱った憲法第9条第2項の3つの解釈の1つ、良心的規範説の1つの要請は、集団安全保障への参加義務に代わる人権外交の展開義務であろう。アーミテージ・ナイ報告書にも人権外交が奨励されているが、日本は、論争的な集団的自衛権には積極的であるが、人権保障については、国内においても、むしろ否定的な傾向さえ窺(うかが)える（→第4章）。しかし、人権というのは、外交の武器にもなる。また人権は決して宗教ではなく、信教の自由を保障し、むしろ日本の古来の神道や仏教を含めた多くの宗教の共生する国際社会の公共空間において日本人が差別を受けずに活躍するためにも日本の国益を守るためにも必要な法的道具である。そのため、日本が中国、北朝鮮、ベトナム、ラオス、カンボジア、ミャンマーなどの国々に対し、人権と民主主義の基準を示すためには、まず日本自身の人権保障の国際的な担保と実効化が検討されてしかるべきだと思われる。それが、地域的人権保障である。

なお、本章の示唆する国際裁判所レベルの地域的人権保障と並行して、人権擁護と促進のための国内機関の地位に関するパリ原則に従ったイギリスの平等並びに人権委員会（EU平等命令〔指令〕とパリ原則に合わせて従来の国内立法上の三機関を統合整理した機関）や韓国の国家人権委員会のような国内人権機関の設置という課題もある。例えば、法務局の人権相談所や外国人在留総合インフォメーションセンター、労働局雇用均等室や労働基準監督署などと連携し、これら既存機関の権限強化を含めて、政府から独立した人権行政の統一的立案調整促進のできる比較的小規模の機関は望ましいだろう。本章は外交的側面を重視して触れなかったが、パリ原則に従いA評価認証を受けた日本の人権機関さえあれば、それは世界あるいはアジア太平洋地域の国内人権機関同士の会合だけでなく国連人権委員会などの場で日本政府から独立した立場で独自の人権外交を展開でき、本章の示唆するような地域的人権裁判所設立に向けた活動もできるだろう。この分野は日本の有力な武器となり得る分野であり、それを活用することが国際的にも期待されている。

1　太平洋評議会

(1)　市民権規約の地域的選択議定書

市民権規約の地域的選択議定書案。1つの案は、ヨーロッパ人権条約の発展をモデルにして、既存の国際市民権規約（International Covenant for Civil and Political Rights）に新たな選択議定書を加え、太平洋評議会（Council of Oceania）を設立し、評議会加盟国の議論を通して、追々、太平洋人権委員会（Oceanian Human Rights Commission）、太平洋閣僚理事会（Oceanian Council of Ministers）、太平洋人権裁判所（Oceanian Court of Human Rights）の諸機関を組織していくことであろう。ただし、台湾問題を避けるために、国際連合の枠組み、国連の市民権規約委員会からは、独立した組織とする。太平洋評議会の開催地には沖縄が考えられよう。

(2)　加入資格

選択議定書の加入資格は、市民権規約加盟国のうち、太平洋地域（region）にあるものだけではなく、「地方」(area）も含み、もってアメリカ合衆国のハワイ州と中国の台湾省の加盟可能性を確保する。個別事件の個人申立権と人権裁判所の強制管轄権はとりあえず選択制とし、閣僚理事会が判決履行を監督する制度を築く。

(3)　率先垂範国

行く行くは、強制管轄権を持つ常設人権裁判所の設立を視野に入れて、日本は、カナダ、オーストラリア、ニュージーランド、ハワイ州等と並び、地域人権保障の核となる率先垂範（そっせんすいはん）国として、個人申立権と人権裁判所の強制裁判権を比較的早期に承認する方向性で進むことが考えられる。

(4)　第 1 次目標

第1次目標として加入すべき国等の範囲は、人権保障の地域的な核と基準を設定するため、太平洋の島嶼部にほぼ限定する。

① 加入すべき市民権規約加入国(批准・加入年)

カナダ（1976)、ニュージーランド（1978)、日本（1979)、オーストラリア（1980)、フィリピン（1986)、韓国（1990)、東チモール（2003)、インドネシア（2006)、パプアニューギニア（2008)、サモア（2008)、ヴァヌアツ（2008)、ナウル（署名のみ 2001)、パラオ（署名のみ 2011)

② 加入すべき市民権規約未加入国

ミクロネシア、マーシャル諸島、キリバチ、ツバル、ソロモン諸島、フィジー、トンガ、ニウエ、クック諸島

③ 加入すべき地方(areas)

中国（1998）の台湾省
アメリカ合衆国（1992）のハワイ州、北マリアナ諸島、米領サモアなど
フランス（1980）のニューカレドニア、ワリスとフツナ、仏領ポリネシア
イギリス（1976）のピトケアン諸島

台湾省とハワイ州は、他の選択議定書加盟国と同等の権利義務を持つ。他の地域は、本国（アメリカ合衆国連邦政府の施政下にある島々は、ハワイ州）に委任して、委員会（専門委員)、閣僚理事会、裁判所（裁判官）に参加することができる。

(5) 第 2 次目標

第 2 次目標として加入すべき国の範囲は、太平洋西岸大陸部の深刻な人権問題をかかえ、容易には人権裁判所への個人申立権や、強制管轄権を認めにくい国々とする。理由は、これらの国々に対しては、人権裁判所よりも、政治、外交の分野の活動、およびその基礎となる事実調査などが、より重要と考えられるからである。

①　加入すべき市民権規約加入国

モンゴル（1974）、北朝鮮（1981）、ベトナム（1982）、カンボジア（1992）、タイ（1996）、中国（1998）、ラオス（2009）

②　加入すべき市民権規約未加入国

ブルネイ、シンガポール、マレーシア、ミャンマー

上記諸国、とくに市民権規約加入国については、当面は、既存の国際市民権規約委員会への通報制度で対応することを原則とする。

ただし、太平洋評議会及び太平洋閣僚理事会、太平洋人権委員会、太平洋人権裁判所は、国連の市民権規約委員会からの委任に基づいて、あるいは、独立して、太平洋西岸大陸部諸国の人権状況について、答申、助言、勧告や、調査の委任（NGOなどに）をすることができる。

2　太平洋人権裁判所

(1)　市民権規約の解釈規定

太平洋人権裁判所における、市民権規約の解釈について、例えばヨーロッパ人権裁判所の判決例を参考にするかどうかは、裁判所にまかせ、選択議定書に規定を設ける必要はないと思われる。

(2)　太平洋人権裁判所の英米法部

太平洋人権裁判所には、英米法部（Common Law Division）を設けることが考えられる。それは、カナダ、オーストラリア、ニュージーランドの各判事とハワイ州の判事、そしてピトケアン諸島（総督はニュージーランドのイギリス高等弁務官）から委任されるイギリスの判事に、ヨーロッパ人権裁判所とは違った、英米法圏の国際的人権基準の明確化の可能な法廷（フォーラム）を提供し、

その基準をもって、太平洋地域の人権保障を支援するように要請することで、関係各国の法曹の関心と意欲を高めると同時に、国際人権法についてヨーロッパとの有意義な地域間競争を可能にする案である。この案は、カナダ、オーストラリア、ニュージーランドという、近年までイギリスの枢密院司法委員会の管轄権に服していて、現在では独立した諸法域にとっては、従来のロンドンの枢密院に代わる共通の人権裁判所を創ることとなると同時に、同時に太平洋地域の人権水準の向上を支援するという呼び水を提供することになる。

イギリス（連合王国）では、ヨーロッパ人権条約を国内で直接適用させる議会立法、人権法（Human Rights Act 1998）に対する反対論も根強いので、ヨーロッパ人権条約と内容的に近い自由権規約について、カナダ、オーストラリア、ニュージーランドとほぼ排他的に合同で判例形成ができる機会があれば、それについてたとえイギリス国内での直接効力を認めないとしても、長期的に見てイギリス国内裁判所の人権判例形成に影響を及ぼし得るであろう。

(3)　英米法部の開廷場所について

カナダ、オーストラリア、ニュージーランドとイギリス（ピトケアン諸島）は、互いに地理的に離れているので、ロンドンの既存の枢密院司法委員会（貴族院の旧上告管轄権等を継承した連合王国最高裁判所の判事などの上級判事から構成される）に人権裁判所の役割を求めたり、同裁判所の拠点を、太平洋地域のどこかに新たに設けるのは現実的ではない。そこで、カナダ、オーストラリア、ニュージーランドについては、個人申立人の所属する国の終審裁判所の建物において太平洋人権裁判所英米法部を開廷し、スカイプ（Skype）などのビデオ・リンクを通じて、イギリス及び他の2国の上級裁判官がそろって審議する方式が考えられる。また、英米法部に所属する諸国が望むのであれば、ロンドンの連合王国最高裁判所建物（枢密院司法委員会も開廷する）を、太平洋人権裁判所英米法部の開廷所に用いることも、排除されるべき謂（いわ）れはないであろう。

コラム③　文明の移植

第５章のコラム②で、キリスト教第三千年紀を迎えるに当たり、アメリカがヨーロッパから出て発展させたキリスト教と自由と民主主義と高い生活水準、アメリカの生活様式を、今度はアジアに移植するというマッカーサーの誇大妄想的な構想について触れた。本書におけるマッカーサー批判に拘（かかわ）らず、その対日構想でイギリスの予想を裏切って成功しているのは、日本国民の大多数の軍国主義から平和主義への転換と、何より、アメリカ式の生活様式の普及であろう。そして。その窮極の発展形態こそ原子力依存文明かも知れない。その反面、日本は、戦後、多くのものを失った。ことに日本の伝統的な生活様式は換骨奪胎され、将来は地殻変動などによって原子力発電所の事故が続き、人の住めない島になるかも知れない。そういう喪失感、疎外感が、かえって自由、人権思想への反発や、偏狭な民族主義となって表れている面も見受けられる。しかし、日本の伝統文化、とくに、一過性の繁栄ではなく、数世代間にわたる、持続可能な、伝統的生活様式と人権は両立するどころか、相互に磨き合うこともできるであろうと思われる。

また、日本人の軍国主義から平和主義への転換は、戦争中の極めて極端かつ過酷な自由と人権の侵害の集積があったればこその現象であり、今や、それをステップとして、国内平面、国際平面の両面において、より積極的な人権保障が課題となって久しい。

⑷　太平洋人権裁判所の一般法廷（General Chamber）

英米法部所属以外の率先垂範国は、その住民に対し、人権委員会を通じて、英米法部判事を含めた一般法廷（General Chamber）に対する個人出訴権を認める。日本や台湾から選ばれる判事には、英米法部における判例の集積を通訳、適用する橋渡し機能が期待される。さらに日本の国内裁判所が、日本国憲法の解釈適用において、太平洋人権裁判所の判決例を参照する慣行が成立することは、大きな一歩となるであろう。

⑸　太平洋人権裁判所の融合

太平洋人権裁判所においては、将来的に、英米法部と一般法廷の融合が図られる。そのため、日本には人権保障の高い水準を示し、英米法部以上に一般法廷の水準を高めるべき率先垂範力が求められる。これは日本から選ばれる判事の力量だけの問題ではなく、日本の国内裁判所の水準が問われる。

この方向性の努力が、日本の第二次世界大戦後の被保護観察国（仮釈放中の受刑国）の地位からの卒業への正道の１つであろう。

第3部

歴史の教訓

第８章

歴史の教訓

【本章要旨】

軍事に関する事柄について、憲法から逸脱した恒久立法を正式な逸脱手続さえ定めないままに積み上げることは、国の基本的な憲法秩序を根本から乱し、形は違っても、かつて自軍の統制に失敗して外国軍に占領された経験を持つ国にとっては、「いつか来た道」となる。

本書が、憲法規範から逸脱した（仮）軍隊を、そのまま維持、発展させることに反対である理由は、軍隊が紀律を失えば、暴力団、ヤクザ、山賊、盗賊の類と異なるところはないからである。否、むしろ、暴力団やヤクザには闇の反社会的勢力という自己認識がどこかに宿っているが、軍隊には逆に錦の御旗の下、公権力の側に立ち、光の当たる表街道の存在であるという自我意識が極めて強いため、そういう存在が法と規律を破ったとき、あるいは破って出来たとき、暴力団、ヤクザよりも悪質な存在に陥るのは、理の当然であるからである。

そして、日本には、軍隊の紀律、統制について、決して忘れてはならない過去がある。すなわち、満州事変という海外駐留軍の反乱の後、その首謀者の１人を軍中央の統制の任務に就かせたために軍隊の反乱を誘発し、その軍隊の反乱を恐れて、陸海軍の首脳は、対米英強硬論を封じるのに皇室の権威にすがろうとし、挙句の果て、天皇陛下までが、軍隊の反乱を恐れて、米英との戦争をご裁可遊ばされたからである。

「過去を克服するということではない。そんなことはできない。一度、起こってしまったことを後から変え、あるいは、なかったことにすることはできない。しかし、過去に目をつむる者は現在に盲目となる。」
Es geht nicht darum, Vergangenheit zu bewältigen. Das kann man gar nicht. Sie läßt sich ja nicht nachträglich ändern oder ungeschehen machen.Wer aber vor der Vergangenheit die Augen verschließt, wird blind für die Gegenwart.

1985年5月8日於ドイツ連邦共和国連邦議会
リヒャルト・フォン・ヴァイツゼッカー大統領
Richard Freiherr von Weizsäcker, Bundespresident

1　満州事変から「支那事変」（日中戦争）へ

(1)　柳条湖事件の背景

1931年9月18日の柳条湖事件（中華民国領内で日本が経営していた鉄道の奉天郊外の柳条湖付近の線路上で爆発音が響き日本軍が出動した事件）の当時の参謀本部作戦課長、今村均大佐（当時）は、戦後の記事で、1928年6月4日の張作霖爆殺事件（→コラム④）後、息子の張学良が奉天軍閥を継いで、かえって反日感情が高まっていた満州問題の解決について、せっかく中央（陸軍省と参謀本部）が国内外の理解を得やすい形で慎重に事を進めようとしていたところ、関東軍の抜け駆けで武力行使が起きてしまったと主張している（今村1956年60-71頁）。

即ち、外国に駐留していた軍隊が中央の方針から逸脱して勝手に外国と戦闘を開始したというのである。かねてから陸軍省と参謀本部の「局部長以上」の合同協議で『満州問題解決方針の大綱』が採択され、1931年8月1日から参謀本部作戦部長建川美次少将（当時）の下で、今村大佐が作戦課長に赴任し、満州問題の武力による解決について、陸相は閣議で、本省軍務局と本部情報部は外務省関係局と緊密に連絡を取りながら、1年ほど時間をかけながら慎重に事を進める方針で臨んでいた。

ところが、同年9月14日、突然、関東軍参謀長（三宅光治少将）が、電報で本省軍務局長（小磯国昭中将）と本部作戦部長（建川美次少将）を現地に招いた。建川部長が、同月16日に急遽東京から奉天へ向かい、同月18日夜に到着する頃に柳条湖事件が発生し関東軍が出動した（**図8－1**参照）。

9月19日未明になってそのことが参謀本部に伝えられると、同日朝の閣議で若槻礼次郎内閣が不拡大方針を決め、経費支出の目途が立たなくなった。

にも拘らず、9月21日、朝鮮軍が、閣議決定を経た奉勅命令を待たず、満州へ独断越境した（**図8－2**参照）。

9月22日には国際聯盟理事会が日本代表の賛成を得て即時停戦、両軍撤兵を勧告した。

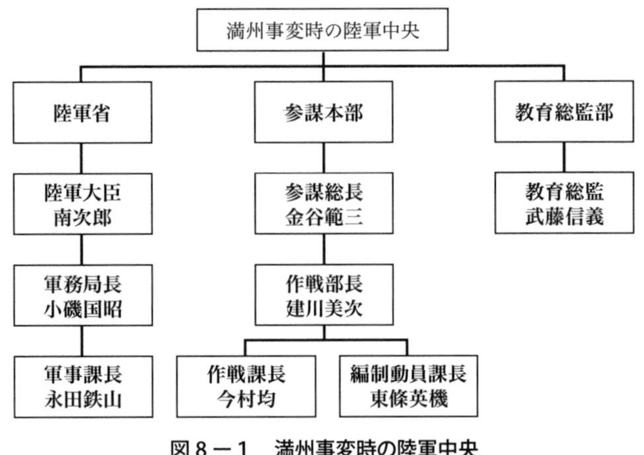

図８－１　満州事変時の陸軍中央

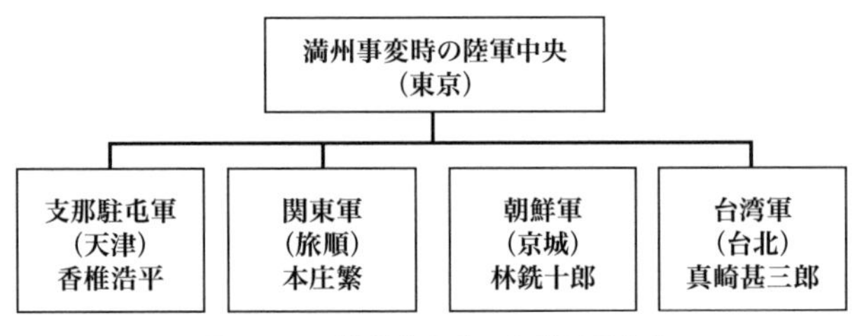

図８－２　満州事変時の在外軍司令官

にも拘らず、10 月 8 日に関東軍が独断で張学良政権の根拠地、錦州を攻撃するなど、たて続きに軍の逸脱（いつだつ）行動が発生した。

これに対して、中央の事務レベル（陸軍将校の研究会「一夕会」の中心人物、永田鉄山本省軍事課長と東條英機本部編制動員課長ら）は後手の手綱さばきに追われた。

そのうち、憲兵隊特高科が、橋本欣五郎参謀本部ロシア班長らの研究会「桜会」系将校による内閣及び陸軍中央の武力転覆を企てた内乱計画を察知したので、永田鉄山（本省局長扱い）らは、若槻内閣を脅す目的で、10 月 17 日に憲兵隊にこれを検挙させた（十月事件）。

その直後、憲兵隊特高科から東條英機へ、今度は、関東軍の独立（日本国籍離脱→現地軍閥化）を窺（うかが）わせる情報が届いた。

再び永田と東條を中心とする事務レベル協議の結果、参謀総長と陸軍大臣の名代として軍事参議官白川義則大将が現地の関東軍司令官本庄繁中将のもとに派遣され、今村作戦課長もこれに同行して関東軍高級参謀の板垣征四郎大佐（当時）や同作戦主任参謀の石原莞爾（かんじ）中佐（当時）らに会ってその真意を質（ただ）そうとした（今村 1956 年 68 頁）。

この後で、土肥原賢二率いる奉天特務機関（諜報機関）などが動いて 11 月に清朝最後の皇帝溥儀（ふぎ）と皇后婉容（えんよう）をそれぞれ天津から連れ出し、翌 1932 年 3 月 1 日の満州国独立宣言に至った。

満州国の中華民国からの分離独立は、これは、関東軍が日本の陸軍省・参謀本部から独立することとは違うので、関東軍と陸軍中央の妥協と捉えられる。この流れ自体、元来は国内外に認められやすい形での満蒙問題の武力解決を模索していた中央が、関東軍の抜け駆けにより、後手の善後策に追われたという今村証言を裏付けているといえよう。

コラム④　張作霖殺人事件と満州事変

なお白川義則は、先の 1928 年 6 月 4 日発生の張作霖（ちょうさくりん）爆殺事件に当たり、元老、西園寺公望の指示で当時の田中義一総理が立てた真相解明と調査結果の公表と責任者の処罰方針に対し、陸軍大臣として反対を貫き通した人物であった。にも拘らず、なぜか陛下の御信任は篤く、満州事変の後、1932 年 1 月の第一次上海事変勃発に際しては陛下から直々に上海派遣軍司令官に親任されて不拡大方針を曲げなかった。そして、同年 4 月 29 日に上海現地の天長節祝賀会で爆弾を投げつけられて殺された。

張作霖爆殺事件（満州某重大事件）については、2005 年に発売された在英中国人作家とアイルランド系夫の共著の毛沢東伝（Jung Chang and Jon Halliday, *Mao: The Unknown Story*, London: Jonathan Cape, 2005）からソ連特務機関陰謀説が飛び出して、中西輝政らの熱い注目を集め、日本でもよく売れた。しかし、この件についての情報源は、以下に見るように、極東国際軍事裁判における田中隆吉証言に限られるものではなく、現実の歴史研究にとっては今や東京裁判の史料的価値など極限られたものである。そういう証言の信用性に疑問を投げかけるだけでは新説として十分ではない。また、後述するように、新説は刑事責任の本論に影響を与え

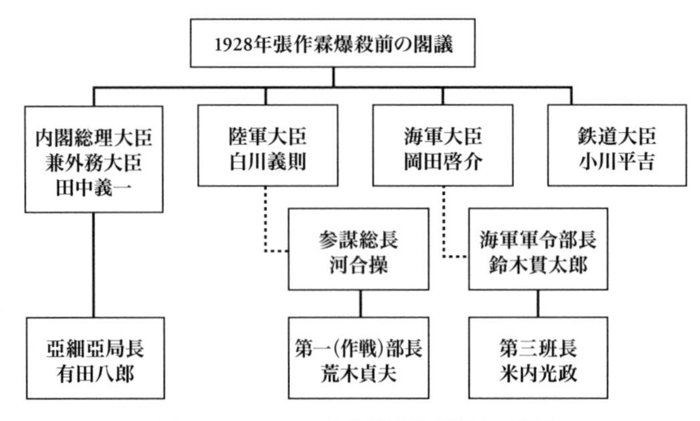

図8－3　1928年張作霖爆殺前の閣議

るものではない。

海軍省記者クラブ黒潮会の主任記者で、戦後、米内光政海軍大将から海軍の反省会の記録『海軍戦争検討会議記録』を預かった東京日日新聞（毎日新聞）の新名丈夫は、奉天郊外の皇姑屯における張作霖殺人事件には、その前に日本陸軍の山海関一個師団派兵計画があり、これを海軍が閣議段階で止めたという文脈があったことを指摘している（新名 1976 年 12 頁）。つまり、1928 年 4 月からの蒋介石の北伐に対して北京の張作霖が戦いを挑み、5 月に敗北して北京に撤退していたが、これがいよいよ北京を放棄して奉天に退却するのを機に、陸軍が長城東端の山海関に一個師団を上陸させて張作霖の退路を断ち、満州を日本の支配下に置くことを計画して、外務省、参謀本部、海軍軍令部の三者会合で打合せた。しかし、海軍軍令部第 3 班長（諜報）米内光政少将が反対、これを軍令部長鈴木貫太郎に伝えた。同計画が翌日の閣議に上程されるや、海相岡田啓介は、中国駐兵には国際間の取り決めがあり、これを破れば米英との戦争になるから、海軍としては軍備拡充費 5 千万円の即時支払いを求めると応じた。驚いた田中義一総理兼外相は、そんな協定は知らないし、そんな大金はない、この話はやめたといったので、計画は実現しなかった（新名 1976 年 12 頁）（**図8－3** 参照）。

その後、張作霖が 1928 年 6 月 3 日北京を出発し京奉線に乗って翌 4 日奉天に到着する直前の旧満鉄本線（連長線）との立体交差における鉄道爆破に巻き込まれて殺害された事件については、当時の田中義一内閣の極秘調査と結果が、当時の鉄道大臣小川平吉の文書（小川平吉文書研究会編『小川平吉関係文書 I』みすず書房 1973 年）や佐藤元英『昭和初期対中国政策の研究』（原書房 1992 年 327-329 頁）にある。それらを含む幅広い史料や研究に基づいた永井和『青年君主昭和天皇と元老西園寺』（京都大学学術出版会 2003 年）の論考から見えるところを、不正確を覚悟で要約する。

張作霖殺害直後に工藤忠（鉄三郎）が事件関係者から聴き出した情報を極秘裏に鉄相小川平吉に伝え、これが元老西園寺公望の耳に届いて、西園寺が田中義一総理に調査結果の公表と犯人の厳正処罰の方針と陛下への上奏を奨めた。田中義一はまずそれをそのまま上奏して、極秘調査を行った。しかし、結果の公表と犯人の厳正処罰については陸相白川義則と鉄相小川平吉の頑強な抵抗に遭い、田中総理は一転して内々の行政処分と虚偽の調査結果公表に方針転換した。この方針転換を反映した1929年の田中義一上奏は、陛下の御不興（怒り）を買い、田中義一は陛下の信任を失ったことを伝えられ、辞職するだけでなく、ショックのあまり自然死するに至った。西園寺は、陛下の御意思で倒閣する形になることを何よりも恐れ、年老いた自分をさし措いて内大臣牧野伸顕や侍従長鈴木貫太郎（1929年より）が勝手に動いたと思い不機嫌であった。結局、その怒りのせいか、当初、西園寺が田中義一に示した方針を貫くことは、すっかり忘れ去られ、関係者の処分は、白川義則陸相の方針通り、人事異動を中心に内々に行われた。

永井は、この時の宮中による田中義一内閣倒閣を「不当な処分を容認する代りの不信任」と分析している（永井2003年334頁）。実際、次の民政党総裁濱口雄幸に対する組閣の大命降下において張作霖爆殺事件の処理について何らの指示もなかった。まるで田中義一内閣総辞職と関東軍関係者の内々の人事異動で決着したといわんばかりであった。田中義一も、ただ、ひたすら「陛下の御心を煩わせて申し訳ない」という心から世を去っただけに過ぎない。こういう辞任は、「世間様をお騒がせして申し訳ない」から、当座の立場にある者が辞任あるいは死んで組織を防衛する、当座の批判をかわすという、今でも日本の組織運営上しばしば見かけるパターンと同じに見える。そうだとすると、このときの軍紀粛清の甘さが、次の満州事変を許したという考え方には強い妥当性があるといえよう。

さて、張作霖の爆殺は、刑法第199条の殺人罪に当たる。刑法は通常日本国内で罪を犯した者に適用されるが（第1条）、刑法第3条第6号により*、殺人罪は、たとえ日本国外であっても日本国民が犯したときに適用される。刑法は一般法であり、当然、軍人にも適用される。殺人のために外国人を雇いこれを道具として実行したとしても、それは基本的に間接正犯となる。仮にソ連特務機関陰謀説が正しかったとしても、それは殺人罪の教唆（刑法第61条）の域を出ず、日本軍人の間接正犯は否定しがたいであろう。

そう考えると、殺人罪の不処罰が満州事変の発生する隙（すき）を作ったといえよう。満州事変の刑法上の帰結は別に考える（→コラム⑤満州事変の刑事責任）。

*　なお訴追戦術上の予備的主張の問題として、刑法第3条の国外犯処罰規定は、刑法第108条の現住建造物等放火罪とその激発物破裂への準用（同第117条）を含めて適用されるが、刑法第126条の汽車破壊致死罪には適用がない。

(2) 信賞必罰の失敗

さて、興味深いのは、満州事変当時の今村均作戦課長の戦後の「反省」である。曰く、「満州事変は事を急ぎ過ぎた」、「板垣、石原両参謀が……中央の統制に服しなかった罪責は、これを咎(とが)むべきが信賞必罰上、必要のことだった。少くもこれを中央統制の位置などに、充当すべきではなかった。然るに事変直後の中央長官が、石原氏を（参謀本部）作戦課長、作戦部長などの職責に当てたので、これを目にした海外派遣の各軍参謀や、中央の幕僚たちの一部分に対し『大功を立てるのには、些瑾(さきん)などはかえりみなくてよろしい』『中央の統制にそむいても、功さえたてれば、やがておのれらたちが統制者の地位に立ち得る』という前例を示すことになり、これが爾後(じご)に於(お)ける幕僚の執務や心がけに、大きな悪影響を及ぼし、同時に又、高級者の一部に『下の者の作ったすえ膳(ぜん)は、だまって箸(はし)をつくべきだ』『少々気にくわぬところはあっても、文句は言わず下の者の作った案を、そのまま実行に移すほうが、評判を悪くしない』などの考えを持たせるようにもしたようだ。これは軍統帥上、ゆゆしきことである」と（今村 1956 年 69-70 頁）。

すなわち、関東軍による軍律違反と、陸軍中央長官[1]によるその論功行賞（連合国の言葉でいえば宥和(ゆうわ)政策 appeasement に当たろう）に対する「反省」である。明治の初めに陸軍大将西郷隆盛が軍律の大原則とした「信賞必罰」の必罰がなかった。これは、満州事変から日中戦争への事変の拡大の根本原因がどこにあったかを示すのみならず、以下に見るように、その後、日本がさらに対米英戦争へと奈落の底へ転げ落ちていく主要な原因ともなる。

実際、今村均は、「『因果は廻る小車』といわれる」と続け、1936 年の綏遠(すいえん)事件と 1937 年の盧溝橋(ろこうきょう)事件に遭遇して、満州事変において脛(すね)に傷のある石原莞爾(かんじ)が、いかに部下の統制に失敗し、日中戦争への拡大を阻止し切れなかったか、その軍統制上の大失態を赤裸々に生々しく描く。

---

1 ちなみに石原莞爾が関東軍（支店）の作戦課長から参謀本部（本店）の作戦課長に昇進した 1935 年 8 月 1 日当時の陸軍三長官は、陸軍大臣川島義之（人事局長今井清）、参謀総長閑院宮（参謀次長杉山元）、教育総監真崎甚三郎という顔ぶれであった。

つまり、石原莞爾が参謀本部の作戦課長（1935年8月1日）、そして同戦争指導課長（1936年6月19日）になってみると、かつての部下だった関東軍幕僚たちが、とかくに中央の意向を無視し、内蒙に対し、情報蒐集（しゅうしゅう）機関を派遣したり、蒙古人を懐柔しようとする工作を行い、蔣介石軍といざこざを起こした。石原莞爾は、それを心外として、1936年の秋、飛行機で新京（旧長春、満州国の首都）にやって来て、関東軍参謀長官舎に今村均本人を含む同軍参謀7名を集め、内蒙工作中止の指令に従わぬ関東軍の不誠意を強く責めたてた。すると、この工作を主任していた情報主任参謀の武藤章大佐が反問した。

> 「唯今のお示しは、両長官（陸相と参謀総長）の意志なので、左様におっしゃるので、必ずしも石原課長ご自身の御気持ではないと心得て、よろしいでしょうか？」
> （石原）「貴官は何を申す!?　既に何回も、我輩の名を以て、内蒙工作の不可を電報しているではないか!?　両長官は、軍をしてきびしく中央の統制に服せしめるよう、小官を派遣したものです。」
> （武藤）「これは驚きました。私たちは、石原さんが満州事変の時、やられたものを模範としてやっているものです。あなたから、お叱（しか）りを受けようとは思っておらなかったことです。」

武藤大佐がこういうやいなや、若い6名の関東軍参謀が一斉に声を挙げて笑い、石原莞爾はすっかり照れてしまい、仕方なく、その夜打ち合わせは止めてしまい、翌日、参謀長板垣征四郎と参謀副長今村均が改めて中央の意向を聴取したものの、内蒙工作は、板垣参謀長の創意によったものだったので、ついに中央の思い通りにはならないでしまった、という（今村1956年70-71頁）。

今村均の反省を要約すると、満州事変での関東軍の軍律違反を宥和したことで、同様の軍律違反が内蒙古に飛び火し、これは結果的に不首尾に終わったものの、軍統制上の問題は先鋭化した。そして、そこへ、1937年7月7日、盧溝橋事件が発生する。

コラム⑤　満州事変の刑事責任

実は、満州事変は、板垣征四郎、石原莞爾ら参謀が、参謀本部の統制に服しなかっただけが軍律違反なのではない。具体的には以下に見るように陸軍刑法で死刑に値する犯罪であった。

《関連条文》

陸軍刑法第 17 条「司令官ト称スルハ軍隊ノ司令ニ任スル陸軍軍人ヲ謂フ」

陸軍刑法第 2 章　擅権ノ罪（せんけんのつみ）

陸軍刑法第 35 条「司令官外国ニ対シ故ナク戦闘ヲ開始シタルトキハ死刑ニ処ス」

陸軍刑法第 37 条「司令官権外ノ事ニ於テ已ムコトヲ得サル理由ナクシテ擅（ホシイママ）ニ軍隊ヲ進退シタルトキハ死刑又ハ無期若ハ七年以上ノ禁錮ニ処ス」

陸軍刑法第 38 条「命令ヲ待タス故ナク戦闘ヲ為シタル者ハ死刑又ハ無期若ハ七年以上ノ禁錮ニ処ス」

さて、陸軍刑法第 2 章の擅権ノ罪は、同法第 1 章の反乱ノ罪に続く。内容的には公的な軍隊ないし兵器に対する支配権を私的に欲しいままにする罪で、現代語で「越権罪」といってもよいであろう。軍統制法の視点では、それは広い意味での反乱（mutiny）の一部と位置づけられる。国内向け反乱と違って、一応、国外を向いているかも知れないが、その本質として、軍の統制、軍律に対する反乱と見るのが相当である。

《シナリオ 1》関東軍司令部付奉天特務機関補佐官花谷正少佐の戦後に発表された手記によれば、板垣征四郎関東軍高級参謀と石原莞爾同軍作戦主任参謀の計画は、関東軍司令官本庄繁、朝鮮軍司令官林銑十郎、参謀本部作戦部長建川美次、参謀本部ロシア班長橋本欣五郎らに事前に知らされ、内諾を得ていたとされる（秦 1999 年）。どの程度の内容の報告にどの程度の同意があったか、とくに具体的な武力行使の日時や契機や内容について報告と同意があったのかは怪しい。しかし、ここでは、まず、とりあえず、仮に 1931 年 9 月 16 日夜に関東軍が南満州鉄道で爆弾を炸裂させ、それを中国軍の責任にして、自衛権を行使する口実で満州全土を制圧する計画について同意があったと仮定する。

〈罪責〉まず、関東軍司令官本庄繁に陸軍刑法第 35 条の罪が成立するだろう。板垣征四郎、石原莞爾には同教唆（刑法第 61 条）または幇助（ほうじょ）（刑法第 62 条）が成立する。

朝鮮軍司令官林司令官には、奉勅命令を待たない朝鮮軍の独断越境について、陸軍刑法第 37 条の罪が成立するであろう。

参謀本部作戦部長建川美次には少なくとも関東軍の行動について教唆犯ないし幇助犯が少なくとも成立するであろう。

〈共謀共同正犯〉花谷正手記について、シナリオ1通りであれば、判例上、関東軍と朝鮮軍の両司令官、参謀本部の作戦部長とロシア班長らに共謀共同正犯が成立するであろう。仮に当時の判例では知能犯でなければ共謀共同正犯は成立しなかったとしても、いずれも知能犯であることに疑いはない（大判明治35年6月10日新聞94号26頁、大判大正11年4月18日刑集1巻233頁）。かつ、共謀共同正犯は、判例の上ではその後、一般化するに至った（大判昭和11年5月28日刑集15巻715頁）。

《シナリオ2》外国Cに駐留する日本軍隊Kの参謀が、事情を知らない司令官に虚偽の武力攻撃の報告をして自衛権の発動を命ぜしめ、外国Cと戦闘を開始せしめたと仮定する。

実は、例えば、建川作戦部長が急遽満州に呼ばれ、その到着前後のタイミングで関東軍が武力行使に出たことは、果たして建川部長がその具体的な日時や契機や内容を事前に知らされていたのかどうかについて疑念を投げかける。国際的に日本の立場が理解されるような情況下で武力を行使するのが建川作戦部長の方針であったとすれば、教唆も幇助も成立しない可能性がある。そうすると、同じく花谷正少佐の手記において関東軍参謀の計画を事前に知らされ了承していたとされる本庄繁関東軍司令官、林銑十郎朝鮮軍司令官、橋本欣五郎参謀本部ロシア班長の内諾について、関東軍参謀側の勝手な思い込みがどれほどあったのかという疑念が湧く。このシナリオはそういう疑念に基づいて、具体的な武力行使の日時、方法につき、一切の相談も内諾もなかったと仮定する。

〈故意1〉まず、司令官は正直に参謀の報告を信じ、誤想防衛で自衛権の行使を容認し、陸軍刑法第35条の「故ナク」の故意はなかったと仮定する。

〈身分1〉司令官という身分を厳格に解釈して、参謀には司令官の身分はないと仮定する。

（1）　陸軍刑法第35条の身分要件（司令官）を充たさない行為主体による同条の間接正犯は成立するか？

（あ）　当時の判例（大判大正3年5月13日刑録20輯(しゅう)863頁）は、非身分者であっても、身分を構成要件とする犯罪の間接正犯となりうることを認めていた。現代刑法理論ではこれは筋が通らないかも知れない（団藤1979年156頁注6）が、当時は判例として有効であった。

（い）　成立しない。

（2）（1）が成立しない場合、代りに身分要件のない陸軍刑法第38条は成立する可能性がある。なお、虚偽の報告で命令を得たとしても、それは真正の命令ではないため、「命令を待たず」という構成要件は充たすと思われる。

〈身分2〉次に司令官の意味を広く取り、司令官の補助者の地位にある参謀を含むと解する。この場合、参謀に陸軍刑法第35条の罪が成立することに疑いはないであろう。

例えば、刑法156条の虚偽公文書作成罪について、補助者たる公務員が情を知らない上司を利用して犯す態様の間接正犯が認められている（大判昭和15年4月2日刑集19巻181頁）。

ただし刑法156条の罪の身分要件は公務員であり、補助者たる公務員もまた公務員であることに疑いはないのに対し、司令官の補助者たる参謀が司令官か？　言い換えれば「軍隊の司令に任ずる陸軍軍人」か？という点は論争の余地がないとはいえないだろう。ただ、実態として、満州事変の事例に即して考えれば、参謀は司令官の目、耳、口となって動いており、広い意味で司令官の一部と考えることに無理はないと思われる。

仮にこの点が否定されれば、非身分犯である陸軍刑法第38条の問題となる。

〈故意2〉過剰防衛について

満州事変における鉄道爆破は、その直後に列車が無事に通過しており、極めて軽微な、爆発音だけといっても過言ではないほどであったとされる。そういう「武力攻撃」の実態を知らず、単に報告を真正だと誤信したとしても、南満州鉄道と同附属地を防衛する軍隊が、その任地を遠く離れて、5日以内に満州全土を制圧したことからすると、それが、已むことを得ざる必要最小限の行動だったとはとてもいい切れないように思われる。この点で、本庄繁関東軍司令官に過剰防衛の故意が認定されたと仮定すると、

（3）　陸軍刑法第35条の罪は成立するか？

構成要件は外国に対し戦闘を「開始」することで、陸軍刑法第38条のように「為す」ことではない。ただし、仮にもともと自衛の必要性を誤信して戦闘を開始させていたとしても、その自衛の必要性を超える戦闘については、それが過剰であるという認識が客観的に生まれた段階で、これを中止させる義務があるというべきであり、それを超えて戦闘を継続させた時点で、新たに故なく戦闘を「開始」せしめたと捉えることは可能であろう。従って、成立する。

そして、少なくとも武力行使発動の直後に奉天に到着した参謀本部作戦部長建川美次にも、板垣・石原両参謀と同様に、同条の罪の共謀共同正犯ないし教唆ないし幇助犯が成立する可能性は高い。

（4）　仮に成立しない場合でも、陸軍刑法第38条の罪は成立するであろう。

結論として、板垣征四郎、石原莞爾には死刑（陸刑35条）、過剰防衛で本庄繁司令官も死刑（同）の可能性が高い。

コラム⑥　昭和維新─昭和の諸反乱の背景

すでに張作霖爆殺事件の本質は殺人罪、そして満州事変の本質は広い意味での反乱罪（mutiny）に当たるということを指摘した。

実は、その10カ月前の1930年（昭和5年）11月14日には、東京駅で立憲民政党の濱口雄幸総理が暴漢に狙撃され、外務大臣の幣原（しではら）喜重郎が臨時総理代理に就任した。暴漢は「統帥（とうすい）権干犯」を狙撃理由に挙げたが、その内容の説明はできなかったので、背後にこの暴漢を殺人（未遂）の道具に使った首謀者（間接正犯）と共犯がいることは明らかであった。「統帥権干犯」とは、濱口内閣によるロンドン海軍軍縮条約の締結は、帝国憲法第11条「天皇ハ陸海軍ヲ統帥ス」の定める陛下の「統帥権」の一部を勝手に犯した憲法違反という主張であったと思われる。

1931年3月には、その濱口内閣を武力転覆し、満蒙問題、貧困、飢餓その他の問題の解決を志向する勢力により、三月事件というさらに大がかりな内乱計画があった。これはクーデター後の新総理に目されていた宇垣一成陸軍大臣が、当時、傷を押して閣議に復帰していた浜口総理の症状悪化のため、後継内閣の首班に平和的に就任できる可能性が出てきたこともあり、できるだけ合法手段を好む永田鉄山陸軍省軍事課長らが反対して事前検挙したという。

1931年4月、結局、濱口総理の病状は悪化するのみで、総理と立憲民政党の総裁の後継には若槻礼次郎が選ばれ、第二次若槻内閣が成立した。

そして9月18日の満州事変勃発を経て、10月17日、事変に非協力的な若槻内閣の武力転覆計画が永田や東條らの判断で憲兵隊に検挙された（十月事件）。

結局、若槻内閣は1931年12月13日に閣内不統一で総辞職、立憲政友会の犬養毅内閣に代わり、陸軍大臣が南次郎から永田・東條らの望む荒木貞夫へ平和的に更迭された。

しかし、犬養内閣も、なかなか満州国の独立を承認しようとはしなかった。そして、1932年5月15日、海軍青年将校の手で、犬養毅は総理官邸で問答無用で殺された。この事件も、十月事件や、1932年4月29日に、勅命を受けて上海事変の収拾に当たっていた上海派遣軍司令官白川義則が爆弾で殺された事件と一連の文脈で捉える必要があるであろう。

それは刑法上は、内乱罪「政府ヲ転覆……スルコトヲ目的トシテ暴動ヲ為シタル者ハ内乱ノ罪トシテ……処断ス」（刑法第77条）のはずであった。

この一連の事態は、その直後に秩父宮雍仁親王が、兄である天皇陛下に「御親政」を提案したほど危機的であった。陛下は、ちょうど、今の皇太子殿下が弟宮の秋篠宮殿下に比べて背が御低くあらせられるのと同様に、秩父宮殿下よりも背が御低くあらせられたので、背もお高く帝王然とされ、歳も1歳しか違わない直宮（弟）殿下のご提案を本能的に拒絶遊ばされ、ご提案の方を立憲政治に対するクーデターとお考えになった。しかし、五・一五事件の方が、政党政治にとどめを指したのである。以降、日本に立憲政治が戻るのは連合国軍による占領を待たなければならなかった。秩父宮殿下は、前年1930年11月に陸軍大学校を卒業し歩兵第三連隊中隊長に補されたばかりの陸軍歩兵大尉であったため、同期の御学友青年将校と接する機会のあったご経験から、かえって、機敏に事態の深刻さをよく理解され、むしろ青年将校の一部の皇族内閣案を逆手にとって軍の反乱の連鎖を鎮めようとお考え遊ばされた可能性は高い。その「御親政」提案の面白いところは、日本は、その後、二・二六事件、盧溝橋事件の事変化（日中戦争）、そして中国からの撤兵問題を契機とした対米英戦争へと突き進み、最後には「御聖断」という伝家の宝刀をもって降伏し、国体護持を図るに至ったわけであるが、その伝家の宝刀をもっと早く抜けという御提案だったと思われるところであろう。

明治維新以降の日本政治は、例えばイギリス立憲政治から見れば、ほど遠い水準であったことは疑いない。従って、むしろ同じ東アジアのタイ王国の政治史などとの比較研究を深めれば、より妥当な結果が得られるかも知れない。当時、発生していた「昭和維新」は、以下に見るように「明治維新」の成果に対する反乱の性格があったので、例えばタイの政治でしばしば発生するように、宮中クーデターで軍部の思い切った粛清を行い、正常な立憲政治に復帰するための暫定的な緊急措置をとることの合理性は、かなり高かったといえるのではないだろうか。結果論かも知れないが、外国軍による占領改革などを待つよりは、その方が「正攻法」だったはずである。また、そのような正攻法の検討なしには、そもそもいわゆる「戦後政治の総決算」（中曽根康弘総理）や「戦後レジームからの脱却」（安倍晋三総理）などは、論じ得ないはずなのである。

では、そもそも、満州事変を含めた軍人の反乱はなぜ起こったのだろうか。

それにはいくつかの要因が考えられる。

①　政党政治に対する不満。とくに軍人勅諭や参謀本部は、明治初期の士族の反乱が「剣」を「筆」に持ち替えて自由民権運動を起こしたという認識から、議会を通して旧反乱勢力が政権交代・政権奪取を果たすことに備えて、軍を天皇直属として、議会政治・政党政治から超然とさせて明治国家体制を防衛するために作られた（帝国憲法第11条「天皇ハ陸海軍ヲ統帥ス」）。従って、陸軍内部に元々政党政治を敵視する体質があった。そしてそれが、以下の2と3の不満を短絡的に政党政治に結び付ける土壌を形成していた。

②　1922年のワシントン海軍軍縮条約に続く1930年ロンドン海軍軍縮条約に対する不満。この不満は日本の国際的地位に対する不満として、決して海軍独りのものではなかった。ただ、全世界の海軍力について、太平洋に臨む日本が、大西洋と太平洋の両方に面するアメリカ、または大西洋、地中海、インド洋に広大な植民地帝国を有するイギリスのいずれか一方と対等ないしその7割程度の海軍力を持つべきであるという合理性を示す根拠は必ずしも明らかではない。例えば太平洋に限っていえば、日本はワシントンで協定された対米6割でも優位といえたからである。また、ワシントン条約で防衛力強化が許されたシンガポールとハワイの東

京からの距離（それぞれ5,330kmと6,210km）について、それが例えばロンドンとモスクワの間の距離（2,510km）の倍以上あることも忘れるべきではないであろう。ロンドンからペルシャ湾岸のドバイへの距離でも3,400kmに過ぎない。

③　1927年以来の昭和金融恐慌による農村の疲弊と、結果的には事態を悪化させた1930年1月の金解禁など政府の施策に対する不満。とくに東北地方の窮状・飢餓は深刻であった。

④　陸海軍内部における藩閥に対する不満。実は、昭和の皇后陛下は文久3年8月18日の政変で長州勢を京都から追放した青蓮院宮→中川宮→賀陽宮→久邇宮（尊融→朝彦親王）の孫、秩父宮妃は会津藩主松平容保の孫、高松宮妃は最後の将軍徳川慶喜の孫と、大正天皇の三親王はそろって戊辰戦争の敵方から妃を迎えた。明治新体制の根幹に残ったわだかまりを解こうとする皇室ならではの婚姻政策であったと思われる。実は、大正7年（1918年）には旧盛岡藩士の子の原敬が内閣総理大臣に上り詰めたほど、明治新体制というのは、諸外国に比べ、むしろ進歩的でさえあり、それほど地方色の濃い体制だったとはいいがたい。とはいえ、都城島津家家臣の子、上原勇作参謀総長が、この原敬総理を「朝敵」呼ばわりして、第二次日露戦争（シベリア出兵）において統帥権（「天皇ハ陸海軍ヲ統帥ス」）を盾に内閣の方針にあくまでも従わず、大正天皇の御病気のために統帥権問題は解決の余地なく、ついには原敬総理が東京駅で暴漢に刺殺されるに及び、海外から見れば日本では内閣総理大臣よりも参謀総長の方が偉いように見え、アメリカの対日評価を著しく悪化させた。それどころか、国民皆兵の徴兵令によって立つ皇軍において、三代目の昭和の御世に入っても、陸軍将校の研究会「一夕会」（永田鉄山は旧譜代諏訪藩出身、東條英機は旧盛岡藩出身）が1929年に人事刷新と満蒙問題の解決に合わせて非長州系三将軍擁立（一橋家家臣の子、荒木貞夫、肥前藩中農の子、真崎甚三郎、加賀藩士の子、林銑十郎）を議決するほど、反「藩閥」感情もしつこくくすぶっていた。満州事変の首謀者（板垣征四郎は盛岡藩、石原莞爾は庄内藩）そして対米英戦争にかけての陸海軍首脳（東條英機は盛岡藩、及川古志郎は新潟県生まれ盛岡中学）などに奥羽越出身者が比較的多いことは、そういう意識と無関係ではないであろう。そして、広い意味で昭和維新の旗を掲げた軍隊の反乱の集積の結果として、明治維新国家体制は存亡の危機に陥るに至ったのである。

⑤　1928年4月8日から始まった中国国民党の蒋介石による第二次北伐が、日本の明治大正期の既得権益を脅威にさらすという恐怖。この文脈で、すでに1928年6月4日の張作霖爆殺事件が発生していたが、むしろ、殺された父に代わって奉天軍閥を継いだ張学良が余計に反日的になり、南満州鉄道に並行して鉄道を建設する計画を立てるなど、脅威が切迫化していた。

⑥　満州への執着。強い執着があったからこそ、それに対する脅威をより強く感じた。例えば、1932年8月22日の第63帝国議会において内田康哉外相は「極東に於る帝国の地位と決意」という演説を行い、衆議院議員森恪の質問に答え「この問題のためには所謂挙国一致、国を焦土にしてもこの主張を徹することに於ては

一歩も譲らないという決心を持って居ると言はなければならないのであります」と述べた。1932年12月から1933年1月にかけて、国際連盟における満州事変の審議において、イギリスの和平提案を前にして、現場の松岡洋右全権と建川美次ジュネーブ駐在武官だけでなく、荒木貞夫陸相を含めた受諾意見をすべて無視して、2度にわたってこれを一蹴し、イギリスの日本評価をして一気にロシア以上の第1位の仮想敵国にまで転落せしめたのは、他ならぬ内田康哉外相であった。1941年10月14日の閣議で東條英機陸相は「米国の主張にそのまゝ服したら支那事変の成果を壊滅するものだ。満州国も危うくする。更に朝鮮統治も危うくなる」（参謀本部1967年349頁）と述べた。ポイントは、満州国のために日本の国家民族の存亡を賭けるほど、つまり冷静でいられないほど、日本は満州に固執していたということである。

コラム⑦　満州に対する執着

では、なぜ、日本はそこまで満州に執着したのか？

結局、日露戦争の巨大な犠牲の代償が、満州だと認識されていたからではないだろうか。

ポーツマス講和会議で、日本全権小村寿太郎がロシア全権ウィッテの1905年8月23日の樺太全土割譲の代わりに賠償請求を放棄する提案を一蹴したのも、賠償金を獲得しなければ、戦費調達のための重税と戦死戦傷の負担に喘（あえ）ぐ国民が納得しないことが分かっていたからである。国民が戦争の負担を賠償金の先行投資と理解していたのは、日清戦争の賠償金が大きかったからである。結局、ポーツマス講和条約は無賠償で終わったために暴動が起こった。ポーツマス講和条約で日本が得たものは、朝鮮半島における優越権、三国干渉で返還した遼東半島のうち最南端の「関東州」に限った租借権、東清鉄道のうち旅順〜長春間の南満州支線と附属地の炭鉱租借権、日本の鉄道警備隊の駐留権、樺太の北緯50度以南の割譲、沿海州漁業権に過ぎなかった。日本人が南満州支線と附属地の租借権の獲得をもって、事実上、満州経営権の獲得と考えてしまったのは、その犠牲の大きさに比例した見返りを期待したためといえよう。実際、この戦争の戦費を賄うための外債だけでも、それを返し終えたのは、昭和の終わり頃であった。つまり天皇の代で数えて、祖父の借金（ローン）を子と孫が一生かかって返した勘定になる。しかも、ローンまでして買った「家」はローンを返し終わったときには、とっくになくなり、元からあった資産の一部まで失っていた。即ち、昭和の末にその借金返済を終えたときには、1905年のポーツマス講和条約で得たものすべてを失っていただけではなく、1895年の下関講和条約で獲得した台湾と澎湖諸島、1875年の樺太千島交換条約で得た得撫島から占守島・阿頼度島までの千島列島も失い、さらに幕末、安政1855年の日露和親条約で日本領と確定した択捉島、国後島、歯舞諸島、色丹島まで失っていた。即ち、もはや明治維新の帳尻が合わなかったのである。経営学的には、日露戦争は、国力に見合わない不釣合いな事業で、元が取れず、マイナスの方がはるかに大きかった失敗事業ということになるだろう。

ただ、そもそも、満州とはそれほど魅力的な土地だったのだろうか？

事後的には、ポーツマス講和会議の過程で、日本が賠償金を捨てる気になれば手に入った北樺太から石油や天然ガスが出ただけでなく、満州からも石油が出た。しかし、これは講和会議当時、誰も気が付きもしていなかった。

このときの日本人の満州評価に影響した要因には次の２つが考えられる。

第１に、幕末、吉田松陰の「交易ニテ魯墨ニ失フ所ノモノハ、鮮満ノ土地ニテ補フヘシ」、即ち、開国してロシアやアメリカをはじめとする列強と貿易をして発生する貿易赤字は、朝鮮と満州の土地で補え」という教えがあった。実際、日本人が発見した満州の魅力は大豆の生産で、吉田松陰の江戸時代の経済感覚からあまり成長していなかった。

第２に、アメリカの仲介でポーツマスにおいて日露戦争の講和会議が始まった直後の1905年8月15日にはアメリカの企業家ハリマンが桂太郎総理を訪れ、両者の間で満州共同経営の予備協定が結ばれ、アメリカ資本が満州経営にただならぬ関心を抱いていることが分かった。当時の日本人に、当時のアメリカ人資本家が一体何に価値を見出して満州に注目していたかが分かっていたとは思えないが、ともかく、アメリカの資本家が注目していることは分かったので、満州とは金になる土地に違いないと思い込んだ。そして、ポーツマス講和の成立後、日本が小村寿太郎の反対で1905年8月15日の桂・ハリマン協定を破棄し、国策会社南満州鉄道株式会社を設立してその利益を独占する姿勢を示すと、日米関係は一気に冷えきってしまった。これで、かえって日本人は、己の才覚では全く理解していなかったのにも拘らず、ますます、満州経営、満鉄経営が「金のなる木」に見えた。

振り返れば、日本の対ロシア戦争の戦時国債を最初に買ってくれたのは在米ユダヤ人のシフであった。シフは高橋是清に日本の勝利に賭けて投資するのではなく、「ユダヤ人を迫害するロシアにただ一矢報いたいのだ」と日本国債購入の動機を説明した。しかし、シフは傘下のハリマンやクーン・ローブ商会を使ってアメリカの大陸間横断鉄道に投資をしてきた人物であった。おそらく日本に投資してもっと大きなアジアの大陸間横断鉄道に投資する機会を広げようとする思惑があったと思われる。そもそも高橋是清が、日露戦争の戦時国債をアメリカ市場で売ろうとしたのは、イギリスでのロスチャイルドとの交渉がうまくいかず、ロスチャイルドからシフを紹介されたからである。ロスチャイルドはカスピ海のバクー油田に利権を持っていた。ロスチャイルドとシフの狙いは、それを太平洋につなぐアジア大陸横断鉄道と石油パイプラインにあったのかも知れない。

なになに？　国債、つまり借金は見返りに利子を支払うのだから、契約違反はない？

確かに、法律的には、借金契約（消費貸借契約）は、元本と利子を期日内に返済すれば、違反はないはずである。

しかし、アメリカ政府の仲介はただ（無料）で済むのだろうか？　ポーツマス講和会議はチャリティー（慈善事業）だったのだろうか？

経営学的に見れば、せっかく舞い込んできたビジネス・チャンスを活かさなかったことが日本にとって何よりも大きな失敗というべきであろう。例えば、もし日本人が日露戦争で自分たちの流した血の代価ばかりに執着せず、その軍資金を融通してくれた在米ユダヤ資本と上手に付き合って、さらにビジネス・チャンスを拡大していれば、満州から蒙古を通って西域（新疆）やその先の中央アジアの大油田地帯へとつながる鉄道とパイプラインの建設だけでなく、満州の油田開発に参画できたかも知れないからである。

少なくとも、最初から外国の力に頼った戦争で外国領土に利権を獲得しただけなのだから、その利益、そして何よりさらなるビジネスの機会を外国投資家にも分配しなければ、不公平で、国際関係に問題が生じたのも当然なのである。そして、本来、対ロシア安全保障や満州開発、油田開発を含めた経済開発のノウハウについて、日本としても謙虚に学ぶべきものは多かったと思われる。

また、アメリカと協調して満州開発に取り組んでいれば、少なくとも日本一国が中国と正面衝突しなくとも、アメリカを間に挟むことができたであろう。

石油があることが分っていなかったのだから、満州の価値でさえよく分かっていなかったのだから、仕方がなかったのだろうか？

否、目先の利益に目がくらんで、今ある取り分が減るという利益分配ばかりを気にして、利益全体あるいは利益を生む機会を拡大する、その方法を先達から学ぶという発想に乏しかったというべきはないだろうか？

「慌てる乞食はもらいが少ない。」

小村寿太郎という貧乏人のいじましさというか、商売っ気のなさが、講和の仲介国アメリカに対する国策を誤ったといえるのではないだろうか？

これは企業経営にもいえることではあるが、今、すでに価値の分っているものにしがみつこう、同じところにとどまろう、過去に安住しようとすればするほど、失う。昭和は明治から数えて三代目で、初代と二代目までに築き上げてきたものを守ろうとする貧乏意識が強過ぎて、新たな可能性に盲目となり、かえって元も子も失う結果になったといえないだろうか？

これが張作霖爆殺以降、たとえ「国を焦土にしても」あくまで満州にこだわった破滅的帰結から学ぶべき、最大の教訓であるように思われる。

「その子達は人の子だ。男の子の名前は無知。女の子の名前は欠乏。男の子の額には破滅という文字が書かれている。」

〜チャールズ・ディケンズ『クリスマス・キャロル』現在のクリスマスの霊より

(3)　盧溝橋事件とその事変化

1937年7月7日深夜から同月8日未明にかけて盧溝橋事件が発生したとき、北平（現在の北京）の支那駐屯軍では司令官（田代皖一郎中将）を病気で欠き、橋本群参謀長や池田純久作戦主任参謀らが不拡大方針を固持していたが、それを尻目に関東軍参謀部は東條英機参謀長を筆頭に事件の事変化に邁進（まいしん）した。

盧溝橋（Marco Polo Bridge）事件とは、北平（北京）の西から南を通って天津に流れる永定河左岸の盧溝橋駅近くで夜間演習中の支那駐屯軍歩兵第一連隊第三大隊の諸部隊に対し、7日午後11時40分、中国国民革命軍第29路軍の部隊から銃撃があったことで、同大隊長一木清直少佐から、当時、たまたま支那駐屯軍の該当地区の警備司令官[2]の代理を務めていた同歩兵第一連隊長牟田口廉也大佐が連絡を受け、夜明けに中国軍側の責任者（盧溝橋東詰の宛平県城営長）と交渉する方針で用心の措置をとっていたところ、翌8日午前3時25分発生の2回目の銃撃の報告を受けて、これを敵対行為と見做（みな）して戦闘開始を許可し、交戦に至ったものである。後にビルマ方面軍において第15軍司令官としてかのインパール作戦を立案、敢行して多くの日本将兵から深い恨みを買った牟田口廉也は、戦後、1962年夏、インパール作戦を迎撃した英陸軍の航空連絡参謀アーサー・バーカー中佐から戦記『デリーへの進軍』(Barker, 1963)(日本軍のインパール作戦を指す表題）の執筆のための情報提供を求められたとき、その返事に次のように自己の重要性を強調した。「(盧溝橋事件における私の命令）が動機となり支那事変となり、更に今次の大戦にまで発展したのであります」と（牟田口1967年1138頁)。しかし、実際には、関東軍参謀の辻正信などが、支那駐屯軍参謀部を迂回（うかい）して、直接、牟田口廉也大佐を訪れ、「関東軍が後押しします。徹底的に拡大してください」と煽（あお）っていたのである。

関東軍参謀副長今村均は、このとき関東軍の方針を伝えに東京の参謀本部に乗り込んだ。すると不拡大方針を貫く作戦部戦争指導課長の河邉虎四郎大

2　支那駐屯軍の北平部隊、豊台分遣隊、通州分遣隊の地区警備司令官であった同歩兵旅団長の河邉正三少将の天津の軍司令部への出張中の代理。奇しくもインパール作戦時のビルマ方面軍司令官は同じ河邉正三であった。

佐は、満州事変の当時に作戦課長であった今村を支えた作戦班長であったが、個人的にかつての上司を別室に通して曰く「失礼ですが、率直に所感を申上げます。今次の事変に対し、いろいろに意見が分れておりますことは、これは各人の思想の相違から、やむを得ないことです。が、満州事変の当時、あんなにも中央の統制に苦慮されたあなたが、立場をかえ統制される地位に立たれると、曾ての苦難を忘れ、自ら上京の上、富永恭次氏や田中隆吉氏をして、拡大派の者たちをおだてあげさせる。人格的に考え、いかにも残念の行為であります！」と、それは手厳しい批判であった（今村 1956 年 71 頁）。

石原莞爾が中央に逆らって満州事変を断行し、にも拘らず中央で出世させてもらってから、綏遠事件（内蒙工作）で出先をたしなめに行って、後輩の武藤章に脛の傷をつつかれて、屈服させられた事例と逆に、今村均は、満州事変において中央から出先を止めようとして苦労した後、出先に出され、盧溝橋事件において、かつての部下の河邊虎四郎にたしなめられた。ただし、この時の今村均関東軍参謀副長は、「この新事変は北支五省内に局限し得るよう、処置するのでなければ、遂に中、南支にも拡大するに至るであろう」との関東軍司令官植田謙吉大将の意見書を中央に連絡するために上京したので、このとき今村参謀副長に付き添って河邊虎四郎の眉をしかめさせた田中隆吉と富永恭次両参謀は、関東軍参謀長東條英機が、今村につけたものであったという（今村 1956 年 71 頁）。つまり、盧溝橋事件の事変化においても、実は、関東軍司令官の裏で、関東軍参謀が、色々と参謀本部工作を画策しており、今村はそれに上手に利用されていただけだというわけである。

その真偽はさておき、盧溝橋事件のとき、参謀総長は閑院宮載仁親王、参謀次長の今井清は病気がちで、実際には作戦部長石原莞爾少将が参謀本部を取り仕切る立場にあった。その作戦部長の下で、作戦課長の武藤章大佐が拡大派、戦争指導課長の河邊虎四郎大佐が不拡大派に分かれ、支那課長の永津佐比重大佐が拡大派についた。陸軍省では、陸相杉山元大将（満州事変当時の陸軍次官）、次官梅津美治郎中将、軍務局長後宮淳少将という顔ぶれであったが、拡大派の中心は軍事課長田中新一大佐で、これに杉山陸相が同調する形であった（図 8－4）。

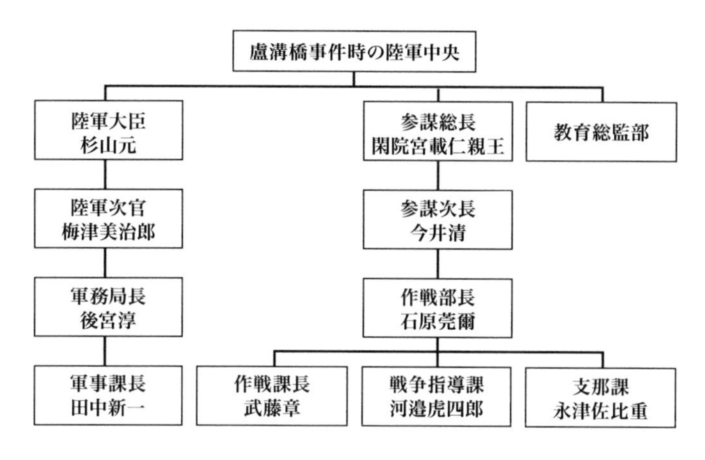

図8－4　1937年7月7日の陸軍中央

武藤章は内地三個師団（板垣征四郎の第5師団〔広島〕、土肥原賢二の第14師団〔宇都宮〕、板垣・土肥原と同じ陸軍士官学校第16期生の磯谷廉介の第10師団〔姫路〕）増派計画を立て、7月9日、閣議で杉山陸相がこれを提案したが、このときは米内光政海相と広田弘毅外相の反対で決着がつかなかった。翌10日の陸軍省と参謀本部の会議において戦争指導課の堀場一雄大尉は、15個師団の半年動員、予算55億円をかける覚悟がなければ動員不可の立場で、一旦はそれで石原莞爾作戦部長の決済を得た。しかし、武藤章を前にすると、どうも石原莞爾の立場が一貫せず、再び三個師団動員案が決定され、11日の閣議にかけることになった。

この11日の緊急閣議の当日早朝、陸軍省軍務局から外務省東亜局長の石射猪太郎のところへ、閣議で陸軍大臣の提案する三個師団増派案に外務大臣から反対するように根回しがあり、合わせて、参謀本部作戦部長石原莞爾その人が近衛文麿総理を訪ねて、陸軍大臣の三個師団増派案に総理から反対してもらうべく根回し工作をした。

その間、現地では在北平（北京）日本大使館付武官補佐官の今井武夫が冀察政務委員会の宋哲元、張自忠らと停戦交渉を進めている間、閣議ではやはり広田弘毅外相と米内光政海相が反対したものの、現地から停戦協定成立の確認が取れないを理由に三個師団動員、ただし内地からではなく関東軍と朝鮮軍からの動員、を決定してしまった。

7月11日の現地停戦協定成立の後も武力行使が散発する中、日中双方の外交交渉は辛抱強く続けられていったが、中国側もその交渉担当者の能力を超えたところで武力行使が頻発する事態をどうすることもできず、これに対する日本側も内部で拡大派と不拡大派が競い合う状態であった。停戦と停戦違反の繰り返しで双方ともに強硬派が勢いづき、当面、力の強い日本軍が国際世論の非難を浴びるようになったのは、旧オスマン朝トルコ帝国の旧領パレスチナにおけるイスラエル独立を契機としたアラブ・イスラエル紛争によく似ている。違いは、イスラエルはアメリカを味方につけたが、旧清朝中華帝国の旧領に独立した満州国はアメリカを敵に回したことであろうか。

そこで、日本側を見る限り、この時の石原莞爾作戦部長がソ連の動きを気にしながらも部内をまとめられなかった理由は、綏遠事件（内蒙工作）のときと同様に、満州事変のときの脛（すね）の傷を暴く武藤章作戦課長の前で頭が上がらなかったことが大きいと思われる。そして、陸軍内部では決着をつけずに、外務省や総理などの外部の力に頼っていうこと聞かない陸軍の暴走を抑えようとした石原の姑息なやり方は、実は、この後、1937年8月13日、上海駐留軍艦や租界を狙ったと思われる中国軍の下手くそな空襲を契機に第二次上海事変が発生するや、ドイツによる日中和平工作、そして大本営、さらには御前会議、すなわち天皇陛下による軍統制を画策するという形でエスカレートしていくことになる。

すなわち、石原莞爾は、中国軍の武力攻撃の翌日、1937年8月14日に多田駿（はやお）中将が参謀次長に就くと、1937年9月27日に参謀本部作戦部長から関東軍参謀副長に転身する前に、参謀本部ドイツ班の馬奈木敬信中佐をして同中佐が在ベルリン駐在武官補佐官時代に交流を持ったという駐南京ドイツ大使トラウトマン（1926年から1931年にドイツ外務省東方局長）に、日中和平の斡旋（あっせん）を依頼せしめた。中国上海はベルサイユ体制に虐（しいた）げられた被害国同士として親しくドイツ再軍備の密（ひそ）かな拠点となっており、ドイツとしても、対ソ戦略上、理想的には日本と中国が仲良く手を携（たずさ）えてソ連を征伐すること、少なくとも日本軍の注意が中国にではなくソ連に注がれることがドイツにとって大切だったので、この和平工作は真剣に進められた。

次に、1937年10月5日に侍従武官から陸軍省軍務課長に転身した町尻量基少将は、陸軍士官学校第21期生として石原莞爾と同期であったが、木戸幸一内大臣に対し「出先を抑へるのは、陛下の思召しでやるつもりだ」という計画を話した。木戸内府が、同年10月11日午前、元老西園寺公望の秘書で同じ学習院・京都帝大の出身の原田熊雄に会って相談したところ、西園寺は「もし実際にそれができなかつたらどうするか？　一度出た陛下のお言葉は取戻すことはできないし、陛下がデマの中心となるやうなことになつては大変である」という理由で、これを拒否した（原田1951年F136-140頁）。

要するに、陛下の命令を上海派遣軍等の前線が聞かなければ陛下の権威に傷がつき、畏（おそ）れ多いという主張であった。西園寺は、当時、間もなく88歳の米寿を迎えようとしており、あたかも鎌倉期の朝廷に仕え幕府（陸軍）との関係を取り持った徳大寺・西園寺両家の先祖の霊に取り憑（つ）かれたかのごとく老人性の杞憂（きゆう）に深く心を病んでいた。富士川の戦いで平家が鳥の羽音を聞いて源氏の軍勢の接近のせいと思って逃げた言い伝えがあるが、鳥の羽音が聞こえる前に逃げ出し、「我不関焉（われかんせず！）」と責任を回避するのが西園寺公望のような公家の真骨頂である。西園寺公望は、明治維新そのものの根本的な矛盾を体現する政治家であった。公家に政治ができたら、そもそも幕府など存在しなかったからである。

ただ、そもそも、本来、陸軍内部で決着をつけるべき話を、宮中など、外部の力で封殺するように依頼したところで、うまくいくべき理由はなかったというべきであろう。

それでも「陛下の思召（おぼしめ）しで出先を抑える」準備は着々と進められ、1937年11月18日の大本営条例の廃止と大本営令（昭和12年軍令第1号）により、同月20日には、戦時でもないのに、日露戦争以来初めて、天皇の大纛（だいとう）（錦の御旗）の下に大本営が設置された。

しかし、第十軍柳川兵団が杭州湾上陸作戦の成功で上海戦線を打開した後、日本軍の進撃の勢いはとどまるところを知らず、大本営の方針も前線に引きずられて一貫せず、前線視察に出た参謀本部戦争指導課長河邉虎四郎の「兵を休ませる」趣旨の報告が飛行機の故障で遅れている間に戦線は拡大、12月1日には首都南京攻略の大号令が出てしまった。そして、上海事変における日本海軍陸戦隊の敗北の尻拭(しりぬぐ)いのために急遽(きゅうきょ)予備役から駆り出され、これまで老体に鞭打って上海派遣軍ならびに後付の中支那方面軍の両軍の司令官を無理に務めてきた松井石根大将が、ついに疲労で倒れて前線に睨(にら)みが効(き)かなくなっている間に、同年12月13日、日本軍は我先に南京になだれこんだ。日本の国内世論は中国の奥行を忘れて敵首都陥落で勝ったと誤信して歓喜に酔い、12月21日の閣議は調子に乗ってトラウトマンの準備してきた和平条件に加えて賠償要求まで新たに持ち込み、翌年1月5日を中国側の回答期限に設定した。参謀次長多田駿は、広田弘毅外相を中心とする内閣の暴走を抑え、あくまでも交渉を継続させる目的で御前会議の開催を求めた。日清、日露の両戦役以来初めての御前会議は、本来、戦争を止めるために開催されたはずであった。しかし、1938年1月11日、天皇陛下の御前で、枢密院議長平沼騏一郎の議事進行により、大本営と内閣の代表が会見したが決着はつかず（昭和の第1回御前会議〔**図8－5**〕)、1月15日に3度、大本営と政府の連絡会議が開かれたものの、蔣介石の「返答のしようがない」という返答に憤る広田弘毅外相の強硬姿勢に、杉山陸相、米内海相、近衛総理が同調、あくまで交渉継続を主張する多田参謀次長を、米内海相が内閣総辞職を辞さないと恫喝して押さえ、翌1月16日、近衛総理により「爾後国民政府を相手とせず」という言葉でトラウトマン工作の打ち切りが正式に発表されてしまった。

外務省は、もともと日清戦争前夜、日清開戦をネタにイギリスを恐喝しながら不平等条約の改正交渉を成立させた陸奥宗光の、今日でいうところの「北朝鮮流瀬戸際外交」が、下関講和後の三国干渉により「戦争に勝って外交に負ける」結果に終わったことを外務省としての最大の恨みとしてきた。陸奥宗光の著作『蹇蹇録(けんけんろく)』を用いた外務省の省内教育により、その深い恨みを自らの骨髄に深く染み渡らせた広田弘毅にとって、元々参謀本部の働きかけで始まったドイツによる和平の仲介は、陛下の外務大臣としてではなく、外務省の代表者として快く思えなかった節が見受けられる。それが「返答のしよ

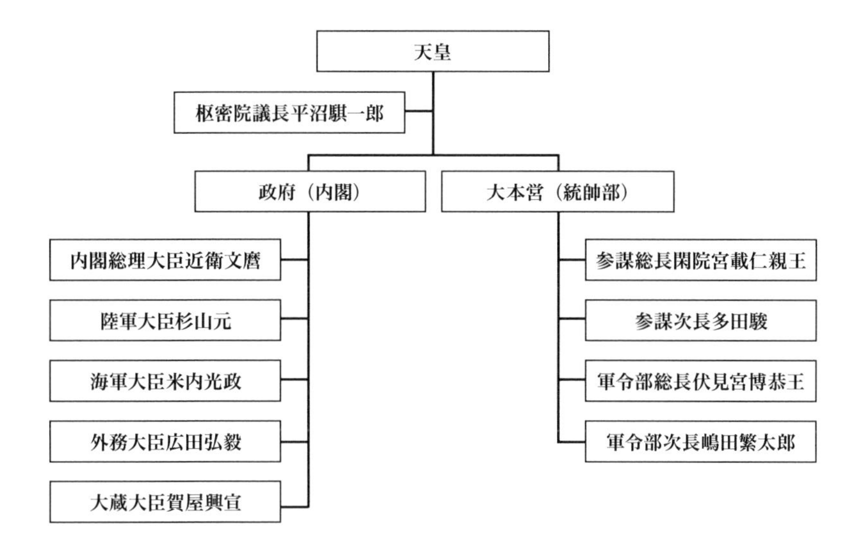

図８－５　御前会議の図

うがない」という蒋介石の返答に対して日本の外交当局、ひいては政府が「もうお前なんか相手にしない」という幼稚な意地の張り合いで応じることに甘んじた原因であったと思われる。

一方、海軍軍人は、米内光政に限らず、一般に「軍人は政治に口を出すべからず」という強い信条を教育されてきたので、陸軍であっても軍人に他ならない参謀次長があくまでも政府方針に楯突くことに我慢がならなかった。しかし、このときの海軍大臣の主張は、まさに「木を見て森を見ず」の観があった。一見合理的な信条、原理原則であったとしても、使い方を誤れば、それは凶器になり得る。米内海相の行動は、このことを例証した。実際は、上海事変で海軍陸戦隊が敗北した恥を雪（そそ）ぎたかったのかもしれない。

なお、このとき、陸軍省軍務課の佐藤賢了少佐は、閣僚が参謀次長を抑えてトラウトマン工作の打ち切りを決めたことを参謀本部戦争指導課の秩父宮少佐（天皇陛下の弟）に報告し、秩父宮殿下の稀（まれ）に見る激怒の御姿を拝したという（秩父宮記念会 1972 年 576-577 頁）。

2　軍律の崩壊

これまでの展開をまとめると、日本陸軍中央が、関東軍による張作霖爆殺という殺人罪を刑事訴追せず、それに味をしめた関東軍による満州事変という擅権罪（広い意味で反乱罪の一種）を刑事訴追しないどころか逆に論功行賞の対象とし、その首謀者の一人、石原莞爾を参謀本部の管理職に就けると、関東軍はさらに綏遠事件（内蒙工作）を起こし、盧溝橋事件の事変化まで図ったが、石原莞爾は己の脛の傷がもとでこれらを統制できず、むしろ外務省や総理大臣に収拾方を依頼する姿勢を見せ、第二次上海事変勃発を機に、ついにはドイツや宮中による収拾方を期待するに至った。

日本が、気が付けば、当時「支那事変」と呼ばれた宣戦布告なき総力戦、いわゆる日中戦争の泥沼に深くはまっていた背景を探れば、もちろん中国側の要因はあったであろうし、ソ連の思う壺にはまっていたのかも知れないが、日本側にも、とくに陸軍に、満州事変という己の脛の傷から自軍の内部統制をあきらめて外部の力に頼ろうとする甘さ、卑怯さがあったのである。

その結果、日本軍の軍律は、中支那派遣憲兵隊『軍事警察勤務教程』(1942年頃までの統計資料に基づく）の以下の記述のように崩壊していた。

> 「支那事変勃発当初すなわち南京陥落直後の頃においては、中支における軍人軍属の犯罪非行はすこぶる多く、特に対上官犯等悪質軍紀犯をはじめ、辱職、掠奪、強姦等のいまわしき犯罪頻発せるが……犯罪漸減の傾向は前述のごとしといえども、これを罪責別に観察せば、必ずしも良好とは言いがたく、すなわち逃亡、図免従軍[3]、自傷等、戦争倦怠嫌忌ないし凱旋待望等、士気戦意を疑わしめるもの、あるいは軍紀軍秩を破壊する下剋上的思想底流に基づく対上官犯増加、殊にその内容悪質化の傾向にあり、また掠奪、強姦等対支那人

3　計画的に従軍を免れること。

関係犯もその跡を絶たず、これらは皇軍の本質に悖（もと）り……まことに遺憾なり」（高橋 1982 年 447-448 頁）

さすがに軍隊の警察、憲兵隊だけあって、内容的に対上官犯、下剋上など、これまでに本章において見てきた満州事変における関東軍参謀による中央の統制違反、綏遠（すいえん）事件（内蒙工作）における関東軍参謀の参謀本部作戦部長に対する嘲笑・不服従と軌を一にする犯罪が日中戦争の前線各地で頻発し、後を絶たず、対上官犯の勇気のない者は、弱い者いじめ（対支那人関係犯）に逃げ、全般に、従軍を嫌っていた様子が、的確に把握されている。

なお、南京攻略戦に参加した第十軍の法務部『陣中日誌』の軍法会議記録によれば、上記の「対支那人関係犯」等は、南京陥落「直後」というよりも、それ以前、杭州湾から南京へ至る道すがらすでに頻発していたことが分かる（高橋 1982 年 45 頁）。

実は、1939 年 4 月から軍紀風紀の基本を管掌する陸軍省軍事課の編制班長をつとめた大槻章は、1937 年 12 月末、つまり南京陥落直後から 1938 年 1 月にかけて支那戦線の視察を命じられ、杭州、南京、北支に赴き、つぶさに戦線の実情に接した目で見て、各戦線ともに程度の差はあっても、いずれも軍紀風紀の弛緩、戦場道徳の退廃が問題にされていたことを証言し、この頃から、戦場道徳の乱れを正さなければならないという空気が心ある人々や業務上その衝にある人々の中に台頭してきたとしている（和田 1972 年 16-17 頁）。そして、それこそが、1941 年 1 月 8 日、陸軍大臣（東條英機）の名において示達された『戦陣訓』制定の背景であったという。戦陣訓は、「生きて虜囚（りょしゅう）の辱（はずかし）めを受けず、死して罪禍の汚名を残すこと勿れ」（戦陣訓其の二第八名を惜しむ）の一節だけが独り歩きして有名であるが、確かに、「神霊上に在りて照覧し給ふ」（戦陣訓其の二第一敬神〜神様が上から見ているぞ〜）、「敵産、敵資の保護に留意するを要す。挑発、押収、物資の燼滅等は総て規定に従ひ、必ず指揮官の命によるべし。皇軍の本義に鑑み、仁恕の心能く無辜（むこ）の住民を愛撫すべし」「戦陣苟も酒色に心奪はれ、又は慾情に駆られて本心を失ひ、皇軍の威信を損じ、奉公の身を過ぐるが如きことあるべからず」「深く戒慎し、断じて武人の清節を汚さざらんことを期すべし」(戦陣訓本訓其の三第一戦陣の戒第 6 号から第 8 号）などの訓戒が含まれていた。そして「軍法の峻厳なるは特に軍人の栄誉を保持し、皇軍の威信を完うせんが為なり。常に出征当時の決意と感激とを想起し、遙かに思を父母妻子の真情に馳せ、仮初にも身を罪科に曝すこと勿れ」(同其の三第一結語）と、戦陣訓には実際には法的拘束力はないのに、軍法会議をわざと連想させ、かつ、まるで父母妻子にまで迷惑がかかるというような曲解が生まれることも厭わない形で、言葉を選び、その徹底した遵守を図ったのであった。

中支那派遣憲兵隊も、陸軍省軍事課編制班長も、異口同音に指摘した南京陥落直後の軍律崩壊については、1938 年 1 月 4 日の軍人勅諭 56 周年に寄せて、大本営陸軍部幕僚長、閑院宮載仁親王の名で直々に中支那方面軍司令官松井石根大将に宛て「顧リミレハ皇軍ノ奮闘ハ半歳ニ近シ……然レ共一度深ク軍内部ノ実相ニ及ヘハ、未タ瑕瑾ノ少カラサルモノアルヲ認ム。就中軍紀風紀ニ於テ忌々シキ事態ノ発生近時漸ク繁ヲ見……惟フニ一人ノ失態ハ全隊ノ真価ヲ左右シ、一隊ノ過誤モ遂ニ全軍ノ聖業ヲ傷ツクルモノニ至ラン……茲ニ改メテ軍紀風紀ノ振作ニ関シ切ニ要望ス。本職ノ真意ヲ諒セヨ」(高橋 1982 年 446-447 頁、加登川 1985 年 16-17 頁）という内容の戦争指導課長河邉虎四朗の起草した戒告が送られた（河邉 1962 年 153 頁)。

これを受けた松井石根大将は、1938 年 2 月 7 日の上海派遣軍の慰霊祭の場でやおら立ち上がり、祭場に並み居る将兵を前にして、涙ながらに「お前たちは、せっかく皇威を輝かしたのに、一部の兵の暴行によって、一挙にして皇威を墜としてしまった。何たることを、お前たちはしてくれたのか。皇軍としてあるまじきことではないか。お前たちは今日より以降は、あくまで軍紀を厳正に、絶対に無辜の民を虐げてはならぬ（→コラム⑧)。それが、また戦病没者への供養となるであろう」と叱責した（花山 1949 年 229 頁、南京戦史編集委員会 1989 年 403-412 頁)。

しかし、将兵はこれを聞いて大笑いし、これに呆れた松井石根大将は、その後の極東国際軍事裁判においていわゆる南京大虐殺事件の責任を問われて死刑判決を受け、1948 年 12 月 9 日、誨教師に対し、「或る師団長の如きは『当たり前ですよ』とさえ言った。従って私だけでもこういう結果になるということは、当時の軍人達に一人でも多く深い反省を与えるという意味で大変に嬉しい」という言葉を遺し（花山 1949 年 229 頁）、従容と絞首刑を受けた。南京攻略戦に急遽動員された京都の第 16 師団の末端の兵士のひとりは「これで、日本は戦争に勝つ資格を失ったよ」という言葉を陣中日誌に残している。

すなわち、日本軍は、太平洋戦線において、アメリカ軍の手で物理的に敗北させられる前に、日中戦争の初期に、中国戦線各地において、すでに自らの手で内的に敗北していたのである。軍律を失った軍隊はもはや軍隊ではなく、盗賊や暴力団と変わるところがないからである。

軍律の問題は、まず、軍律にその原因を求めるのが筋である。そう考えれば、張作霖爆殺という殺人罪の不処罰、満州事変という反乱罪の論功行賞にその原因を求めることができる。『戦陣訓』に「幹部は熱誠以て百行の範たるべし。上正しからざれば下必ず紊る」（戦陣訓其の二第五率先躬行）という言葉があるが、まさに、百行の模範たるべき上が正しくなかった（例えば張作霖殺人事件についての陸軍大臣白川義則による虚偽調査報告公表＝隠蔽工作や満州事変という広い意味の反乱の首謀者の一人石原莞爾などを参謀本部作戦部長などにした宥和人事）が故に、下が乱れたのであった。

そして国際的な刑事管轄権というものが、本来的に主権国家の刑事管轄権を補完するものであること（この趣旨の国際刑事裁判所規程第 17 条は従来からの国際法原則の確認規定）に照らせば、日本が主権国家としてそのような日本刑法の適用を誤り、信賞必罰を怠ったことが、敗戦後、極東国際軍事裁判などで裁かれてしまう隙を作ったのだといえるのである。

さらにいえば、だからこそ、占領下に制定された日本国憲法第 9 条第 2 項に、国に対する刑事的な能力制限、つまり懲罰としての主権制限の性格があり、日米安保条約に保護観察処分の性格があると分析することに合理性があるのである。この分析では、自衛隊は刑務所から仮釈放中の保護観察下に置かれた軍隊に位置付けられる。

そうなってしまった原因を外国に求めるのは、満州事変の「功績」により参謀本部作戦部長に出世した石原莞爾が、自分では部下の物まね反乱を止められないので、外務省や、総理、ドイツ、そして宮中の助けを借りようとしたことに似て、卑怯（ひきょう）である。そういう甘えを続けている限り、日本は、刑罰としての憲法第9条第2項や保護観察としての日米安保条約から永遠に卒業できないであろう。

本書の考察は、日本が「永遠敗戦」とでもいうべき、戦後の刑事処分体制から更生して一人前の国になる道を示すためのものである。

コラム⑧　無辜の民を虐げてはならぬ（人道と人権）

なお、以上は、軍刑法と軍の紀律についての考察であるが、戦時国際法ないし国際人道法と呼ばれる分野の法とも無縁ではない。そして、近年では、国際人道法と国際人権法の接近ということが論じられる。

国際人道法違反は、通常、各国の刑法（軍刑法を含む）において犯罪として処罰規定を持っていることが期待されている。そして、それはそのまま重大な人権侵害に当たることも少なくない。なぜなら、国際人道法は、攻撃能力のある戦闘員ではない無抵抗の非戦闘員を殺傷することに対する、人間としての本質的な反発と嫌悪、いくら戦争でもそこまでするのは「忍びない」と思う惻隠の情に基づいているからであり、そういう惻隠の情は、個々の人間存在の最低限の尊厳すなわち人権の尊重に通じるからである。

個々の人間の尊厳について、日本軍と連合軍の姿勢に大きな違いにあったことを端的に示すイギリス陸軍航空連絡参謀の従軍記の記述がある。曰く、「日本兵の長所は劣悪な環境と粗食に耐えることで、英国兵やインド兵が同じ環境に置かれればたちまち病気に倒れるとよくいわれてきた。日本兵はとにかく辛抱強いと。しかし、彼らのスタミナに違いはなかった。日本兵も英国兵もインド兵も雨に打たれれば同じようにびしょ濡れになり同じように苦しんだ。マラリア、赤痢、チフス等の熱帯の病気は両軍兵士を同様に侵した。基本的な違いは、英軍傷病兵は個人として価値があり手当てを受けるべき存在だと認識されていたが、日本兵は病気になっても死ぬ前になるまで病人とは見做（みな）されず、病人は弱虫として軽蔑されたことであった。英軍は傷病兵の看護に手間をかけて司令部との連絡に支障を来たしたが、日本軍にそんな問題は存在しなかった。その代わり、英軍傷病兵の多くが戦闘に復帰し、日本軍傷病兵はそのまま餓死するに任された。病院や補給に手間を割いていたら、インド侵攻作戦は不可能であった」……「（日本軍将校）は無慈悲にも部下の兵隊に、それがもし英国兵であれば誰も到底承諾しないような任務、ときにはおよそ人間の耐えることのできる限界を超えた任務に駆り立てた。そのすべてに日本兵はためらうことなく服従した。汚れ、空腹、懲罰は日本兵の従軍生活の日常であり、娯楽などは、ひょっとすると時々慰安婦を抱きに行くこと以外にはほとんど期待できず、その束の間の快楽でさえも階級に応じて差別された」（Barker, 1964, pp. 76-77）。その奴隷のような日常は、日本兵一人一人の軍人手帳（警察官の警察手帳のようなもの）に印刷され暗誦させられていた『軍人勅諭』（1882年1月4日陸軍省達乙第2号）の「只々一途に己が本分の忠節を守り、義は山嶽よりも重く、死は鴻毛よりも軽し（命は鳥の羽根よりも軽い）と覚悟せよ」といった訓戒の価値観に通じていた。そして日本軍にとって一般市民は兵以下で、兵につくすべき存在であった。ましてや占領地住民や敵国人においておや。

もちろん、日本軍にも従軍看護婦がついていたし、この従軍記の主題であるインパール作戦中も、補給が続かないという理由で中止された作戦もあり、無茶だと思う命令には従わない部隊もあった。そして連れて歩くことのできない傷病兵は、往々にして、そのまま見捨てて行くのは「忍びない」という理由で戦友の手で慈悲の心で涙を呑んで殺されたのである。日本兵にとっては、それが人道であり、戦友の尊厳を守る行為であった。ただ、ポイントは、イギリス軍やアメリカ軍の視点で一般的に見れば、それは、およそ不可能な作戦を日本軍が敢行し、無茶な命令に兵隊が従った結果であった。不可能な戦争の遂行という点では、それはインパール作戦のような局地戦ではなく日本の大東亜・太平洋戦争そのものの基本的な性格といってよいのだが、それは、日本兵の超人的な辛抱強さによって可能となったというよりは、人間を使い捨ての道具のように扱う日本軍の驚くべき人命軽視によって初めて可能となったというのが引用文の趣旨である。個々の人間の自由と人権と民主主義を尊重する国であれば、およそ受け入れられるはずのない、あり得ない犠牲を強いることのできる国が日本だったと。

一面、イギリス軍の見方は、まるで過酷な年貢の取立てと飢餓地獄に苦しむ極貧の村の土一揆あるいは奴隷の反乱の鎮圧に当たった代官の感想のように聞こえるかも知れない。そして、日本には、実際に、自国の戦争を、そういう「追い込まれた」極貧の村で奴隷のような生活を強いられてきた人間のやむにやまれぬ現状打開のための戦争であったと説明する人がいる（例、安倍晋三総理の2015年8月14日の談話）。ただ、そもそも日本は別に過酷な年貢の取立てに苦しむ植民地ではなかったので、「追い込まれた」理由は、本章、とくにコラム⑦「満州に対する執着」をもう一度よく読んで考えなければならないだろう。日本はどこでボタンを掛け違ったのか？というのが、本章の基本的な問いかけである。

また、日本人であれば、誰でもアメリカ軍による広島と長崎への原子爆弾の投下を新型兵器の人体実験と見て、そして東京、大阪、名古屋から各地の中小都市に至る焼夷弾爆撃も含めて、それらを非戦闘員に対する非人道的な犯罪として、糾弾する心があるであろう。そしてアメリカ軍側の、日本本土上陸作戦で見込まれるアメリカ軍の死傷者を減らす目的で無辜（むこ）の民に対して原爆を使用したという正当化に憤るであろう。焼夷弾（ナパーム弾）も原子爆弾も、まだ国際条約（国際人道法）

では禁止されておらず、いずれもすでに禁止されていた毒ガス兵器の代わりに開発、使用されたものだったとしても、それは、麻薬が禁止されていても、まだ麻薬に指定されていない危険ドラッグならよいのかという問題に似て、納得がいかない人は多いと思われる。

ただ、アメリカとしては、少なくとも自国の兵士の生命身体をできるだけ守ろうとしていた。それどころか、次のような質問が飛び出す。日本国民を防衛する能力を失った段階で日本はなぜ降伏しなかったのか？と。実際のところ、日本の大本営陸軍部（参謀本部）戦争指導班は、1944年6月（降伏の1年2ヵ月前）、このままでは国民大衆の絶大なる死傷を避けられず、ひいては国体の堅持をも危うくするとして、戦争終結へ舵を切るように、近衛前総理大臣に頼みに行っているので（近衛日記編集委員会1968年19-20頁）、この質問は当を得ている面もあるのである。そして、そんな状態で勝つ見込みもないのに日本の一般国民に多大の犠牲を強いながら戦争を止めなかったのは日本の指導者の責任であって、アメリカが責められるいわれはないと。日本人の人権を一番無視していたのは日本の指導者ではないか？という訳である。そして、自国民の人権でさえ認めない国であれば、外国人、あるいは日本にいる言語的人種的少数者に対しても、人権を尊重するわけがないと。

非戦闘員のいわれなき殺傷は犯罪であり、誰であれ、正当化はできない。

しかし、それはそれとして、日本の指導者が狭い官僚組織の中のいじましい生存競争に勝ち残るために汲々として日本国民を含め他人の人権を全く無視していたという根本問題が最も顕著に顕（あらわ）れたのが、あの戦争であったといえるのではないだろうか。

3　「支那事変」（日中戦争）から「大東亜戦争」（太平洋戦争）へ

(1)　船頭多くして船山に登る

ドイツの調停による日中和平を拒絶した後、対米英開戦に至る日本の軌跡は、まさに「船頭多くして船山に登る」の観がある。1938年1月から1941年12月まで、実に、総理大臣だけでも近衛（公家）、平沼（検察）、阿部（陸軍）、米内（海軍）、近衛（公家）、東條（陸軍）とわずか4年の間に5人の総理が努め、総理1人平均9ヵ月半の在任であった。ただ、そのうち明治になって新たにこしらえた爵位や官僚のキャリアなどとは別次元の日本の本物の世襲貴族、摂関家筆頭、近衛さんが2度も総理に（第三次近衛内閣を入れて3回）なったところは、大正の西園寺の例や敗戦直後の東久邇宮（ひがしくにのみや）を視野に入れても、明治維新以来、例外的な現象といえる。しかも、残りの4人が、元検事総長と陸海軍の軍人ばかりなのだから、よほど物騒な世の中であったことが窺（うかが）い知れる。そういう殺伐（さつばつ）としたご時勢に、京都のお公家さんを首班にしたところで、「幕府」すなわち陸海軍がしっかりしなければ、あっちへふらふら、こっちへふらふら、手の鳴る方へ、船頭多くして船山に登ったとしても、無理はないというべきであろう。

さて、多田駿（はやお）参謀次長や石原莞爾らとしては、ドイツの懸念と似て、日本と中国の戦争でソ連が漁夫の利を得る危険を恐れていたのだが、こうして日中戦争が泥沼状態に陥ると、ついに恐れていたようにソ連軍が動き、1938年7月29日から8月11日にかけて張鼓峰事件（ハンカ湖事件）、翌1939年5月から9月にかけてノモンハン事件（ハルキンゴル事件）が発生した。当時のスターリンの大粛清の過剰な防衛心理からすれば、対日牽制、極東ソ連軍の腕試し、日本軍の弱体化の程度の査定などの目的を兼ねていたように思われるが、日本軍人は、あらためてソ連軍の脅威を思い知らされることとなった。ソ連の脅威は、関東軍の防疫給水部731部隊等による生物化学兵器の研究開発および生体実験を促すと同時に、日独防共協定の強化を模索させた。

一方、日中戦争の長期化は必然的に財政を圧迫したため、1940年3月30日には陸軍省と参謀本部は、一旦、翌1941年1月1日から、一方的に支那派遣軍を万里の長城と上海租界まで段階的に撤兵させて解散する方針に合意した。しかし、1940年5月のドイツ軍の西ヨーロッパへの攻勢でオランダやフランスが下敷になりイギリスの将来も危なくなると、今度は、フランス領インドシナを通って、石油やゴムなどの天然資源の豊富なオランダ領東インド諸島（現在のインドネシア）や英領マラヤなどを制圧して、長期化する日中戦争の兵站を支える構想が急浮上した。日本は、ついに、その誘惑に負けて1940年9月の北部仏印進駐に至り、米英との緊張が一気に高まった。そして、皇室にも近い旧摂関家筆頭の総理には、皇室の権威をもって軍部を抑える役割が期待されていたのだが、これは、近衛さんのお公家さんらしい遠回しでおっかなびっくりの舵取りのもとで果たされず、かえって国策は混乱した。

1940年9月27日の日独伊三国軍事同盟、翌1941年4月13日の日ソ中立条約、1941年6月22日のドイツ軍のソ連侵攻という事態の急変を受け、1941年7月2日の御前会議がドイツの期待を無視して「対米英開戦を辞せず」さらなる南進を議決すると、この情報をいち早くつかんだチャーチルの意向と、従前からの蒋介石・宋美麗の「アメリカの対日石油輸出一滴は、中国兵の血の一滴」というレトリックが、アメリカを動かして、対日石油輸出を禁止せしめた。日本海軍の軍令部としては、アメリカは対日交渉で対日戦争準備の時間を稼いでいると見て、その間に日本の石油の備蓄が枯渇して海軍の行動能力が失われてからアメリカに攻め込まれたのでは遅いので、その前にアメリカを撃つ作戦を真剣に検討し始めた。もちろん、海軍は政治には関与しないので、政治家が不戦を決めれば話は別であるという大前提の下での話ではあった。そして、陸軍の統制、軍律回復のために何が必要かは大きな課題とはならなかった。

⑵　対米戦争—陸軍の本音

そして、1941年9月6日、いよいよ御前会議で同年10月上旬に至っても外交手段をもって米英に対し日本の要求を貫徹する目途が立たない場合には直ちに米英に対し開戦を決意することが正式に決まり、所定の外交的決着の目途が立たないまま徒に月日が過ぎ、10月3日と10月11日には、ワシントンの野村大使から近衛・ローズベルト会談の見通しにつき厳しい回答が届いた。当時の陸軍省軍務課長、佐藤賢了によれば、1941年10月11日、内閣書記官長富田健治から陸軍省軍務局長武藤章に電話で、翌12日に近衛文麿総理の私邸、荻外荘において総理、陸相、海相、外相＝海軍大将、企画院総裁[4]＝陸軍中将の五相（大臣）会議（図8－6）の開催の打診があり、その趣旨は開戦決意を話し合うべき大本営政府連絡会議の前の政府側の打ち合わせということで、それは、陸軍大臣東條英機にとっては思惑が外れたようであった（佐藤1976年208頁）。それはどんな思惑だったのか。

その少し前、『海軍戦争検討会議記録』という海軍側の戦後の反省会によれば、当時、支那派遣軍総参謀長の後宮淳中将（陸軍士官学校17期生で東條と

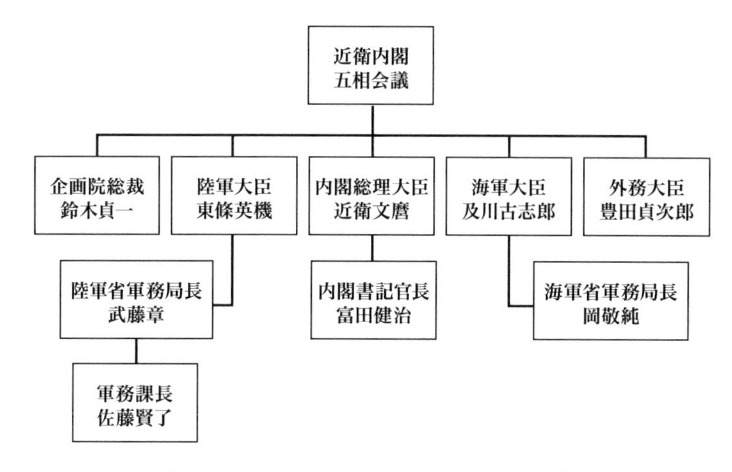

図8－6　1941年10月12日　五相会議

同期）が海軍大臣及川古志郎に会いに来て「撤兵は賛成ですから、よろしく願います」と頼み（新名1976年125-126頁[5]）、支那派遣軍総司令官の畑俊六大将本人も、在南京（汪兆銘政権）日本特派大使青木一男を通して、内閣書記官長富田健治に「撤兵賛成」を伝え、それは海軍省軍務局長岡敬純にも伝えられた（新名1976年126頁[6]）。内閣書記官長と陸海軍省の軍務局長は、総理、陸相、海相をはじめとする五相会議の準備を打ち合わせしていた。これについて『杉山メモ』は、軍令部総長永野修身が、10月9日の連絡会議（？）において、参謀総長杉山元に、「富田（内閣書記官長）が海軍（岡軍務局長）に『海軍から戦争は出来ぬといふてくれんか？』」といってきたが「そんなことが言へるものか」と返事したと話したという（参謀本部1967年351頁[7]）。当時の

4　戦後の経済企画庁長官の前身。日中戦争という総力戦のための経済総動員を企画立案し、戦時統制経済を一元管理する経済の参謀長とでもいうべき存在。イギリスの常識なら、このような重要閣僚会議に大蔵大臣（現在の財務大臣）は欠かせないが、当時の大蔵大臣小倉正常（元住友総理事、住友財閥の元締め）は自由主義経済志向のため嫌われ、外務大臣が海軍大将であったことから、陸軍中将が経済を担い、陸海軍がバランスを保つ人選となったといえよう。

5　1946年1月22日及川古志郎談。

6　1946年1月22日澤本頼雄海軍次官（当時）談。

海軍大臣、及川古志郎によると「海軍にて反対することを頼み込みしは……(10月7日？) 自分のところへ東條さん（陸軍大臣東條英機）来たれり。富田書記官長のこともありたり」(新名1976年180-181頁）と。

つまり、陸軍大臣東條英機の思惑は、海軍の方から対米英戦争は不可といってもらって、事態を収拾するということだったように見受けられる。

実際、佐藤賢了によると、1941年10月11日の富田書記官長から陸軍の武藤軍務局長への電話の後、再度の電話があり、翌日の五相会議では海軍大臣及川が「(和戦の一件は）総理一任」という予定だと伝えてきた。これに対して、武藤軍務局長は、「もし海軍が戦争をするのがイヤなら、はっきりそれを海軍の口から云ってもらいたい。そうしたら陸軍部内の主戦論をおさえる」と応えた。

その報告を聞いて東條英機陸相は「海軍は妙だなあ。どうも及川（海軍大臣）の態度がおかしいと思っていたのだが、どうしてここにきて責任転嫁みたいなことをするのかなあ」とつぶやいた。

そこへ再び富田書記官長から武藤軍務局長に電話が入り、海軍の岡軍務局長とは話がつかないので、陸海軍で直接話し合ってくれと頼んできたため、武藤局長は、そのまま岡局長に会いに出かけたが、結局決着がつかなかった(佐藤1976年209-210頁)。そして、そのまま、1941年10月12日の荻外荘（てきがいそう）五相会議に臨んだのであった。

要するに、ちょうど、かつて盧溝橋事件の事変化の頃の石原莞爾がやったように、東條英機も陸軍の責任を棚に上げて、外野の海軍に時局の収拾方を水面下で依頼したわけである。もちろん、陸軍としては、支那事変拡大のきっかけは、北支（華北）事変よりも、第二次上海事変において敗北した海軍（陸戦隊）が陸軍の救援を求めたことにあるという認識があったからだと思われる。しかし、海軍にしてみれば、すべては満州事変、いや張作霖爆殺から始まっていた（新名1976年12頁)。

7　1941年10月14日杉山元と東條英機の「雑談」の中で。

(3)　1941年10月12日の五相会議（荻外荘）

こうして迎えた1941年10月12日の五相会議の模様は、参謀本部の記録『杉山メモ』(1966年345-347頁)、陸軍省側の当時の佐藤軍務課長による再構成2種類（1966年166-169頁、同1976年210-212頁)、そして近衛総理の回想（1946年151頁）などがある。ここでは、細かな言い回しにこだわらないで再現を試みてみたい。

まず、冒頭近く「アメリカとは戦えない」と発言することが期待されていた海軍大臣及川古志郎が、前日の軍務局長折衝の通り「和戦の一件は総理大臣に一任したい」と下駄を近衛総理に預けた。

すると、近衛総理が発言する前に、これを予期していた東條陸相が割って入って「日本では統帥は国務の圏外にある！[8]」と一喝、「御前会議で決まったことについては、政府と統帥部の意見が合って、それから陛下の御裁断を要する」という憲法手続論で総理の裁定を封じ、外務大臣の豊田海軍大将に向かって「日本の条件に添って統帥部の要望する期日までに外交で解決する確信が持てるのならば、戦争準備を打ち切り外交をやるのもよいが、それは、この東條が、納得して戦争準備を止められるような確信でなければならない。そういう確信なくして総理が勝手に決めても、それだけでは戦争準備は止められない。外相にそんな確信がありますか？　ただやってみるという外交では陸軍としては迷惑千万である！」と激しく外務大臣（海軍大将）を責め立てた。

これに豊田外相は、「交渉というものは相手方のあることで、それが妥結するかどうかは条件次第である。現在の日本側の主張する条件のままでは妥結は難しい。ただし防共駐兵の条件にあやをつければ妥結の見込みはあると思う」と述べた。

東條陸相「防共駐兵を譲れば、支那事変はすべて水泡に帰する。問題が極めて重大なので陸軍としてはにわかに同意できない。しかし、

8　帝国憲法第11条「天皇ハ陸海軍ヲ統帥ス」に依拠して、陸海軍は、政治（内閣）から超然とすること。

これを譲れば確実に交渉妥結するという確証があるのか？」
豊田外相「遠慮ない話を許されるならば、御前会議御決定は軽率だった。」
東條陸相（怒り）「そんなことは困る！　重大の責任で決めたのだ！」（外交交渉妥結の確証はあるかと問われると、直接答えないで戦争回避手段を外交手段による日本の要求貫徹にのみ限定した御前会議決定そのものが軽率だったという外相の逃げ口上に怒り、また陛下の御前で決めたことを軽率と云い放つ無責任さに怒り、二重の怒りであった）。
近衛総理「戦争は、1年、2年のことなら見込みはあるが、3年、4年となると自信はない。不安がある。」（これは近衛総理が事前に山本五十六連合艦隊司令長官の見解を伝え聞いた結果の発言であった。同時に、1941年9月6日の第6回御前会議の前日の次のやり取りも踏まえていた。即ち、天皇陛下が杉山参謀総長と永野軍令部総長を非公式に呼んで、「マレー上陸作戦は予定どおり行くか？」と問われ、杉山参謀総長が「はい」と答えると、聖上（おかみ）「どれくらいで片付くか？」杉山「5ヶ月程にて」聖上「杉山、そちは支那事変勃発当時陸軍大臣であったが、その当時1ヶ月で片付くと申した。あれから4年も経つが、未だに片付かんではないか？」「支那は奥が広うございまして……」と杉山総長が言い訳すると、陛下は「太平洋は支那より広いではないか？」と問われ、杉山がまだ色々と言い訳を並べようとすると大声で「絶対に勝てるか？」と一喝、杉山が冷汗を拭きながら「絶対とは申しかねます。しかし……」となおも言い訳を続けようとすると、陛下は大声で「ああ、もう分かった！」とこれを遮（さえぎ）り、杉山の下手な言い訳はもうウンザリであるという態度を示された〔近衛1946年148頁、参謀本部1967年310-311頁、伊藤2000年557頁〕。東條陸相もその場にいたので、近衛のいわんとするところは分かっていたはずである。）
東條陸相「そんな問題はこの前の御前会議の時に云うべきことだ。すでに各角度から責任者が研究し、その責任の上にたって決めたことで、そんな無責任なものではない。」
近衛総理「今、どちらかでやれと言われれば、外交でやると言わざる

　を得ない。戦争には私は自信がない。」
東條陸相「これは意外だ。戦争には自信がないとは、何ですかそれは!?
　そんなことは、この前の御前会議で言うべきことだ」

と近衛総理の言葉尻をつかまえて怒りを爆発させ、

東條陸相「細部にこだわれば、駐兵問題は陸軍としては一歩も譲れない。
　まず退却ありきでは陸軍はガタガタになる。日支条約（汪兆銘政権との条約）の通りにやる必要があるのだ。駐兵所望期間は永久の考えである。戦争準備を打ち切って、外交をやってみたところが、後でうまくいかなかったから戦争を頼むといわれても、支離滅裂となる」

と述べた。

　この最後の部分は、10月9日の連絡会議で、海軍の永野修身軍令部総長が、「作戦で解決してくれというのなら、一番都合のよいときにやるように、いま決心してほしい。外交交渉をなお続けるというのなら、もう戦争はやらんでもよいようにしてもらいたい。いま、戦争を決心せず、交渉を続けて作戦の好機を逸してから、わしらにやれといわれても引き受けられない」(佐藤1976年207頁）と述べたことに似ている。そして、最後に東條陸相はようやく次のような本音に触れた。

東條「吾輩は、今日まで軍人軍属を統督（とうとく）するのに苦労してきた。輿論（よろん）も、
　青年将校の指導も、どうやればどうなるか位は知っている。そういう風に下の者を抑えているので、軍の意図するところはいわせてもらう。陛下の御前であってもだ」と。

　これは、二・二六事件のような陸軍青年将校の反乱を匂わせた脅しにも聞こえる。
　では、このときの東條陸相の血気盛んな「青年将校」に手を焼いてきた経

験上、何を「どうやればどうなるか位は分かる」云々という発言は、例えば、後にポツダム宣言の受諾をめぐり、阿南惟幾陸相が、むしろ御聖断をとりまとめるために、強硬論を主張して畑中健二少佐ら青年将校の暴発を防止しようとしたことと同じ陸軍大臣の責任を説明したつもりだったのだろうか？

しかし、その席上、東條発言を聞いて、企画院総裁の鈴木貞一陸軍中将は「欧州情勢を検討しなければならない。ドイツとイタリアが単独講和をやることは困る」といった。要するに「日本単独でアメリカと戦争する覚悟はあるのか？　日本の作戦は、あくまでもドイツとイタリアにかかっているのだぞ」と頭に血の上った東條をたしなめたのである。陸軍大臣の発言を聞いて同席した陸軍中将が眉をしかめたといってよい。

従って、東條発言は、単に「俺は永田鉄山のように陸軍の下の者に殺されるのは御免だから、海軍大臣よ、お前が責任を取れ！」という自分勝手な責任転嫁の恐喝であり、自分の思うように海軍大臣がいってくれないのでゴネるダダッ子のような振る舞いであったというべきであろう。その証拠に、戦争に負けたとき、阿南は切腹したが、東條は死に損なった（→コラム⑪東條英機と軍律）。佐藤賢了は、東條が、東京裁判に至ってもなお、このときの及川海相（不逮捕）の煮え切らない態度にいつまでもいつまでも恨み言をいい続けていたことを回想している（佐藤 1976 年 212 頁）。

⑷　海軍の思惑

当の海軍大臣及川古志郎は、戦後の反省会で井上成美（1941 年 8 月まで海軍省航空本部長、荻外荘会談時は内南洋担当の第四艦隊司令官）から「なぜ、（米内光政のように）アメリカとは戦争できぬとハッキリいわなかったのか？」と突き上げられて、次のように述べている。

> 「私の全責任なり。海軍が戦えぬといわざりし理由、二つあり。第一は、情況異なるも、谷口尚眞大将、軍令部長のとき、満州事変を起こすべからずといい、大臣室（海軍大臣室）にて東郷平八郎元帥より面罵されしことあり。谷口大将の反対理由は、満州事変は結局対英米戦

となるおそれあり、これに備うるため軍備に35億円を要するところ、わが国力にては、これは不可能なりというにありしが、ロンドン海軍軍縮条約以後、加藤寛治大将（ロンドン軍縮会議当時の軍令部長で、条約批准は統帥権干犯つまり違憲と考えたからか、辞表を総理にではなく直接陛下に提出した）と谷口大将は、先鋭に対立せしを以て、加藤大将が元帥にいわしめたか、元帥は『谷口は何でも弱い』といわれしことあり。この折りは『軍令部は毎年作戦計画を陛下に奉っておるではないか。いまさら対米戦できぬといわば、陛下に嘘を申し上げたことになる。またこの東郷も毎年この計画に対し、よろしいと奏上しているが、自分も嘘を申し上げたことになる。今さらそんなことがいえるか？』とて面罵されたりと。このことが自分の頭を支配せり。第二には、澤本頼雄君（荻外荘会談当時の海軍次官）のいわれし『近衛さんに下駄をはかせられるな』という言葉あり。当時、海軍にて非常に警戒せしものにして、軍令部よりも、軍務局よりも、注意せられたり。この二者により、今より考えれば不可なりしならんも、近衛総理に『海軍にて陸軍を押さえうると思わるるか知れざるも、閣内いっしょになり、押さえざれば駄目なり。総理が陣頭に立たざれば駄目なり』といいたり。荻外荘会見の二日前、鎌倉の別荘に呼ばれし折りのことなり。さような関係にて、東條より（海軍から戦争はできぬと言ってくれないかと）申込みありし際も、海軍として返事すべきにあらず、総理解決すべきものなりといえり。即ち海軍としては、近衛に一任せしにあらずして、近衛を陣頭に立てんとするものなり。」（新名1976年179-180頁）

これは、海軍でも「満州事変」が大きな負の遺産を遺していたことを示す証言である。ただし、「満州事変起こすべからず」ということは、1931年9月18日の関東軍参謀の抜け駆け満州事変を予測したのではなく、むしろ参謀本部の方の『満州問題解決方針の大綱』(本章冒頭に今村均証言の中で言及した計画）に沿って、参謀本部の方から海軍と外務省に事前相談があったのだと

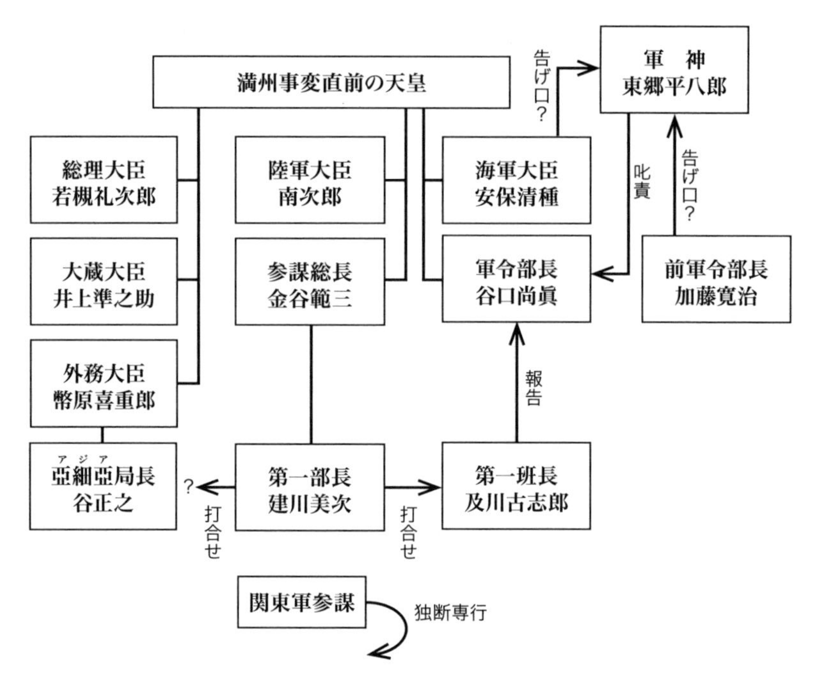

図8－7　1931年8月～9月　満州事変直前の日本指導部

思われる。つまり、先の張作霖爆殺事件の前史として、山海関一個師団上陸計画（図8-3、184頁）が、まず外務省、参謀本部、海軍軍令部の局、部、班長間で稟議（りんぎ）されたように、同レベルの三者協議があったのであろう。海軍軍令部からそれに出席したのが及川古志郎第一班長であったかどうかは別としても、その報告を受けた谷口尚眞（なおみ）軍令部長から安保（あぼ）清種海軍大臣へ話があり、その大臣室での話になぜか東郷平八郎元帥が同席して谷口を罵倒したということではなかろうか。それとは別に、現実の関東軍の抜け駆け「満州事変」を事前にとめるチャンスが海軍にあったとは考えにくいが、少なくとも事後的には、9月19日の緊急閣議で安保清種海相にその気さえあれば、かつて山海関一個師団上陸計画の閣議での当時の岡田啓介海相のように対米戦用の海軍予算請求をなし、もって不拡大方針どころか、幣原外相の披露した奉天総領事の電報を基に、真相究明、ひいては張作霖殺害以来の課題であった厳重処罰を要求することも不可能ではなかったであろう。いずれにせよ、日本海海戦で舞い上がった海軍の「生き神様」東郷平八郎は、現役の社長を叱る、昭和の日本企業の会長・相談役の如きであって、海軍首脳を大いに萎縮、姑息化させたようである。

それはそれとして、荻外荘会談での総理一任戦術に関する及川海相の説明そのものは、例えばイギリスの内閣の集団（連帯）責任を前提とすると、それは一見正論に聞こえなくもない。すなわち、内閣の集団責任は、閣議で仮にＡ大臣とＮ大臣が罵倒し合うほどの激論を交わしたとしても、その結果得られた閣議決定に対しては全閣僚が一致して集団で責任を負い、連帯してこれを執行する制度であるからである。従って、陸軍としても海軍がアメリカとは戦争できないのなら無理強いはしないという肚ならば、海軍が決めるとか、陸軍が決めるという、責任のなすりつけ合いは止めて、内閣全体の責任で非戦を決めればそれでよいはずだという考え方である。それは、たとえ、東條陸相が実際に五相会議で述べたように、当時の日本ではイギリスと異なり、仮に統帥権が独立していて、内閣の一存では戦争か平和か決められない制度だったとしても、とりあえず内閣が内閣として一致した結論に至っているという団結を示し、その上で、果たして連絡会議や御前会議の場で、統帥部が何をいい出すか聞いてみて、異論があるなら、陛下の御前でこれを説得してみればよい話であったように思われる。

さらに、イギリスの内閣の連帯責任（幡新 2013 年 221 頁）をもっと深く研究すると、それは閣議決定に至る前の閣議の内容については、閣僚の発言の自由を保障するために、全員が守秘義務を守るというルールに支えられており、閣議の場で、何大臣がどういう発言をしたかということは、閣外（大臣の代表する省庁等を含む）に漏れず、仮に閣議の場で海軍大臣が「アメリカと戦争はできない」と発言したところで、そのために海軍大臣の立場が海軍省において危うくなるとか、海軍大臣のせいで陸軍の責任が海軍に押し付けられるとか、新聞で海軍大臣発言だけが取り上げられて、それを読んだ暴漢に国賊として刺されて殺されるなどということの起こらないように、全閣僚が集団で責任を負うのである。従って、イギリス式の内閣連帯責任で考えるのであれば、及川海相としては、やはり、あくまでも海軍はアメリカとは戦争できないとキッパリと明言すべきであったということになるであろう。なぜ、及川海相がそういう責任ある発言を避けたのか、についての戦後の反省会における言い訳は、イギリスの内閣連帯責任と表裏一体をなす閣議の守秘義務の徹底していない、陛下（または国）の国務大臣が代表官庁の閣議における代理人に身を窶しやすい日本の、戦後も変わらない、悪しき因習を前提としている。

陸軍も、支那派遣軍の撤兵など、本来陸軍内部で話をつけるべき話を外部の海軍の責任で進めようという魂胆では、先に石原莞爾が同様の姑息な方法で盧溝橋事変の事変化を回避できなかったのだから、同じ方法で、対米英戦争を回避できるわけがなかった。

ただ、10月12日の荻外荘での五相会議の直後に佐藤賢了陸軍省軍務課長は東條英機陸相に面白いことをいったという。

佐藤「大臣、海軍は必勝の信念に動揺があるのかも知れません。が、それを（大本営・政府）連絡会議や御前会議で、カミシモを着た席では海軍の口から云えないのではないでしょうか？　私が席を設けますから、陸相、海相、参謀総長、軍令部総長の四人で、肩の凝らない場所で、ドテラがけで、盃を手にしながら懇談してはどうですか？」

東條「なにを懇談しろと云うのかッ!?」

佐藤「なにをって、戦争するかせぬかですよ。今度の戦争は、まかりまちがえば国を亡ぼす。太平洋の主人公は海軍だ。君らにほんとうに自信があるかどうか。ほんとうに戦争してもよいと思うかどうか、もし君らが嫌なら君らの口から戦争出来ないと云ってもらいたい。僕の口から非戦論を唱えよう、と切り出してみたらどうでしょうか？」（注、佐藤は、海軍相手に、東條陸相の口から非戦論を唱えるといってみてはどうかと示唆している。）

東條「永野（軍令部総長）も及川（海軍大臣）も出席した御前会議で、日本の目的が通らなければ開戦に決意をすると決め、荻外荘でも及川が戦争が嫌だとか、自信がないとか云わないのに、ドテラがけで

　ならそんなことを云うと思うのかッ!?」
佐藤「サァなんと云うか？　そこがカミシモ脱いでの相談ですよ。」
東條「国の大事を待合政治で決めろ、と云うのかッ!?」

と、取りつく島もなかった（佐藤1976年217頁）

実は、この件は、佐藤賢了は色々な場面で繰り返し主張しており（佐藤1966年170-171頁）、佐藤賢了本人としては、この海軍側との飲み会で陸軍の方から非戦論を唱えてみて、海軍の本音を吐（は）かせてみることを良案と固く信じていたことは疑いないと思われる。

もちろん、ドテラを着て和室でくつろいで酒を飲みながら、というやり方が、常にどの相手にも通じるとは思わないが、日本人同士、本音を吐かせるには、一定の合理性のある提案だったかも知れない。それは、ちょうどイギリス人が公式の閣議における言論の自由を非公開・守秘義務で守り、決定について全閣僚が集団で議会に対し連帯責任を負う制度を発達させた理由こそ、閣議において本音をぶつけ合うためであったように、日本の非公式の根回しの本来の趣旨も、本来、本音の議論を可能にするところに狙いがあるはずだからである。東條としては酒の席こそ使わなかったが、すでに支那派遣軍や軍務局長による水面下の根回しだけでなく、自ら陸軍大臣として及川海軍大臣とも非公式折衝を行っており、「何を今更」の観があったのであろう。違うのは、公式の場で陸軍大臣の口から非戦論を唱えようということを先に非公式折衝で約束して相手の本音を引き出す、そのただ一点だけである。そして、それこそ、佐藤提案の味噌であった。それができる男であったならば、誰も東條を非難しないであろう。

(5)　1941年10月14日の閣議と近衛内閣総辞職

10月14日の閣議前にも、近衛総理は改めて東條陸相との非公式協議を試み、日露戦争（→コラム⑨）、とくに日英同盟とアメリカの居中調停（mediation）によるポーツマス講和について東條陸相の注意を喚起し、「日本がこの英米両国を相手に戦争をするとすれば、一体、どの国が間に入って講和を調停してくれるというのか？」と問うた（近衛 1946 年 152-153 頁）。1945 年 5 月のドイツ降伏後、日本がソ連を介した終戦工作を試みて失敗したことから考えると、まさに的確な質問であった。これに対し、東條は「あなたは余計なことを知り過ぎているから、最初からまだ始まってもいない戦争の終え方を心配するので、戦争というものは、やってみなければ分らない。日露戦争を始める前に誰が、日本が勝てると思いましたか？　しかし、それでも、実際にやってみたら勝った。アメリカにはアメリカの弱みというものがあるはずです」（近衛 1946 年 153 頁）と、あくまでも主戦論の姿勢を崩さなかった。閣議では「米国の主張にそのまま屈服したら、支那事変の成果を壊滅するものだ。満州国をも危うくする。更に朝鮮統治も危うくなる……撤兵は退却です……防共駐兵は心臓であり、これまで譲ればそれは降伏です」とあくまで防共駐兵にこだわった（参謀本部 1967 年 349 頁）。それでも近衛総理は諦めず、「近衛の顔など見たくもない」という東條を相手に、間に入った鈴木貞一企画院総裁を通して非公式協議を続け、その過程で、東條は、海軍の肚（はら）が決まらないのならば、10 月上旬と期限を切って対米英開戦を決意することにした 9 月 6 日の御前会議の決定は覆るので、この点で輔弼（ほひつ）責任[9]を尽くし得なかった内閣も統帥部も総辞職して、これまでの国策をご破算にして練り直すしかないが、そんなことができるのはもう臣下にはおらず、宮様しかおられないと、後継総理として東久邇宮稔彦王（ひがしくにのみやなるひこ）を提案した（近衛 1946 年 154 頁）。

この東條とのやりとりの結果、近衛総理は木戸幸一内大臣、東久邇宮稔彦王そして陛下にこのように国策を練り直す方針を伝えて、10 月 16 日、内閣

9　輔弼とは、帝国憲法第 55 条「国務各大臣ハ天皇ヲ輔弼シ其ノ責ニ任ス。凡（スベ）テ法律勅令其ノ他国務ニ関ル詔勅ハ国務大臣ノ副署ヲ要ス」から来ており、字義的には天皇の行政権の行使を「輔」＝「補佐」し、「弼」＝「側から正しく支える」意味で、たとえ過誤があってもそれは側で補佐し正しく支える側近の責任で天皇に責任はない（帝国憲法第 3 条「天皇ハ神聖ニシテ侵スヘカラス」）という体制。永井和は戦前の日本の国家的意思決定構造を「輔弼親裁構造」と呼び（永井 2003 年 409 頁など）、その本質を「側近政治」、「番頭政治」と表現し（454-456 頁）、「アジア的デスポティズム」（専制、独裁制）の近代的転生形態（409 頁）としている。政治的実態として妥当な見方かと思われる。

を総辞職した。確かに、その3人のうち誰もこの案に明確に賛成していた者がいなかったため、よく近衛は「政権を投げ出した」として非難されている。しかし、それは、いささか言葉が過ぎるかも知れない。

佐藤賢了によると、東條は、16日夜には自分が次期総理大臣に任命されるという情報を得ていたが、全く信じられず、すでに陸相官邸から玉川用賀町の私宅へ引越しを始めていたという（佐藤1966年177頁）。旧盛岡藩の能楽師の孫に当たる東條英機としては、幕末、京都守護職会津藩主松平容保（かたもり）方について長州勢を京都から追放した尊融親王（のちの久邇宮朝彦親王）の血筋である東久邇宮稔彦王を総理に頂いて、自分は退くつもりだったようだ。おそらくアメリカに屈服する政策に与する気はなかったのであろう。はじめからそれが（偶然）日本軍の紀律の回復のために必要な措置だという認識もなかった。

東條も、結局は、海軍に下駄を預けようとしてうまくいかないので、今度は、宮様にすべてお預けということで、やはり盧溝橋事件や第二次上海事変のときの石原莞爾と似た発想であった。

コラム⑨　日露戦争

日露戦争は、1902年1月30日の日英同盟があったといっても、イギリスは中立を守って、代わりに日本が戦い、日本兵が血を流す代理戦争であった。当初の第一次日英同盟は、締約国の一方の戦争にもう一つ別の国が参戦した場合に他の締約国に参戦義務が発生する規定で、イギリスはこれによりロシアの同盟国フランスの参戦を抑止した。その上で、イギリスは直接武力行使に至らない日本軍の後方支援、とくに兵站と情報の面で、日本が常にロシアに対して優位を保つことができるように全力を尽くした。例えば、ロシアがイタリアに発注して建設中の軍艦をイギリスが購入して日本に渡すなどして日本海軍の対露優位を確保した。イギリスの「非公式の帝国」の一部であった衛星国アルゼンチンから大量の軍馬を日本陸軍に調達した。バルチック艦隊の極東遠征に際してはスエズ運河の通行及び英領及び「非公式の大英帝国の一部」ポルトガル領植民地への寄港を拒否、フランス領植民地にもイギリス諜報部員が潜入して、補給物資を船へ吊り上げるための籠を買い占めてロシア艦隊への物資補給を妨害し、ロシア艦隊前方に常にイギリス艦隊を並走させて日夜大砲の射撃訓練を行い、もってロシア水兵を心理的に疲労せしめ、その家族宛の手紙まで検閲して、常にロシア艦隊の位置と水兵の疲労度を、最後の寄港地サイゴン（現ベトナムのホーチミン市）を出港するまで調べて、逐一日本に報告した。この情報がなければ、東郷平八郎も、ウラジオストックを目指すバルチック艦隊にとって日本海進入のために対馬海峡、津軽海峡、宗谷海峡など複数の選択肢がある中で、そのすべてに備えるのではなく、敢えて最短距離の対馬海峡を通過するという想定で、決戦の場を選択し、そこに日本海軍の全力を集中させる戦略は採用できなかったのである（「選択と集中」の戦略の危うさは近年でもシャープが鋭く証明している）。1905年5月27日の日本海海戦における日本海軍の勝利の直後、6月9日にアメリカ大統領ローズベルトが、ハーバードの学友、金子堅太郎とのかねてからの打ち合わせ通り、日露両国に講和を勧告して間に入り、ロシア政府も、バルチック艦隊の力で旅順港の封鎖を解いて日本本土を攻撃するもくろみが破綻し、国内情勢の不穏が続いていたため、同月12日にこれを受け入れたが、ロシア陸軍としては、これまでは、果てしなく続く満州そしてシベリアの奥地へ日本軍を引き込む作戦で、日本軍の補給線が延びきって疲れ果てたところで反撃に出てこれを一挙に葬る予定、つまり、ロシア陸軍としては、これまでは序の口で、これからが本番であった。そこで、8月9日に米ポーツマス講和会議が始まるや、8月12日、イギリスは日英同盟を改定して、締約国の一方が戦争をすれば他方にも参戦義務が発生する規定に変更した。つまりイギリスは、「ロシアがなお日本との戦争を継続するのであれば、これからはイギリスが相手になるぞ」とロシアを脅して、戦争を止めたのである。

東條英機は、日露戦争で1905年1月の旅順攻略についで、3月の奉天会戦の勝利の後で、陸軍士官学校を半年繰上げて卒業した第17期生である。その上の第16期生は、バーデン・バーデンの密約の永田鉄山、小畑敏四郎、岡村寧次に加え、板垣征四郎、土肥原賢二らの名前も連なる。ともに日露戦争中に陸軍士官学校を卒業した世代であり、日露戦争の思いがけない勝利に舞い上がっていた者の多いバブル世代といえよう。

(6)　1941年10月17日、木戸内大臣の越権と東條への大命降下

近衛総理と東條陸相が話し合って決めた御前会議決定白紙撤回のための内閣総辞職と統帥部両総長更迭（こうてつ）と「伝家の宝刀」皇族、東久邇宮組閣案は、木戸幸一内大臣の猛反対にあって実現しなかった。それは、理由は何であれ、国を会社に例えて単純化すると、社長と重役同士ないし取締役会の決定を、会長秘書が勝手に変更したに等しい、重大な越権行為であった。先に、満州事変を陸軍刑法第35条の「擅権罪（せんけんざい）」という越権の罪（権力を欲しいままにする罪）に当たる軍人の反乱と性格づけてきたが、これは文官の反乱といって過

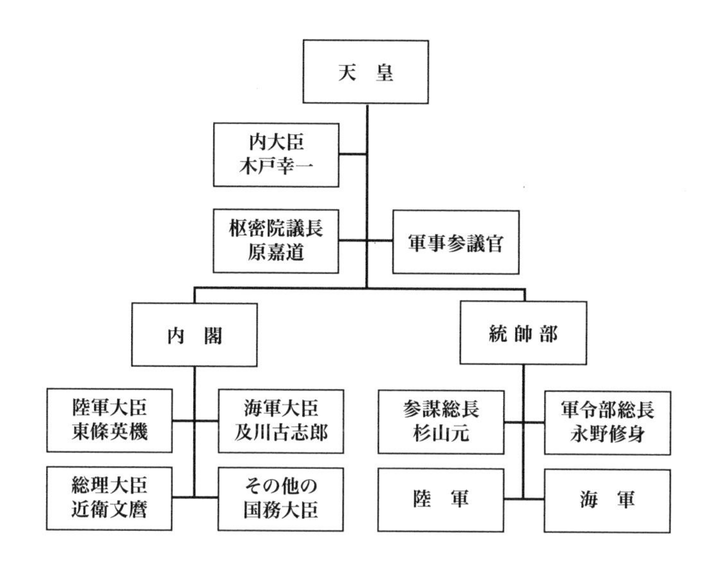

図8－8 1941年10月の近衛内閣とその他のリーダーたち

言ではないだろう。

そもそも内大臣は、宮内大臣のような閣僚ではなく、政府には属さず、英訳では玉璽卿（ぎょくじきょう）（Lord Keeper of the Privy Seal）とされ、天皇陛下の玉璽（ハンコ）を預かる書記官とでもいうべき官吏であった。内閣総理大臣（近衛）に内閣書記官長（富田）がいたように、天皇陛下に内大臣がいたわけである。しばしば、この時期の内大臣には陛下に対する後継総理の指名と奏上が期待されていたと捉えられがちである。しかし、内大臣には後継首相指名者の名前を直接的に陛下のお耳に入れる権限を越えて、実質的に誰を後継総理に指名するかを決定する権限があった訳ではない。それは、本来は「元老」と呼ばれる陛下の相談役が慣習上担っていた権限であったが、元老の廃止に伴い、代わりに枢密院議長及び存命中で出席可能な総理大臣経験者たちから成る重臣会議が「元老」の役割を担い、内大臣はその重臣会議の書記を務めるのが役割であったというべきであろう。ただ、実際には、木戸幸一内大臣の場合、内大臣という書記官の助言が重臣会議の決定になることが多かったに過ぎないと思われる。

なお、なぜ元老が廃止されたかというと、元老という陛下の内々の相談役が後継総理候補者を陛下に奏上するという憲法に規定のない事実上の慣習的制度そのものを、最後の元老、西園寺公望が、「憲政の常道」即ち総選挙の結果に従って組閣する方式に転換するために廃止する決意を固め、後継の元老候補の奏上をしないまま1940年11月24日に90歳11ヵ月で死去したからであった。皮肉にも、その最晩年の80代に入り心身ともに隠居の身のはずのところ、「昭和維新」すなわち五・一五事件や二・二六事件などの軍の反乱が相次いで武力を行使して内閣を倒し、憲政の常道の当面の実現可能性を否定してしまったために、西園寺は元老から引退できないまま死を迎えることになった。元老西園寺が最後に総理候補として指名した人こそ、旧摂関家筆頭、近衛家当主、近衛文麿（第二次内閣）であった。すでに齢90を超えた西園寺公望としては、旧摂関家に次ぐ清華家の家柄の西園寺家（生家の徳大寺家と同格）の当主として、自らの後を格上の近衛に託したといって過言ではない。その近衛が、無礼にも近衛の顔は見るのも嫌だといって憚（はばか）らない東條陸相を相手に、辛抱強く協議を重ねた結果として、1941年9月6日の第6回御前会議決定の白紙撤回のために、やむを得ず内閣総辞職するに当たり、代わりの総理候補として、東條の合意を得て、東久邇宮稔彦王を指名したのであるから、木戸内大臣としては、わざわざ死んだ元老の代わりに枢密院議長や過去の総理大臣経験者などを集めずとも、近衛と東條の一致した判断に従うのが、本来の仕事だったと思われる。しかし、木戸がそうしなかったということは、木戸には2つ年下の近衛に対し競争心[10]があったのかも知れない。というのも、

10　例えば1944年6月、ノルマンディー上陸作戦が成功してドイツの敗色が濃厚となり、ソ連の対日参戦の危険が現実化し始めた頃、マリアナ沖開戦で日本海軍の空母艦隊がほぼ全滅し、大本営陸軍部（参謀本部）戦争指導班は、もはや当時の総理・陸軍大臣・参謀総長を兼ねていた東條英機を見限って、同班長松谷誠大佐が木戸内大臣秘書官の松平康昌に、同班付陸軍中将酒井鎬次中将が近衛文麿に、それぞれ戦争終結へ向けた政治的舵取りを依頼したことがある。近衛は、これを受けて海軍関係者と協議して木戸内大臣に相談を持ちかけた。木戸は、そういうことは陛下御自らの責任において処理する以外になく時期尚早という考えで、押しの弱い近衛を押しとどめてしまった（近衛日記編集委員会1968年48頁）。

元老西園寺の秘書、原田熊雄と、天皇陛下の秘書、内大臣木戸幸一はともに学習院中等科、高等科、京都帝国大学法科大学政治学科で同期、総理大臣近衛文麿は学習院中等科と京都帝国大学法科大学政治学科で2人の1年下の後輩であったからである。

ともかく、木戸幸一は、日記によれば「万一皇族内閣にて対米戦に突入するが如き場合には……皇室は国民の怨府となる虞あり」(岡 1966年a 916頁)という理由で、東久邇宮への大命降下案を拒否した。そして、10月17日の重臣会議において、木戸は、陸海軍の一致を図り、御前会議決定の再検討を必要とするという見地から、東條英機陸軍大臣に白羽の矢を当てた。重臣会議の8人（木戸を除く）は、賛成3、反対0、賛否不明5[11]であった。木戸内大臣は、賛否不明を、独断で、沈黙すなわち賛成とみなして、強引に東條英機を後継総理候補に決し、奏上し、組閣の大命が下った（岡 1966年a 917頁)。

オックスフォード大学の初代日産日本問題研究所長、リチャード・ストーリー教授は、ドロシー夫人の回想によると、その最晩年、木戸幸一が戦犯裁判に向けてまとめた『戦争回避への努力』を読みながら、その東條英機推挙の理由がサッパリ理解できないと、死ぬ直前までぼやいていたという。つまり、皇室の戦争責任と国体護持の危機まで開戦前に予見しておりながら（戦争責任と国体への言及は厳密には『日記』にはなく、戦後に敷衍された部分〔岡 1966年b 33頁〕であるが、「皇室が国民の怨府となる」懸念は当時から記されていた)、なぜ、そうならないように努力しなかったのかと。また、東久邇宮でなくて、東條にしたら、もっと天皇の戦争責任が直接的に重くなるとは思わなかったのかと。

もっともな疑問である。

11　賛成は原嘉道枢密院議長、広田弘毅、阿部信行、賛否不明は清浦圭吾、若槻礼次郎、岡田啓介、林銑十郎、米内光政。清浦圭吾は宇垣一成、林銑十郎は高松宮殿下を推した。欠席は平沼騏一郎。この時の重臣会議についての木戸日記（岡 1966年b）の記載は、後の重臣会議の記録に比べると著しく簡略である。下図は、関連する総理経験者を組閣順に並べたもの。物故者には中線。

清浦圭吾 → ~~加藤友三郎~~ → 若槻礼次郎 1 → ~~田中義一~~ → ~~濱口雄幸~~ → 若槻礼次郎 2 → ~~犬養毅~~ → ~~斎藤実~~ → 岡田啓介 → 広田弘毅 → 林銑十郎 → 近衛文麿 1 → 平沼騏一郎 → 阿部信行 → 米内光政 → 近衛文麿 2, 3

このときの木戸内府の決断は、ストーリー教授らにとっては、まるで新約聖書に描かれたイエスの処刑に関して、ローマ総督ポンテオ・ピラトが自分（ローマ帝国）は関係がない、ユダヤ人たちが自分たちの責任で死刑を執行するのだという意味で、盥の水で自らの手を洗った逸話のように、これは東條の戦争であって、皇室には関係がないというために、東條に組閣させたように映る。これは、非常に不可解なのである。なぜならローマ人がユダヤ人の内部問題には介入しないのは理解できても、日本の天皇の代官（内大臣）が、日本の陸軍の内部問題どころか、日本民族の命運について関知しないというのは筋が通らないからである。それこそ、木戸の恐れる「皇室が国民の怨念」を買うということにはならないのか？

まず、木戸の皇族内閣反対論には2つの根拠がある。第1は、五・一五事件による犬養内閣の武力転覆の直後、天皇陛下の弟の秩父宮殿下が陛下に「御親政」による時局の収拾を進言して口論に発展したことが西園寺の耳に入ったためか、1938年88歳の春には「壬申の乱」(皇族間の皇位継承戦争）を恐れて木戸や近衛に注意して欲しいと頼んだ（原田1951年b 265頁、297頁)。木戸幸一は、この西園寺の、まるで14世紀の南北朝時代の公家の亡霊が昭和にさまよい出たような、老人性の杞憂を「遺言」として真に受けて、皇族の政治不干渉を信念としていた。とくに東久邇宮稔彦王は、幕末、京都守護職の会津藩主松平容保らと組んで長州勢を京都から追放した尊融親王（久邇宮朝彦親王）の血を受け継いでいたせいか、長州の木戸孝允の妹の孫、木戸幸一内大臣にとっては、明治維新によってできた国に対する反乱である「昭和維新」、例えば神兵隊事件（1933年7月11日検挙）の関係者がたまたま御附武官として近辺にいた皇族（岡1966年b 32頁、原田1951年a 155頁）として、危険分子の「お御輿」に担がれる危険性のある要注意人物として映っていた。

第2は、木戸内府の考えで、近衛からも陛下に直接確認をとったポイントとして、まず陸海軍の指導者において戦争を絶対に回避する決断をして、その転換に陸海軍の下の者を従わせる目的で皇族の御力を借りるということであれば皇族内閣でもよいが、そうではなく、方針転換そのものを皇族に任せるという趣旨では絶対にダメだという方針である（岡1966年a 915-916頁、1966

年b 33頁)。

この第2点の方針について、木戸は、10月15日午後4時半、東條陸相名代の鈴木企画院総裁と面会し東條本人の意図の確認を求め、同日夜、鈴木総裁から電話で否との回答を得、10月16日午前8時半、東條名代の鈴木総裁が木戸内府を訪問したので再び上記方針を明確にし、同日午後3時には、東條陸相本人が木戸内府を訪れて話し合った（岡1966年a 915-917頁)。この木戸・東條直接会談で、東條が最初に何をいったかは木戸の日記からも戦後の回想からも分らないが、近衛総理にいったことと同じ趣旨のことをいったと思われるので、それと木戸の戦後の回想から再構成してみると、次のようになる。

木戸「近衛総理から聞いた話だが、海軍はどうもアメリカとの戦争には不安があるようだが（だから、不戦の方針で近衛内閣のままで進めるのではないか)？」

東條「もし本当に海軍の気が進まないようであれば、これは重大であり、到底、このまま戦争を実行する訳には行かない。しかし我輩が及川海軍大臣に直接9月6日の御前会議における決心から何か心境の変化があったのかと問うてみたところ、『ない』という答えしか聞いていない。どうも海軍大臣は全責任を総理に転嫁している形跡がある。これは遺憾である。海軍がそのように肚(はら)が固まらないのであれば、9月6日の御前会議は根本的に覆るのだ。従って、御前会議に列席した総理を初め陸海軍大臣も統帥府の総長も皆、輔弼(ほひつ)の責任を十分尽くさなかったということになるので、この際、全員辞職して今までのことを御破算にして、もう一度国策を練り直す以外にない。そのために、陸海軍の下の者を抑えてそうする力のある者は、今、臣下にはいない。だから後継内閣首班には宮様に出て頂くより他に道はないと思うので、何卒(なにとぞ)お願い申し上げたい。」（近衛1946年154頁)

木戸「大臣、まず、陸海軍で絶対に戦争はしないと決断して、そういう180度の方針転換を実行するに当って臣下ではとても下の者を抑えられないから、皇族の御力をお借りしたいということですか？」

東條「さにあらず。今後の方針のご決定を宮様にお願い申し上げたい。」

木戸「それならば同意できません。皇族内閣は、絶対に平和の方針に決定した場合以外は、叶いません。」

東條「……（下を向いて長い長い息も詰まるような沈黙）……それでは日本は一体どうなるのですか？」

木戸「どうなるもこうなるも、左様なことに皇族様を使ってもらっては困ります。」

東條「そんなことでは、日本は三等国か四等国に堕してしまう。」（この部分は、次の木戸発言が唐突なので筆者が補完）

木戸「あなたの言っているようなことを推し進めれば、それこそ日本は三等国か四等国に堕すでしょう！」

と述べて、会見は物別れに終わったという（岡 1966年 b 33-34頁）。

東條英機は、近衛文麿に対するよりは、佐藤賢了により率直に本音をいっていたらしく、その戦後の再構成によると、

「海軍が面子にこだわって対米戦不可といえないのも悪いが、面子にこだわっているのは陸軍も同じであろう。では、無理に海軍の口を割らせる必要はないし、陸軍から非戦論を唱える必要もない。むしろ御前会議決定について輔弼責任を果たせなかった内閣と統帥部が共に辞任して、国策の出直しを図るべきである。外交決着の目処が立たないことは明瞭であるが、戦争をしないことにするには、勝ち目がないという以外に合理的な説明はできないが、勝ち目がないとは、まさか、そんなことは、とても公然と口に出すことはできない。とすると、『ご無理ごもっとも』式に戦争をやらないことにするに限る。それには宮様内閣しか他にない。だから、東久邇宮様にお出まし頂きたい。そうでなければ、陸海軍の大臣や統帥部の総長の首をすげかえたところで、下がいうことを聞かず、二・二六事件の二の舞が起こり、しかも国内だけでなく、同時に外国へでも戦争を仕掛けることになっては、いよ

いよ国を滅ぼす。」（佐藤 1966 年 181 頁）

要するに、アメリカ相手の戦争に「勝ち目はない」が、それは陸海軍のこれまでの教育・統制のあり方の手前とても公言できないから、宮様にお出まし頂いて、「ご無理ごもっとも」で進めたいというわけである。

だから、木戸内府は、陸海軍首脳でその方針を固めてからお願いするのなら皇族内閣でもよいといっているのだが、東條陸軍大臣は、結局、及川海軍大臣と同じで、自分からは「戦争しないとは絶対にいわない」といい張って聞かなかった。

こういう煮え切らない人物をまさか総理大臣に推挙するというのは、東條本人も思いもよらなかっただけでなく、一つ間違えば本当に対米戦争突入に至る大きな危険があったといわざるを得ない。木戸は、しかし、戦後の回想によると、後継総理は、

①　これまでの日米交渉等の経緯に詳しく、
②　陸軍をしっかり統制できる人材でなければならず、その両要件を満たすのには東條がよく（例えば清浦元総理が重臣会議で推した宇垣一成は①が弱い）、
③　東條自身、海軍に勝ち目があるのかどうか気にしているところを見ると、必ずしも神がかりの狂信的な主戦論者でもないように見えたので、
④　むしろ、「陛下の思召（おぼしめし）」に対する東條の忠誠心を買って、敢（あ）えて、東條英機を総理大臣候補として推挙することにしたという（岡 1966 年 b 34-35 頁）。要するに、東條は個人的には戦争をしないとは絶対にいわない決意でも、（④）陛下には絶対的忠誠を尽くす男だから、
⑤　陛下の非戦論さえ最後までブレなければ戦争にはならない、

というのが、木戸の判断であったと思われる。実際、東條を総理に任命した後、10 月 20 日、木戸の「今回の内閣更迭は一歩誤れば不用意に戦争に突入

するおそれあり、熟慮の結果これが唯一の打開策と信じた」という説明を聞いて、陛下の御口から「いわゆる虎穴に入らずんば虎子を得ずということだね」と御納得の御言葉があった（岡 1966 年 a 916 頁）。「虎子」はこの文脈では「平和」に思われるので、少なくとも木戸の意図は⑤だったと思われる。

結果的には④と⑤のところで日本は失敗することになる。

さて、木戸内府の越権というべき東條首班指名（重臣会議は 3 対 0、賛否不明 5）は、東條本人にとっても、陸軍省にとっても、青天の霹靂であった。

1941 年 10 月 17 日夕刻、東條英機が宮中から呼び出しを受けたとき、陸軍省では、佐藤賢了軍務課長が、東條陸相に対し、「大臣、あなたが 14 日の閣議で防共駐兵の爆弾演説をやられたから、お叱りを被るのですよ。防共駐兵に関する一切の書類をお持ちになったらよろしいでしょう」と、一件書類をかばんにつめて秘書官に渡した。

東條英機は神妙な面持ちで宮城に参内した。

陛下への上奏後は、椅子を賜って色々御懇談申し上げるのが常であったが、この日は、木戸内府から、「本日は、御椅子を賜らぬ」旨、申し聞かされた。

東條は「お叱りかな」と独り言をつぶやいて、御前に出た。

そして、大命降下。

「東條英機は内閣を組織せよ」

全く思いがけないことで、東條英機の目の前は真っ白になったという。

東條は何とか固辞しようとしたが、次いで及川古志郎海軍大臣も参内、陛下から東條と及川両名に対し「陸海軍はその協力を一層密にせよ」との御言葉あり（岡 1996 年 a 917 頁）、さらに木戸内府から 9 月 6 日の御前会議決定は白紙撤回という方針を聞かされて、固辞できなかったという。

つまり、「帝国国策遂行要領」を定めた 9 月 6 日の御前会議決定は白紙撤回して、陸海軍相協力して新国策を立てよという陛下のご意向に他ならなかった。

しかし組閣時の御言葉にも拘らず、及川海相は東條の組閣には協力せず、海軍は代わりに嶋田繁太郎を海相として東條内閣に派遣した。このとき、及川海相を単に東條陸相への大命降下の場に呼ぶだけではなく、例えば東條のいない場所で、陛下と木戸内府そして近衛文麿前総理、富田内閣書記官長と岡海軍省軍務局長を交えて会合を持つという工夫はなされなかった。

さらに重大なことに、近衛と東條が国策の白紙撤回のために必要であるとしていた統帥部の陸海軍両総長（参謀総長と軍令部総長）の更迭も実施されなかった。これは、統帥権の独立を木戸の方で変に「思いやった」結果かも知れない。木戸は、独断で東條を総理にすることを思いついた代わりに、統帥部両総長の更迭について、東條陸相や及川海相の助言を聞くという心理的余裕さえ失っていたのかも知れない。実は、陛下ご自身から「東久邇宮は参謀総長としては適任であると思って居った」という御言葉があった以上（近衛 1946 年 149 頁）、本来、統帥部人事は検討すべき要点であったはずであった。組閣に当たり東條と及川を呼ぶだけでなく、できれば東久邇宮殿下、そして従前の参謀総長・軍令部総長経験者を呼んで、それぞれ個別に、また機に応じて一緒に、相談し、検討するなどの工夫があってしかるべきであったと思われる。つまり、御前会議決定を超えるのに必要な人材を集めて、内閣総理大臣だけでなく、統帥部両総長をも、同時に更迭する必要があったと思われる。それは天皇陛下にしかできないので、前例はなくとも、その秘書官である内大臣でなければ手の打ちようがないことであった。木戸内府のこの片手落ち人事は、このとき、1941 年 10 月 17 日の折角の御前会議決定白紙撤回の御言葉による内閣更迭にも拘らず、11 月 5 日の第 7 回御前会議に至って、再び元の木阿弥になる伏線となる。

さて、東條英機に組閣の大命が降下されると、陸軍省には報知新聞記者から大命降下の情報が伝えられた。それを聞いた佐藤賢了軍務課長は、「バカをいえ！　今頃、陛下からお叱りを受けているよ」とこれを追い返したものの、現実には確かな筋の情報と考え、「これは、いよいよ戦争だ！」と、陸軍省としてはお祝いをしなければならないと考えて、張り切って準備を整えて、東條英機の帰ってくるのを今か今かと待っていたが、いつまで経っても帰ってこない。そこで、心当たりのところに方々電話をかけてみたが、どこにもいない。いったい東條大臣はどうなってしまったのか？

やがて、暗くなってから東條英機が固くこわばった表情でうつむいて帰ってきた。

「大臣、おめでとうございます！　組閣の大命を拝しながら、こんな時間になるまで、いったい、どこをウロツイておられたんですか？」と佐藤賢了が少しからかってみると、「……神様にご相談してきた……」と、東條は無表情に答えた。

宮城から退出後、東條は、まず運転手を明治神宮へ向かわせ、参拝が済むと、次に東郷神社（日本海海戦の東郷平八郎を軍神として祀った海軍の神社）にお参りし、そして最後に靖国神社（国事に殉じた英霊を祀る陸海軍直営の神社）にお参りしたが、いずれの神社も突然の夕刻の参拝に狼狽一方ならなかったらしい（伊藤 1990 年 477 頁）。

神社側の狼狽もさることながら、この逸話ほど、東條英機のいささか芝居がかった狼狽ぶりを示すものはないだろう。その狼狽ぶりは、東條には内閣総理大臣はいくらなんでも荷が重過ぎたということをよく顕わしている。

野球で、よい監督は、投手であれ、代打であれ、その当日の選手の顔を見て起用を判断するという。東條がここでピンチヒッターとして登板できる情態になかったことは、これまでの本人の態度や発言から、読者にとっても十分にご理解頂けるかと思う。重圧に押し潰されたのが真相に近いのではないか。野球の監督は、試合中のベンチにおいて選手の心身の状態を目で見極めて采配するが、木戸幸一内大臣はそういう地位も能力もないのに、現場の近衛と東條の合意をその背景をよく知らないまま抑えてしゃしゃり出て東條にピンチヒッターを任せた結果、知らず知らずのうちに下駄（和戦の判断権）を天皇陛下に預けてしまった。ここに帝国憲法の運用上の大きな失敗の 1 つがあったといえるのではないだろうか。

帝国憲法第 55 条の輔弼責任（側から補佐し正しく支える責任）は、必ずしも国務大臣や枢密顧問に限られるものではなかったが、統帥部の両長官や、元老や、内大臣については、やはりその権限に曖昧さが残り、当時の日本の国家意思決定プロセスの輔弼親裁の構造において、大きな弱点であったことは疑いない。

(7)　開戦決定

さて、東條英機は、組閣に当たり、陸軍大臣だけでなく、内務大臣を兼ね、その理由は、「聖上(おかみ)より（1941年9月6日の御前会議決定）を白紙に戻してやり直すこと、なるべく戦争にならぬように考慮すること等を仰せ出され、必ず勤めてこれが実行に当たり、このまま戦争をせず、米国の要求に屈服した場合には、二・二六事件以上の暴動も起るやも知れず、その際には断固涙をふるってこれを弾圧する必要あり、これがためには、（憲兵を通して軍事警察権を有する）陸相と警察権を有する内相とを兼任する必要があったからだ」(伊藤1990年478頁、岡1966年b 36頁）とした。つまり、戦争するか、米国に屈するかは状況次第、アメリカ、日本海軍、そして天皇陛下の出方次第という態度で、木戸内府が示唆した、まず東條自身の責任において決断するということだけは最後まで避けようとする、煮え切らない態度であった。

そして、1941年11月1日、支那事変継続のための南方資源を獲得するためのマレー半島上陸作戦にとって天候上の好機を迎え、それが12月上旬までしか持たないことから、統帥部の方から緊急にとりあえず外交がうまくいかない場合に備えて、12月初めに開戦する予定で準備を進みたいという意向が示された。これには当初、東條総理も反発したが、説得され、東郷茂徳外務大臣と賀屋興宣大蔵大臣が最後まで反対したが東條がこれを説得した（新名1976年199-200頁)。その結果、11月5日の第7回御前会議において「帝国は現下の危局を打開して自存自衛を完うし大東亜の新秩序を建設する為此の際対米英蘭戦争を決意し左記措置を採る。⑴武力発動の時機を12月初頭と定め陸海軍は作戦準備を完整す……⑵対米交渉が12月1日午前0時迄に成功せば武力発動を中止す」と定め、対米交渉要領を別紙で、甲案、乙案の二種類を用意した。つまり、一旦白紙撤回した9月6日の御前会議決定が、11月5日に復活し、元(もと)の木阿弥(もくあみ)となった。しかし、なぜ、こういうときに、陛下の外交権を輔弼する（補佐し正しく支える）担当局に全権委任せずに余計な制限を加え、足を引っ張るのであろうか？　こういうところに、近衛内閣から東條内閣への政変において、統帥部の両総長の更迭をしなかったこと、そして、やはり東條英機に内閣を委ねたことの矛盾が現れたというべきであろう。

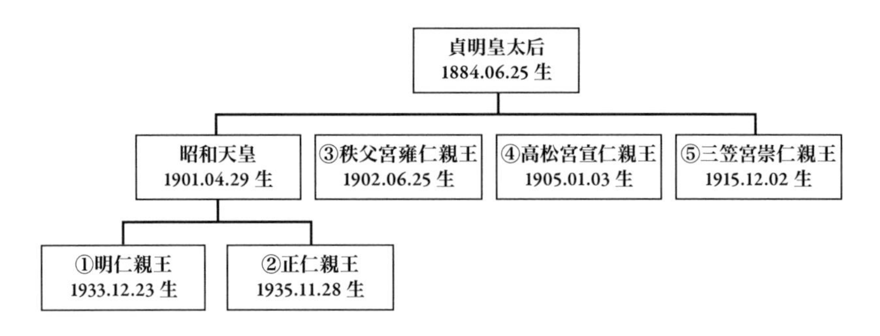

図 8 － 9　1941 年 11 月～ 12 月の皇位継承高順位者

1941 年 11 月 16 日、東條総理は、満州事変においても、支那事変においても、出先の暴走により、ずるずると戦争に引きずりこまれたことに鑑み、大東亜戦争（対米英戦争）は、当初から大詔により、軍はもちろん国民全員に対し、明確に国の方針を示す必要を痛感して、宣戦布告する場合、米国の要求を受諾する場合とに分けて、稲田内閣総務課長にそれぞれの案を作るように命じた（伊藤 1990 年 479 頁）。つまり、この段階でも、戦争突入か回避かの判断は、情況次第であった。

そして 1941 年 11 月 26 日に日本に到着した米国務長官ハルの通知は、「暫定案」で「法的拘束力なし」という注釈付であったとはいえ、これまでの日米交渉経緯を無視したものであったため[12]、翌日の連絡会議で最後通牒と結論づけられ、1941 年 12 月 1 日の御前会議で、対米英開戦の件が「やむをえない」という陛下の御言葉をもって裁可された（伊藤 1990 年 479 頁、487 頁、526 頁）。東條は、これを畏（おそ）れ多くも「御親政」と呼んで憚（はばか）らなかった（伊藤

12　米陸軍長官スティムソンは 1941 年 11 月 25 日のハル・ノート提出の日の日記に ‘The question was how we should manoeuvre them into firing the first shot without allowing too much danger to ourselves’「どうやって我々自身を大きな危険にさらさずに日本人の方から発砲させるかが課題であった」と述べ、真珠湾攻撃の報を受けて、My first feeling was of relief that the crisis has come in a way which would unite all our people（私はまずホッとして、これで我が人民すべてを統合できる形で危機が訪れてくれたと安堵した）と書いた（Higgs, 2015）。

1990年485頁、526頁)。つまり、東條は、対米開戦は天皇陛下の御意思であると公言して憚らなかったのである。

天皇陛下ご自身は、戦後1946年3月から4月にかけて、戦犯裁判に備えて準備されたと思われる『昭和天皇独白録』においては、「裁可した」とは仰せではないものの、「反対しなかった」理由を説明なさっている。1941年11月30日、つまり御前会議の前日、陛下の直宮（弟）で海軍中佐として軍令部参謀であらせられた高松宮宣仁親王が、海軍省兵備局長保科善四郎少将から石油の備蓄量を聞き出し、陛下を訪ね、懇談なさるうち（千早1995年)、陛下が「負けはせぬかと思う」と仰せになったので、宮様は「それでは今止めてはいかがでしょうか？」とご提案遊ばされた。陛下は「立憲君主としては政府と統帥部の一致した意見には従わなければならない」という憲法論をご説明になったという。宮様ご退席後、陛下は、ただちに海軍大臣と軍令部総長をお呼びになり、加えてわざわざ東條総理兼陸軍大臣をも臨席させて、石油の備蓄がないという高松宮殿下のご報告をもとに、「いよいよ矢を放つことになるね。日米開戦ともなれば長期戦になるが本当に大丈夫なのか？　ドイツが戦争を止めたらどうするのか？」などと御下問遊ばされた。嶋田繁太郎海相と永野修身軍令部総長は、陸軍の東條の目を気にしたのか、いずれも「ご心配には及びません。ドイツなど最初から頼りにしておりません。命令一下、海軍はいつでも戦う用意ができております」と建前の回答をした。

海軍も最後の最後まで決定を陛下に預けたのであった。

実は、陛下は『独白録』の中で、高松宮殿下とのご懇談のときに、心の中で、もし戦争に反対すれば、「東條は辞職し、大きなクーデターが起り、却(かえ)って無茶苦茶な戦争論が支配的になるであろう」と思ったと率直に告白遊ばされた（寺崎1991年75-76頁)。これこそ、翌12月1日の対米英開戦の御裁可のご動機であったことは明確であろう。結局、陛下も、1941年10月12日の五相会議において当時の東條陸相が漏らした本音、内乱の恐怖によって（→本章、230-231頁)、対米英開戦をご決意遊ばされたということになるのである。

コラム⑩　アメリカの密かな日本本土空爆計画

1970年代に機密指定を解除された米陸海軍合同委員会JB355「中国政府の航空機需要 Aircraft Requirements of the Chinese Government」という題目の公文書は（ABC, 1995）、アメリカ中立法を迂回して隠密裏に中国軍の傭兵となって日本軍と戦うアメリカ義勇軍「フライング・タイガーズ（Flying Tigers、飛虎隊）」に、実際にビルマで闘った第一次戦闘機部隊（Lockheed Curtis）だけでなく、日本本土空爆を狙う第2次爆撃機部隊があり、後者は米陸軍長官代理パターソン、海軍長官ノックスの署名を得て、1941年7月23日付のローズベルト大統領の承認を得ていたことを示す。米海軍諜報部のターナー少将の手書きも各所に見られる。ローズベルトの承認は、対日石油禁輸への署名の2日前のことで、計画ではロッキード・ハドソン爆撃機を中国東方の基地から発進させて東京、名古屋、長崎などを狙い、日本の兵器や基本的経済構造の維持に必要な物品の生産を麻痺させることを目的としていた。その実態は、中国の傭兵ではなく、アメリカが必要な航空機や爆弾や操縦士を調達し、アメリカ人が計画、実行するアメリカの作戦であった。中国国民党軍が日本を射程に収める東部に飛行場を確保できなかったために実現はされなかった。それでも、この計画は、米ローズベルト政権には、日本と真剣に和平交渉を進める意図がなく、むしろ密かに攻撃の機会を窺（うかが）っていたことを証明する事実といえるであろう。ABCの取材を受けたイェール大学アメリカ外交史のガディス・スミス教授は、ロッキード・ハドソン爆撃機が戦闘機の護衛なしで、日本軍戦闘機、とくにゼロ戦とどこまで渡り合えたかは不明で、日本で撃墜された場合にどのような危険性があるかについて問題を提起した。仮に撃墜されて中立違反が暴かれれば、孤立主義、反戦世論の強いアメリカで、ローズベルト政権にとっては不利になった可能性もあるので、あの戦争は、結局、どちらがしびれを切らして最初に発砲するかが勝負だったのかも知れない。ちょうど賤ヶ岳の戦い*のように、先に動いた者が負けると。

＊　本能寺の変による織田信長の死後、豊臣秀吉と柴田勝家が雌雄を決した戦で、近江国北部の賤ヶ岳での睨み合いで、秀吉が大垣へ退却遠征するとみせかけて柴田軍から先に進軍するように誘い出して、軍隊の大返しでこれを迎撃して勝利した。

(8)　検討

1941年12月1日の御前会議における対米英開戦の件の御裁可の動機が、陛下の言葉で「大きなクーデター」、東條総理の言葉で「二・二六事件以上の暴動」に対する恐怖であったとすると、それは、1941年10月12日荻外荘における五相会議での東條陸相発言、即ち陸軍の青年将校の反乱に対する恐怖に通じる。そして、それは直接、満州事変の前後の陸海軍の軍事クーデター未遂・既遂事件だけでなく、満州事変そのものの反乱としての性格、そしてその反乱が罰せられずに、むしろ論功行賞の対象となったために、軍律を無視してでも軍功を挙げて出世しようとする風潮、もしくは部下の反乱に便乗して出世しようとする風潮を生んだこと、さらには、張作霖爆殺という殺人罪が裁かれなかったことにその起源を辿(たど)ることができる。つまり、対米英開戦決定は、殺人事件の不処罰と反乱という軍律違反の積年の宥和政策が生んだ、軍律崩壊とその恐怖に支配された宥和政策（appeasement）の一環として位置づけることが可能である。

さて、陛下は、戦争に反対すれば、次のようになるとおっしゃった。

(イ)　東條が辞任し、

(ロ)　大きなクーデターが起き、

(ハ)　かえってむちゃくちゃな戦争論が支配的になる、と。

実は、英文では、(ハ)の部分が少し表現が違い「大混乱に陥り、自分の身が危ない」という趣旨であったが、陛下は日本語で供述遊ばされた。この点、先に 1941 年 10 月 16 日の近衛内閣総辞職を導き出した東條の国策の練り直し手続において、もし皇族内閣ができなければどうなると、東條がいっていたかを思い出してみよう。

曰く、「……国策の出直しを図るには、外交決着の目処が立たないことは明瞭であるが、戦争回避には、勝ち目がないという以外に合理的な説明はできないし、まさかそんなことは、口が裂けても言えない。とすると、『ご無理ごもっとも』式に戦争回避するに限る。それには宮様内閣しかない。そうでなければ、陸海軍の大臣や統帥部の総長の首をすげかえたところで、下がいうことを聞かず、二・二六事件の二の舞が起こり、しかも国内だけでなく、同時に外国へでも戦争を仕掛けることになっては、いよいよ国を滅ぼす」と（佐藤 1966 年 181 頁）。

(ハ)の部分について、『昭和天皇独白録』の日本語版、英語版のどちらの表現であれ、この東條発言の最後の部分の受け売りに当たることが分かる。おそらく、同趣旨のことを東條英機は陛下に申し上げたのだと思われる。東條は、

1941年10月12日の五相会議の最後でも、「下の者を抑えている以上、言うべきことは、陛下の前でも言う」といっていた（参謀本部1967年347頁）（→本章215頁）。

ただし、東條にとってみれば、口では、宮様、皇族様といっても、畏れ多いことかも知れないが、窮極的には陛下が一番であった。1936年2月26日の陸軍青年将校の反乱を戦闘せずに鎮圧できたのは、陛下が将校たちを反乱軍と仰せになったからに他ならず、日本に天皇陛下に弓引こうとする大それた軍人はいなかった。東條は、そのとき、陛下の「現人神」としての絶対的権威の効果をまざまざと見せ付けられた。また、そこにこそ、東條が臣下では血気盛んな若い者を抑えられないから「宮様」にお願いする理由があったのである。

分からないのは、その陛下の側の恐怖心である。これについて、侍従岡部長章は、陛下が「壬申の乱」即ち、皇族間の皇統の争いを最も懸念されていた可能性を指摘しており（岡部1990年101頁）、ここにこそ木戸幸一内大臣が、西園寺公望晩年の時代錯誤的な老人性の杞憂からくる遺言を受け継いで、東久邇宮稔彦王を総理大臣候補に推挙することをあくまでも拒否した理由の一端があるのかも知れない。それは、おそらく、客観的には実体のない危険に対する恐れであった。東條にとって、二・二六事件とは、「勅命」の絶大な効果を証明した事件以外の何ものでもなかった。だから、まさか陛下が、その二・二六事件の二の舞を恐れてアメリカとの戦争を選ぶとは夢にも思っていなかったことであろう。しかも、二・二六事件のとき、東條は陛下の側に立ったのである。1941年12月、陛下が戦争に反対遊ばされたとすれば、東條は、本当に辞任したであろうか。東條のことなので、戦争やむを得ずとの結論をまとめた手前、陛下がそれを拒否遊ばせば、輔弼責任を果たせず、辞任するとはいったであろうが、そこは、陛下から直接「東條よ、お前を頼りにしている」と強くご慰留遊ばさば、東條のことだから、それこそまさに感涙にむせび留任したのではないだろうか。最初から、そのときに備えて内務大臣まで兼任していたくらいだからである。

古代ギリシャの哲人プラトンは『法律』において、対外戦争における勇気は内乱における勇気よりも優れているかという質問に対し、「危機における信頼こそ最大の徳である」(ἔστι ἡ μεγίστη ἀρετὴ πιστότης ἐν τοῖς δεινοῖς) と答えている (Stephanus, 1578 II, p. 630C)。作中のアテナイの老人は、質問に直接答えていないが、内容から見て、内乱の起こりそうな危機における信頼こそ、最大の徳であると答えているように思われる。もちろん、より広く解釈して、外国人との間の信頼関係もあり得ないことではないかも知れないが、質問の前提にペルシャ戦争のような外国との戦争とペロポンネソス戦争のようなギリシャ人同士の内戦の比較があると思われるので、まずギリシャ人同士の信頼について語ったと捉えるのが筋であろう。すると、内乱を恐れて対外戦争を選んだ日本の指導者たちの間には、内乱の危険に力を合わせて対処するために必要な互いを信頼する力が欠けていたといえるのではないだろうか。

故ストーリー教授が木戸幸一の東條英機を総理にしようとした理由を理解できなかった原因も、ここにあったように思われる。つまり、皇族の下で戦争になることを避けようとして、皇族を排除するのではなく、むしろ一か八か皇族の力を結集して戦争を避けたらよかったのではないかということである。例えば、東條陸相（当時 57 歳）と近衛総理（当時 50 歳）が後継総理に合意した東久邇宮稔彦王（当時 53 歳）は、陛下（当時 40 歳）にとっては陸軍の参謀総長に適任というお考えがあったので、参謀総長に東久邇宮稔彦王を充て、その勢いで、海軍の軍令部総長に陛下の直宮（弟）の高松宮宣仁（のぶひと）親王（当時 36 歳）を充てれば、まさか直宮様の下で戦争はできないということになったのではないか？[13]　その発想を敷衍して、もう一人の直宮様、三笠宮崇仁（たかひと）親王（当時 25 歳）を陸軍大臣にお立てすれば、これで戦争も、内乱も、不可能になったであろう。もう一人の直宮（弟）、秩父宮雍仁（やすひと）親王（当時 39 歳）は、結核で公務は不可能であった。陛下にとっては、1941 年 12 月 1 日の開戦決

13　日中戦争の初期、1937 年 12 月の暮れ、当時参謀本部第二課長であった河邉虎四朗は、戦争指導班員であった秩父宮雍仁親王から陸海軍の協調につき相談を受け、「恐縮ながら、殿下が参謀総長に、高松宮殿下が軍令部長におなりの時代にでもならなければ、完全な協調は出来そうもないと感じております」と答えたという（秩父宮記念会 1972 年 572 頁）。

定時、長男の明仁親王（今上天皇）が年内に8歳、次男の正仁親王（常陸宮）がその3日前に5歳の誕生日を迎えたばかり。陛下は、ひょっとして、二・二六事件のような軍のクーデターや内乱から幼子（おさなご）を守ろうと、一か八かの対米開戦決意を固められたのかも知れないが、かえって、青年の御兄弟を信じて、その総力を結集して内乱の危険の方に立ち向かうべき場面であったのかも知れない。

そして信頼する力というのは、本音でコミュニケーションができるということではないだろうか？　例えば天皇陛下と東條英機の間の意思疎通に限らず、近衛内閣のときの東條陸軍大臣と及川海軍大臣の間の意思疎通、近衛内閣総辞職のときの近衛総理と木戸内大臣と東條陸相と及川陸相らとの間の意思疎通、重臣会議のときの木戸内大臣と8人の重臣の間の意思疎通、開戦御前会議の前日の陛下と永野軍令部総長との意思疎通などなど、あらゆる重要局面でコミュニケーションが極めて不十分であった。その間のコミュニケーションさえうまく行っていれば、米英との戦争など、容易に避けられたのではないかと思われるほどである。言葉で意思を伝える能力、本音でコミュニケーションする能力を磨（みが）くこと、そして、本音のコミュニケーションを助ける制度、そういうものを実践的に整えていくことが、最大の教訓かも知れない。

この点で、「現人神（あらひとがみ）」、天皇陛下は「生ける神」であるという戦前の建前と教育、「天皇ハ神聖ニシテ侵スヘカラス」との帝国憲法第3条の規定は、陛下と臣下、とくに重臣との間の正常なコミュニケーションを大きく阻害した。

とくに日本の国制は、イギリス型の立憲君主制（19世紀ドイツも色々な点でそれを模範としていた）というよりは、徳川将軍の重臣（老中）政治にホンの少し近代的名称をつけた「輔弼（ほひつ）親裁」（側近が側から君主を補佐し正しく支えて君主の決断を仰ぐ）制度だったので、陛下と側近・重臣との間のコミュニケーションが、国政において極めて重要な役割を担うこととなったが、その間の意思疎通は、天皇神格化のために、不必要に困難になる傾向があったといえるのではないだろうか。

そして、日本の帝国憲法下の国制は、統帥権の内閣からの独立と軍部大臣現役武官制（天皇の統帥に現に服している現役武官が陸海軍大臣として内閣に派遣

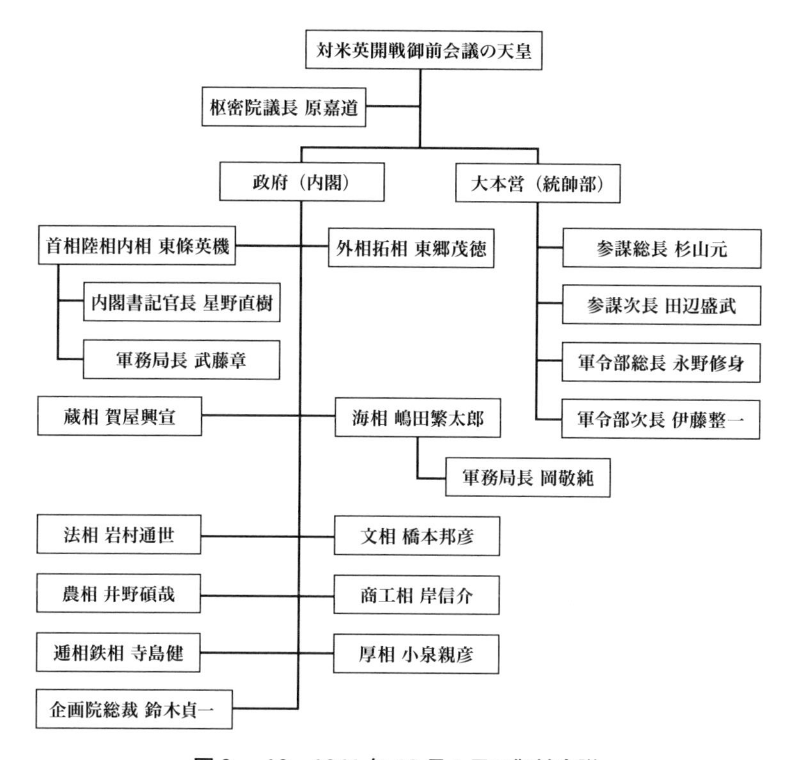

図8－10　1941年12月1日の御前会議

されて、派遣元の陸海軍の利益を代表して派遣先の内閣で他の官庁から派遣されてきた各大臣を相手に熾烈（しれつ）な折衝、駆引き、権力闘争を展開する制度で、陸海軍は現役武官を内閣に派遣することを拒否することで内閣を倒すことができる一種の拒否権を握っていて、往々にして国益ではなく省益、軍益を優先する傾向があった）の下で、ちょうど鎌倉、室町、江戸時代のような朝廷と幕府の二重政府構造が再現されていて、これが1つの政府としてのチームワークの醸成を著しく阻害したといえよう。

参考のため、1941年12月1日の日本の対米英開戦を決定した御前会議の構造（図8－10）と、第二次世界大戦におけるイギリスのチャーチル戦時内閣の構造（図8－11）と比較してみよう。チャーチル戦時内閣は、閣内相と閣外相に分かれ、チャーチルは首相就任と同時に新設の国防大臣（Minister of

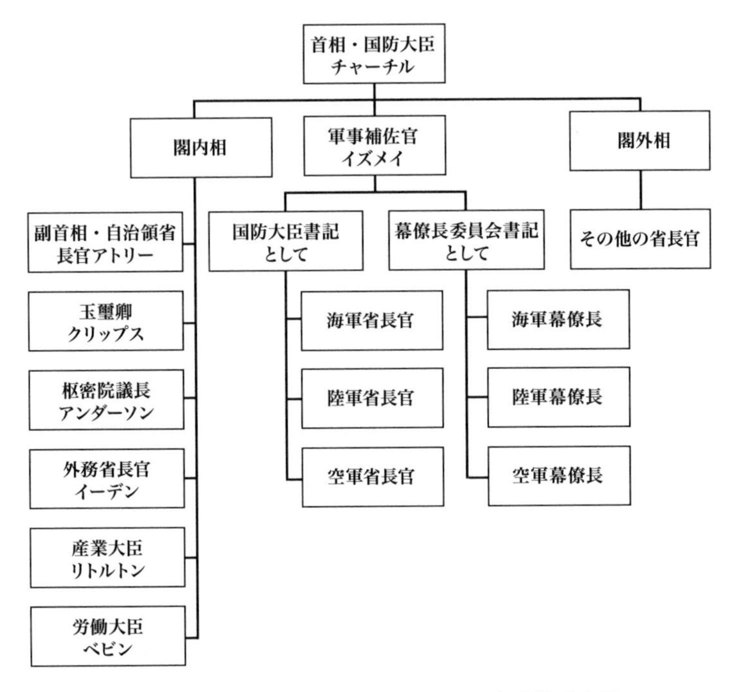

図8－11　1942年2月のチャーチル改造戦時内閣

Defence）を兼ね、チャーチルの軍事補佐官イズメイ陸相が、国防大臣書記官として閣外の海軍省、陸軍省、空軍省の長官をまとめ、同時に帝国幕僚長委員会（Chiefs of Staff Committee）書記官として海陸空軍の幕僚長をまとめて、一元指揮を可能にした（Gilbert, 1983, p.323）。戦時内閣は、1940年5月の発足当初は、外相以外、無任所大臣ばかりの全5名で構成され、アメリカが参戦後、1942年2月の改造で、チャーチル首相兼国防相（保守党）、アトリー副首相兼自治領相（労働党）、玉璽卿クリップス（労）、枢密院議長アンダーソン（保）、外相イーデン（保）、産業大臣リトルトン（保）、労働大臣ベヴィン（労）の7名で組織した。なお、代表する官庁を持つ国務大臣Secretaries of Stateを固有名に拘らず省長官、代表する官庁を持たない閣僚Ministerを大臣と訳している。

4　大東亜戦争（太平洋戦争）

(1)　統帥権

イギリスのチャーチル首相の指導体制（図8–11）と比較したときの日本の特色（図8–10）は、何といっても、チャーチル首相兼国防大臣の立場に構造的に立っているのが、決して東條英機総理大臣兼陸軍大臣兼内務大臣ではなく、あくまでも天皇陛下であったことであろう。昭和天皇は決して何もしないお飾りであったわけではないことは確かである。ただ、チャーチルが、第一次世界大戦において、海軍省の長官の立場から、ダーダネルス海峡作戦の失敗で窓際族に追いやられた経験から、「やるのなら自分が一番でなければならない」という強い信念をもって戦争指導を行ったのに対して（Gilbert, 1983 p.325）、陛下は、決して自ら先頭に立って組織を動かして企画を実行するような指導力を発揮する人ではなかったし、異なった部局同士のまとめ役として上手なわけでもなかった。

次に、チャーチル（下院議員でその支持を得て組閣）の指導体制でも、海陸空軍の政務官（議員）と幕僚長（職業軍人）が、それぞれ、組織的には区別されていたことが分かる（→図8–11）。日本の政府と統帥部（とうすい）（大本営）との区別と似た組織的区別がイギリスにもあったのである。日本との違いは、イギリスでは、チャーチルの軍事問題の補佐官であるイズメイ陸将（職業軍人）が、国防大臣書記官の立場で海陸空の省長官をまとめ、同時に帝国幕僚長委員会書記官の立場で海陸空の幕僚長をまとめ、合わせてチャーチル首相につながる体制になっていたのに対し、日本では、陸軍と海軍が分かれているだけでなく、それぞれが、大臣により代表されるべき省と天皇に直属する統帥部（参謀本部と軍令部）に分かれていて、その総てを天皇の下で1つにまとめる役職の人物が存在しなかったことである。強いて挙げれば、天皇の書記官ともいうべき内大臣であれば、政府の一員でも、統帥部の一員でもない立場から、政府と統帥部をまとめ得る可能性はあったかも知れないが、木戸幸一内大臣個人は、自らの仕事を後継総理候補者の指名奏上のための重臣会議書記官に位置付けていた。戦争末期の1944年2月21日になって、初めて東條英機内閣総理大臣兼陸軍大臣兼軍需大臣が参謀総長を兼ね、同時に嶋田繁太郎海軍大臣が軍令部総長を兼ねて、政府と統帥部の統一を、陸海軍は別々ではあったが、成し遂げて、2人合わせて、ようやく英チャーチル内閣のイズメイ陸将の立場に近づいた。

統帥部の政府からの独立は、「天皇ハ陸海軍ヲ統帥ス」、「天皇ハ陸海軍ノ編制及常備兵額ヲ定ム」という帝国憲法第11条と同第12条などに依拠した「統帥権」の独立という解釈に基づいていた。日本にはこのような憲法規定と解釈があったことが、イギリスの柔軟性と異なっていた。ただ、統帥権の独立の起源は、帝国憲法の制定よりも10年以上前、自由民権運動の頃に遡(さかのぼ)り、それは、即ち、議会開設と政党の誕生で選挙により政権交代が行われる可能性に対して、軍を、天皇に直属させて議会における政党政治から超然とさせることで、明治維新の体制を護持するための措置であった（雨宮1998年60頁）。

とはいえ、帝国憲法の章立てを見てみると、天皇、臣民、帝国議会、国務大臣及枢密顧問、司法、会計、補則（改正）の7章編制で、まずはじめの2章で天皇の権限と臣民の権利義務がそれぞれ定められ、次に立法、行政、司法の三権の定めがなされて、会計の章で、ビスマルクの経験談を踏まえて、帝国議会に対して「政府」(国務大臣から成ると考えられる）の権限を強化する措置などが定められていた。「天皇ハ陸海軍ヲ統帥ス」という第11条は、天皇の権限を定めた第1章にあった。次に、帝国議会は天皇の立法権の行使に協賛し、国務大臣は天皇の行政権の行使を輔弼（側から補佐して正しく支える）し、裁判所が天皇の名において裁判を行う、そういう仕組みであった。例えば「天皇ハ大赦特赦減刑及復権ヲ命ス」(第16条）とあるからといって、その道の司法省（今の法務省）の任務が「政府」から独立していた訳ではないし、また「天皇ハ戦ヲ宣シ和ヲ講シ及諸般ノ条約ヲ締結ス」(第13条）とあるからといって、例えば条約締結について、外務省が「政府」から独立していた訳ではなかった。従って、陸海軍だけが、帝国憲法の構造上、「政府」から独立し、陸海軍大臣の管轄下に入らないということが意図されていたと解釈することには無理がある。実際、陸軍大臣もいれば、海軍大臣もいた。それら軍部大臣とは別に、天皇直属の統帥部が存在するというのは、帝国憲法以前に設置されていた参謀本部の立場というべきである。しかし、例えば、戦を宣し、和を講ず（帝国憲法第13条）は、陸軍省、海軍省、外務省が、それぞれ単独でできることであろうか？　当然、一緒になって「政府」が実施せざるを得ないであろう。陸海軍の実務当局者を入れるべきことはいうまでもないであろうし、日本の日清戦争や日露戦争においてそうであったように、「政府」と「統帥部」がそろって明治天皇の御前に集まって「御前会議」で開戦を決めて悪いということではないが、そういう場面で、「統帥部」が天皇「直属」でなければならない実際上の理由というのは、日本の場合、どういうところにあったといえるだろうか？

イギリスでは、国王ジョージ6世ではなく、チャーチルの軍事補佐官イズメイ陸将が、国防三省を議会で代表する閣僚たちと、三軍の幕僚長たちをそれぞれとりまとめ、日本が主導した枢軸国の対米開戦で戦争の出口、米英連合国の勝利が確実になると、日々の具体的な戦争指導については、チャーチルとイズメイと幕僚長たちが集まり（幕僚長会議 Staff Conferences）、チャーチルの責任で決めていった。チャーチルには、議員として議会を通して有権者に負うところの責任があり、1945年5月7日、ドイツが降伏するや、7月の総選挙で保守党が敗れたので、辞任した。これに対して、日本の統帥部の天皇直属にあまりこだわると、構造上、戦争が、東條陸軍大臣や嶋田海軍大臣の責任、あるいは杉山参謀総長や永野軍令部総長の責任ではなく、陛下の責任になってしまう。しかし、帝国憲法第3条には「天皇ハ神聖ニシテ侵スヘカラス」とあり、その責任を帝国憲法下で問うことはできなかった。従って、軍に関する事柄は、完全に無責任体制に陥った。

実は、東條英機は、1944年2月21日、陸軍大臣に加えて参謀総長を兼ね、これと合わせて嶋田繁太郎海軍大臣も軍令部総長を兼ねることで、陸軍、海軍の双方で、省・部の一元的指揮を目指した。これは、1943年7月のイタリアの降伏、枢軸戦線離脱を受けて開かれた1943年8月の御前会議が策定した「絶対国防圏」の死守のための措置であった。

しかし、1944年6月のマリアナ沖海戦（英語ではフィリピン海海戦）で日本海軍の残存空母はほぼ全滅した。それも、日本海軍としては、味方の空母をまだ一隻も敵に発見されないうちに、敵空母艦隊を発見し、味方の艦載機の全力をもってこれを空襲するという、戦術上はこれ以上ない理想的な状態で決戦に臨むことができたのにも拘（かかわ）らず、米艦隊の鉄壁の防空対策に全く歯が立たず、七面鳥のように次々に撃墜された挙句（あげく）、日本の空母艦隊を敵潜水艦隊に発見され、攻撃を受けて、殲滅（せんめつ）されてしまったという、あとに希望をつなぐことのできない完全な敗北であった。このため、「絶対国防圏」のアキレス腱というべき、日本本土と資源のある南方（東南アジア）を結ぶ海域、即ち日本列島、沖縄、台湾、フィリピン諸島へと延びる列島線に沿った海域に対する制空権と制海権を完全に喪失した。事、ここに至るや、大本営陸軍部（参謀本部）の戦争指導班は、すでに1943年11月の連合国のテヘラン宣言を機会に、世界大戦の戦局の分析と日本の総力戦遂行能力の分析を1944年初めには終えており、その結果、1944年夏が日本の近代戦遂行能力の限界だという結論に至っていた。このため、同班長の松谷誠大佐は、マリアナ沖海戦の敗北を知るや、木戸幸一内大臣の秘書官松平康昌に、同班付の酒井鎬次中将は、近衛文麿前総理に、それぞれ面会し、総理大臣兼陸軍大臣兼参謀総長の東條英機を完全に見限って、戦争の終結へ向けた方向転換の舵取りを要請するに至ったのである。これは、まさに、統帥権に対して政治が優先すべきことを、当の参謀本部の専門職が認めた瞬間であった。そして、東條英機も、戦後の極東国際軍事裁判で死刑に処せられる前に、「統帥権間違い」という結論を書き残している。

⑵　終局

1944年6月、大本営陸軍部戦争指導班は、近衛文麿と木戸幸一（その秘書の松平康昌）に暗黙の裡（うち）に宮中クーデターによる終戦を依頼した。近衛はすぐに木戸内大臣に相談したが、木戸は時期尚早論を唱え、結局、行動を1年以上引き延ばした。1944年7月、陸軍と海軍のそれぞれの東條暗殺計画が水面下で取り沙汰される中で、近衛前総理と海軍の岡田啓介元総理らが中心となって総理大臣経験者を集めたことを知った東條英機は、これを後継総理候補者の指名委員会（重臣会議）の開催と見做し、辞めさせられる前に、先手を打って7月18日をもって総辞職した。

ここで再び木戸内大臣が登場し、あらためて総理経験者と枢密院議長から成る重臣会議を開催し、後継総理候補者を決めようとしたが、まとまらないので、候補には、大陸になお大部隊を有する陸軍を抑えることを主眼に、陸軍の長老から、寺内寿一（寺内正毅元総理の子で南方軍司令官）、小磯国昭（朝鮮総督）、畑俊六（支那派遣軍総司令官）の名を挙げた。フィリピンへの米軍上陸迎撃戦を控えて寺内寿一南方軍司令官をサイゴンから東京へ呼び返すことについて疑念のあった木戸内大臣は、作戦上の検討が必要という理由で、（前）参謀総長東條英機の判断を仰いで反対され、その結果、第2候補の小磯国昭に白羽の矢が立った。この案は、近衛の助言を入れて、海軍の米内光政を副総理にする、陸海軍連立内閣として落ち着いた。米内光政は、1940年、日独伊三国軍事同盟締結に反対して、陸軍に嫌われて総辞職に追い込まれ、その結果として近衛内閣に代わった経緯があり、近衛としては、小磯・米内連立内閣は、終戦内閣、少なくとも終戦への布石となる内閣であった。なお、木戸日記は、自ら小磯の名を推挙しておきながら、小磯がかつて満州事変の頃の十月事件に関連して名前が挙がっていたことへの警戒心を表しているが、近衛日記は、重臣会議に出席した陸軍の阿部信行元総理だけでなく、海軍の米内光政元総理が、米内内閣当時の拓務大臣としての小磯の実力を高く評価したことに触れている。実際、小磯国昭は、陸軍大学校での成績が下から数えた方が早かったのにも拘らず、空軍力増強を早くから主張し、朝鮮総督にまで登りつめた、いわば実務能力に長けた実力派の人材であったと思われる。

近衛日記によると、小磯と米内の組閣にあたって、陛下からは、当時中立国であったソ連を刺激しないことと、大東亜戦争の完遂のお言葉があった。通常の歴史研究方法論からすれば、木戸日記が全く触れていない「大東亜戦争の完遂」という御言葉の信頼度は低いということになろう。しかし、それをいえば、小磯の実力についての阿部信行と米内光政の評価も信頼できないことになる。だが、史料の著者（例えば木戸）の持つ主観的な偏見や感情も、史料評価の際には吟味しなければならないであろう。

小磯国昭については、組閣後、戦況について報告を受け、「日本はこんなに負けているのか？」と、つい思ったことを口にして、全く実情を把握しないまま組閣した愚か者という評価がついて回っている。また、フィリピン戦において、陸軍出身の総理大臣でありながら、陸軍大臣にはならず、また、参謀総長にもならなかったため、大本営（統帥部）から実情をほとんど知らされておらず、大本営の情報を得ている陛下から見れば頼りなく見えたと思われる。その陛下の特命で大本営会議に小磯が総理大臣として出席できるようになったのは、昭和20年になってからであった。

そのような、統帥権にかかわる大きなハンディを抱えながらも、小磯総理は、組閣後、早い時期から、例えば中国西域の仏教遺跡探索で有名だった大谷光瑞に連絡を取るなど、当時、正式な外交的接触を図るルートさえ存在しなかった蒋介石と連絡を取る方法を色々探っていたことが知られる。また、東條失脚をもって復活した統帥部（大本営）の政府からの独立に苦労して、その両者を合わせた最高戦争指導会議を組織したことは、その功績として知られる。そして、レイテ沖海戦が失敗、フィリピン地上戦も敗北、1945年3月はじめ、いよいよ沖縄戦が迫るころ、自称、蒋介石の使いとして繆斌（Miao Pin）が東京にあらわれた。最初は日本で信頼できるのは天皇陛下ただ一人といって、どうしても陛下にしか会わないという主張を繰り返して、小磯国昭をいらだたせたものの、その内容たるや、日本軍が南京に作った傀儡政権の解体と、蒋介石の南京帰還、日本軍の万里の長城までの撤退を条件として日中和平案を提案するだけでなく、さらに蒋介石を通じて対米和平交渉を進めることをも示唆するものであったという。

1945年3月21日、小磯国昭総理大臣は、繆斌を内閣と統帥部を合わせた最高戦争指導会議に招くことを閣議にかけた。しかし、外務大臣重光葵が、まず正式の外交ルートでない、つまり外務省の関与していない和平工作などは、分かりやすくいえば、外務省の面汚しであること、繆斌は息子2人が日本の対米開戦後に日本を見限って蒋介石の重慶政府に亡命した裏切り者であること、工作は日本の弱みに付け込んだ蒋介石の罠に違いないことなどを理由に、猛反対した。そして、この外務大臣の猛反対に、陸軍大臣の杉山元も、海軍大臣で副総理の米内光政も、釣られて反対に回った。小磯は、総理大臣として、仕方なく最後の頼みの綱として、天皇陛下に直訴を試みた。しかし、陛下は、重光外相や米内海相などの反対の方を重く見て、小磯は非常に物分かりが悪いという予断に基づいて、強く説得を試み遊ばされた。小磯は、己が真剣になればなるほど逆効果であることを悟り、このとき、陛下の前で「残念です」と、一言、再び率直に思うところを述べて退出した。陛下は小磯がそのように言い返したのを聞いて、もう、その後、しばらく、ご不興（怒り）のやり場にお困り遊ばされ、木戸内大臣は、知が勝って、その静かな聞き役に徹することはできない性分だったので、大変だった。小磯は、こうして陛下の信認の欠如を悟った後、繆斌のことは東久邇宮稔彦王に託し、沖縄戦のことを阿南惟幾次期陸相に託して、1945 年 4 月 5 日、総辞職した。

今、振り返って冷静に考えれば、繆斌は、1945 年 2 月 11 日までのヤルタ会談で、ドイツ降伏 90 日後にソ連が対日参戦することが約束された直後に東京にやってきたのである。つまり、蒋介石が何らかの形でローズベルトのヤルタ密約の内容を把握したとすれば、ソ連軍の満州侵攻が遠くないことを理解できたはずであり、蒋介石は、かねてから共産党を心臓病、日本軍を皮膚病に例えて、共産主義の方を恐れていたので、ソ連軍の満州侵攻の前に、日本の戦争を止めさせる方法を探ったとしても、そして、ソ連に占領されるくらいなら日本の満州国を承認してもよいと考えたとしても、特に不思議はなかったのである。実際、イギリスの日本研究者、故ピーター・ロー教授（Peter Lowe）は、オックスフォード大学セント・アントニーズ・カレッジでの講演で、この繆斌工作の客観的タイミングは無視できるものではなく、そして日中和平は、連合国にとって、日本と戦う道義的基礎を転覆しかねない、最も手ごわい外交攻勢となったであろう、とその潜在的重要性を強調した。そして、1945 年 4 月 12 日、日本に対しあくまでも無条件降伏を要求してきたローズベルト米大統領が死亡し、繆斌の示唆した蒋介石を介した日米和平交渉の最大の障碍もなくなった。

1945 年 6 月、陛下は、梅津美治郎参謀総長から本土決戦の準備が全然できていないことを知らされてから、ソ連を通して和平の可能性を探り始めた。そのかすかな希望が、1945年8月9日のソ連侵攻で無残に絶たれると、近衛文麿が早くから何度も繰り返し警告してきた共産革命の恐怖が急に現実味をもって迫って来たように見えたのであろうか、最終的に8月14日の御前会議で「非常の措置をもって時局を収拾せんと欲し」、最後まで本土決戦を主張する阿南惟幾陸軍大臣に対して天皇陛下の方から頼み込んで、連合国のポツダム宣言を受諾した。その国民向けの詔（みことのり）の録音盤が放送される前に、これを奪おうとする陸軍の一部の反乱は、1945年8月15日未明、事前に鎮圧された。繆斌工作に反対した当時の杉山元陸軍大臣は、1945年9月12日、自決する前に、繆斌工作を「やっておくべきだった」と悔やんで自決したという。後悔先に立たず。仮に繆斌工作が嘘だったとしても、日本にとって失うものは、もはや何も残っていなかったというべきではないだろうか。後で悔いのないようにやってみれば、たとえ結実しなくとも最初から大した損はなく、うまくいけば起死回生の和平案であったかも知れない。降伏後、中国にいた日本軍の一部は、蔣介石のためにしばらく中国に残って共産党と戦ったくらいだからである。「蔣介石を相手とせず」などとうそぶいて、世界が見えていなかったのは日本の方だったからである。重光外務大臣の反対論は、まさに、狭い日本の中で、1895年の下関条約で遼東半島を奪い、露仏独の三国干渉でこれを返還させられて以来、「戦争に勝ち、外交に負けた」と繰り返し軍部にいじめ抜かれてきた外務省の官僚のなけなしの縄張り意識が生んだ強度の被害妄想により、追い詰められて何事もまっすぐ見ることができなくなっていたようである。

繆斌工作でなくとも、仮に日本がソ連参戦前にどんな形であれ、つまらない意地を張るのは止めて、戦争を止めていれば、千島と南樺太は失わずに済んだと思われるし、中国大陸や朝鮮半島はどうなったであろうか。中華人民共和国や朝鮮民主主義人民共和国などというものは、果たして存在し得たかどうか？

そして、今、その中華人民共和国や朝鮮民主主義人民共和国の脅威をもって、その生みの親ともいうべき日本の「井の中の蛙大海を知らず」型の内弁慶的な軍国主義が復活するとすれば、皮肉を通り過ぎて、悲劇の連鎖というべきであろう。結局は、どういう国を作りたいのか？　どういう世界を築きたいのか？　そこのところの構想と信念の問題であるように思われる。

その点で、大政奉還・明治維新の原点、即ち坂本龍馬の「船中八策」や「新政府綱領八策」の「万機公論に決すべし」式の公議政体論に立ち返ることも有益であろう（→第4章11節(6)）。「新政府綱領八策」は、指導者を「○○○」と空席のまま記しており、これが誰のことだったか、諸説あるものの、これは議会選挙による政権交代を予定して意図的に空席にされたものだと解釈するのが、イギリス流の議会政治のミソであり、その後の旧土佐藩士、板垣退助らの自由民権運動の求めたこととも一致するので、最も説得力があるように思われる。その自由民権運動の名前ともなった自由、今でいう人権と、民権、今でいう民主主義が大切であるというのは、ある意味、権力者の貧しい根性で、何でも外圧のせいにして国民に無理を強いる国を作らないための心得ともいえる。

また、英チャーチル戦時内閣のような、海軍省、陸軍省、空軍省の省長官たちと、海軍、陸軍、空軍の幕僚長たちを、それぞれ国防大臣と幕僚長委員会にまとめ、国防大臣書記と幕僚長委員会書記を単一の人物に任せて、もって首相兼国防大臣の一元的指揮の下にまとめるという自由で柔軟な組織づくりは、日本では、帝国憲法以前からの統帥権の独立によって阻まれた。その統帥権の独立は、元はといえば、自由民権運動（現代式にいえば、自由と人権と民主主義を求める運動）が追及した、議会開設と選挙による政権交代を恐れたために生まれたものであった。内乱やクーデターではなく、議会開設を通して選挙による平和的な政権交代を実現し、敵味方を二大政党として両立させるイギリス流の議会政治の導入は、坂本龍馬の「新政府綱領八策」等に遡るが、それは、明治維新のような武力による政権奪取とは異なり、大きな心、度量がなければできないことである。逆にいえば、権力者の貧しい小さな根性が、そういう政治の文明開化を拒み、統帥権の独立を生み、それが天皇の代で数えて三代目で帝国憲法の機能不全と、その結果としての日本の敗戦を導いたといえるであろう。

コラム⑪　東條英機と軍律

東條英機は、旧盛岡藩おかかえの能楽師の孫であったせいか、通常以上に形式、表向きの姿のこだわりのある人物であったという。例えば、昭和天皇との関係でも、岡部長章侍従から見て、東條ほど、参殿の際にキチンと威を正し律儀に軍人らしく軍靴をそろえて金色の拍車をカチャッと効果的に鳴らす人物はいなかったという（岡部 1990 年 95 頁）。敗戦後、1945 年 9 月 11 日に占領軍警察（MP は憲兵とは制度的にやや異なる）が東條を戦犯被疑者として逮捕しに来たとき、東條は風呂場に入り拳銃を心臓に向けて撃って自殺未遂に終わった。この自殺未遂につき、能楽師の孫として「面」にこだわり、こめかみを打ち抜いて「顔」を壊すことを避けたとか、東條のような重要人物（VIP）を逮捕するときには日本の内務省を通じて正式手続を踏むのが礼儀だと固く信じており、いきなり軍警察が無警告で逮捕しに来るとは思わず、慌てて手元が狂ったなどという説明がなされている。その真偽はともかくとして、いずれの理由も東條一流の表向き主義、「形式主義」的思考をよく表す逸話に思われる。いうまでもなく、本気で死ぬ気さえあれば、拳銃を口にくわえてそのまま引き金を引けば、後頭部は吹き飛んでも、顔面は温存される。また、阿南惟幾陸相は 1945 年 8 月 15 日に帝国陸軍最後の大臣として「侍」らしくキチンと切腹したあと、介錯を断わり、頸動脈を自刎して果てたので、やはり顔は温存された。杉山元（満州事変時の陸軍次官、支那事変勃発時の陸軍大臣、対米開戦時の参謀総長、敗戦時は第一総軍司令官）は、9 月 11 日の東條逮捕を受けて、妻から死ぬように厳命され、翌 9 月 12 日、拳銃を持って執務室に入り、大いに逡巡して、一度、室外へ出て、待機していた部下に拳銃の安全装置を外してもらってから、もう一度執務室に入り、自分の心臓めがけて 4 発の銃弾を撃ち込んだ。杉山元夫人としては夫に東條のような見苦しい真似はさせられないので、夫が確実に死んだかどうか、その部下にキチンと息が絶えているかどうか確めさせた上で、仏間に入り自ら青酸カリを服毒し短剣で心臓を一突きして、女中も気付かぬうちに、声もなく絶命したという。重要なことは、杉山元が自ら心臓を撃って死ぬには 4 発も撃たなければならなかったことである。それくらい、自分の心臓を撃つということは、生存本能のある動物としての人間には困難なのである。そういう事情から見て、東條英機が慌てて心臓を狙って撃ち損なったというのは、最初から「お芝居」であって、よほど命が惜しかったからとしか思えない。己の責任で戦争を始めた人間であれば、負けた後、逮捕されるまで生きていたことの方がおかしい。自殺未遂は、未遂ではなく、これも東條英機一流の「自殺劇」の「演技」に過ぎなかったのが実相というべきであろう。

とくに 1941 年 1 月 8 日、「生きて虜囚の辱めを受けず」という戦陣訓（本訓其の二第八）を陸軍大臣として自ら示達して、数多くの末端兵士を不必要な死に追いやりながら、敗戦後、占領軍に逮捕されかけて、自ら自殺し損なって「虜囚の辱めを受けた」ところにこそ、東條英機という人物の本質がよくあらわれている。

東條英機は、陛下の統治権を輔弼する（補佐し、正しく支える）ことに失敗して日本を敗戦に導いたので、その責任をとって、東京裁判ではいわば天皇陛下の身代わりに処刑されたという考え方があるかも知れない。しかし、内閣総理大臣秘書官の広橋真光のメモに記録されているように、東條は、陛下が戦争をご親裁遊ばれるように誘導した上で、1941年12月1日、1942年4月2日、1943年12月28日の少なくとも3度にわたって対米開戦決定は陛下の御意思であったと公言して憚（はばか）らず（伊藤1990年479頁、487頁、526頁）、戦争が「御親政」であることを力説して歩いた（伊藤1990年485頁、526頁）。そして、戦後の戦争犯罪人裁判においてさえも、1947年12月31日の被告木戸幸一代理人のローガン弁護人の主尋問（木戸のための証言を聞き出す尋問）に答える上で必要はなかったのに敢えて「日本国の臣民が陛下の御意思に反してかれこれするということはあり得ぬことであります！」（極東国際軍事裁判速記録第345号1947年12月31日1-2頁）とキッパリ断言して、対米開戦もまた陛下の御意思であったと推認されてしまう発言をしたのである。そのために、陛下の戦犯訴追に尋常ならざる熱意を示していたウェブ裁判長が、米国の都合で陛下を訴追しない方針だった米国代表キーナン首席検事を睨（にら）んで、「ただいまの回答がどういうことを示唆するかお分かりでしょうね？」と、あたかも職権で陛下を法廷に召喚するぞといわんばかりの発言をしたのであった。

部下の反乱が怖くて、命が惜しくて、口先ばかり達者で、すべてを他人の責任でなそうとする官僚をトップにするから、国が滅んだのである。そのために何百万人もの人が失わなくてもよい命を失った。

こういう人物を戦死したわけでも殉職したわけでもないのに護国の英霊、神様として靖国神社に合祀することは、例えば、1972年に「玉砕の島」グアム島から独り生還した横井庄一が「氷山の一角」のように代弁した「水面下」の、即ち、虜囚の辱めを受けずに死んでいった幾多の無名の英霊たちに対する冒涜（ぼうとく）といわなければならない。英霊を冒涜して、どうやって再軍備をなそうというのか？　この点の明確な回答が、日本再軍備を主張する者から出てこないことは、不可解である。

「上正しからざれば下必ず紊（みだ）る。」（戦陣訓本訓其の二第五）

このように、東條英機などを靖国神社に合祀していることは、軍律上、根本的な矛盾を抱えている。それは、日本再軍備の最大の障害といって過言ではないだろう。

「我々の内なる正義の天秤に正直でありましょう。」ヴァイツゼッカー
... Dienen wir unseren inneren Maßstäben der Gerechtigkeit. ...

Richard von Weizsäcker

おわりに

日本の一部、とくに国防外交関係者の一部や若年層において、日本の対米英戦争について、日本は米英の戦略とコミンテルンの謀略の双方にはめられたかわいそうな犠牲国であるが、米国は、日本を征服した後、中国大陸と朝鮮半島における共産党の武力革命ないし侵略に遭遇して、初めて日本に対して「やり過ぎた」ことを学んだくらいであり、東南アジアから南アジアにかけては、日本軍によって初めて植民地の独立が実現できたのだと誇りに思っている人もいるようだ。このような巨視的（マクロ）な見方について、第3部は、日本の具体的な意思決定過程を細かく（ミクロに）分析することを通して、「敗戦」「外国軍による占領」「占領下における憲法改正」という一連の否定しがたい帰結を招いた原因と経緯を主に軍統制の視点から明らかにすることを目的としている。日本はアジアの数少ない独立国の１つだっただけではなく、ロシアを破り、アジア独立の希望の星になっていたのに、白人との決戦に負けて、多くの犠牲者を出し、独立を失った。その歴史的現実を棚に上げて、日本はアメリカやソ連のスパイに「騙された」のだ、「はめられた」のだと外人相手に主張したとしても、それは「騙される方が悪い」と言われるのが落ちで、むしろ見苦しい。アメリカ軍が対日戦と戦後処理で色々と「やり過ぎた」(過ぎたるはなお及ばざるが如し）というのは本書の趣旨でもある。しかし、だからといって、日本が、同盟国ドイツの友邦である中国と戦争をし、ドイツの警告を無視してソ連を信用して、挙句（あげく）の果て、国際共産主義の「夷を以て夷を制す」戦略に見事にはめられて、中国大陸や朝鮮半島において国際共産主義を大いに利したという結果について、全く反省がないとすれば、それこそ本物の敗北である。そして東南アジアから南アジアにかけての植民地の独立は、日本の軍事行動なしにはあり得なかったという歴史の総括は、筆者もイギリスで何度か耳にしたが、それは、第一義的に、アメリカの、ヨーロッパの植民地をすべて自己の経済的影響力の下に置く戦略に日本が駒として利用されただけのことなのである。本書は、むしろ開戦の決断を下す政治指導者には勝つ責任があると訴える。負けて、責任がない、むしろ英雄だなどという評価は、「自虐」ではないかも知れないが、本来的に「自堕落」である。第3部は、必ずしも国際的基準から裁くという方法論を採らず、日本に対して国際的な（従って補完的な）刑事管轄権（極東国際軍事裁判）が行使されるに至った背景として、日本自身の主たる刑事管轄権が日本軍に対して正常に行使されない機能不全に陥っていた事実を明らかにして、そもそも、日本自身が、外国軍の手で東京裁判において裁かれてしまう隙を作ったこと、そのことについての反省が必要ではないか、ということを問いかけたい。また、そういう反省がなければ、日本は、敗戦後の刑事処分としての性格を帯びる憲法第9条第2項から本当の意味で釈放され、同条同項のイギリス権利章典化（人権規定化）を図り、自由の国になることはできないと考える。それは、日本の主権国としての自律性がそう要請するのである。本書の提起したいくつかの具体策のように、具体性の高い建設的議論ができる国になることを切望する。

参 考 文 献

条約

Administrative Agreement under Article III of the Security Treaty between Japan and the United States of America regarding the Status of United States Armed Forces in Japan 1952

Agreement between the Parties to the North Atlantic Treaty regarding the Status of their Forces 1951

Agreement to Supplement the Agreement between Parties to the North Atlantic Treaty regarding the Status of their Forces with respect to Foreign Forces stationed in the Federal Republic of Germany 1959

Agreement under Article VI of the Treaty of Mutual Co-operation and Security between Japan and the United States of America regarding Facilities and Areas and the Status of United States Armed Forces in Japan 1960 < http://www.mofa.go.jp/mofaj/area/usa/sfa/>

Charter of the United Nations 1945 < http://www.un.org/zh/sections/un-charter/chapter-vii/index.html>< http://www.un.org/fr/sections/un-charter/chapter-vii/index.html>< http://www.un.org/ru/sections/un-charter/chapter-vii/index.html>< http://www.un.org/en/sections/un-charter/chapter-vii/index.html>< http://www.un.org/es/sections/un-charter/chapter-vii/index.html><accessed on 18 August 2015>

Convention for the Protection of Human Rights and Fundamental Freedoms (European Convention on Human Rights) 1950

Covenant of the League of Nations 1919

International Covenant on Economic, Social and Cultural Rights 1966

International Covenant on Civil and Political Rights 1966

Mutual Defense Agreement between the United States and Japan 1954

North Atlantic Treaty 1949

Security Treaty between Japan and the United States of America 1951

Treaty of Mutual Co-operation and Security between Japan and the United States 1960

United Nations Convention on the Law of the Sea 1982

<www.un.org/depts/los/convention.../unclos/unclos_e.pdf><accessed on 18 August 2015>

(日米防衛協力指針)

http://www.mod.go.jp/e/d_act/anpo/<accessed on 23 July 2015>

The Guidelines for Japan-U.S. Defense Cooperation, November 27, 1978

The Guidelines for Japan-U.S. Defense Cooperation, September 23, 1997

The Guidelines for Japan-U.S. Defense Cooperation, April 27, 2015

日本法令

<http://law.e-gov.go.jp/>

海上保安庁法（昭和 23 年法律第 28 号）

海賊行為の処罰及び海賊行為への対処に関する法律（平成 21 年法律第 55 号）

行政手続法（平成 5 年法律第 88 号）

行政不服審査法の施行に伴う関連法律の整備等に関する法律（平成 26 年法律第 69 号）
刑法（明治 40 年法律第 45 号）
原子力規制委員会設置法（平成 24 年法律第 47 号）
国際機関等に派遣される防衛省の職員の処遇等に関する法律（平成 7 年法律第 122 号）
国際平和共同対処事態に際して我が国が実施する諸外国の軍隊等に対する協力・支援活動等に関する法律「国際平和支援法」（平成 27 年法律第 77 号）
国際連合平和維持活動等に対する協力に関する法律（平成 4 年法律第 79 号）
国家安全保障会議設置法（昭和 61 年法律第 71 号）
サイバーセキュリティ基本法（平成 26 年法律第 104 号）
自衛隊法（昭和 29 年法律第 165 号）
周辺事態に際して我が国の平和及び安全を確保するための措置に関する法律（平成 11 年法律第 60 号）
周辺事態に際して実施する船舶検査活動に関する法律（平成 12 年法律第 145 号）
大日本帝国憲法（改正→日本国憲法）
治安維持法（大正 14 年法律第 46 号、廃止）
道路交通法（昭和 25 年法律第 105 号）
内閣府設置法（平成 11 年法律第 89 号）
日本国憲法
復興庁設置法（平成 23 年法律第 125 号）
武力攻撃事態等における我が国の平和と独立並びに国及び国民の安全の確保に関する法律（平成 15 年法律第 79 号）
武力攻撃事態等におけるアメリカ合衆国の軍隊の行動に伴い我が国が実施する措置に関する法律（平成 16 年法律第 113 号）
武力攻撃事態における外国軍用品等の海上輸送の規制に関する法律（平成 16 年法律第 116 号）
武力攻撃事態等における国民の保護のための措置に関する法律（平成 16 年法律第 112 号）
武力攻撃事態等における特定公共施設等の利用に関する法律（平成 15 年法律第 114 号）
武力攻撃事態における捕虜等の取扱いに関する法律（平成 16 年法律第 117 号）
武力紛争の際の文化財の保護に関する法律（平成 19 年法律第 32 号）
保安庁法（昭和 27 年法律第 265 号、廃止）
防衛省設置法（昭和 29 年法律第 164 号）
民事保全法（平成元年法律第 91 号）
陸軍刑法（明治 41 年法律第 46 号、廃止）
我が国及び国際社会の平和及び安全の確保に資するための自衛隊法等の一部を改正する法律「平和安全法制整備法」（平成 27 年法律第 76 号）
警察予備隊令（昭和 25 年政令第 260 号）
ポツダム宣言の受諾に伴い発する命令に関する件（昭和 20 年勅令第 542 号）

外国法令

（アメリカ）

Constitution of the United States of America

（イギリス）

<http://www.legislation.gov.uk>
Air Force Act 1955 (United Kingdom Statute 3&4 Elizabeth II chapter 19)
Air Force (Constitution) Act 1917 (United Kingdom Statute 7&8 George V chapter 51)
Armed Forces Act 1971 (United Kingdom Statute 1971 chapter 33)
Armed Forces Act 2006 (United Kingdom Statute 2006 chapter 52)
Armed Forces Act 2011 (United Kingdom Statute 2011 chapter 18)
Armed Forces Act (Continuation) Orders (2010-2015)
Armed Forces, Army, Air Force and Naval Discipline Acts (Continuation) Orders (2007-2009)
Army Act 1881 (United Kingdom Statute 44&45 Victoria chapter 58)
Army Act 1955 (United Kingdom Statute 3&4 Elizabeth II chapter 18)
Army, Air Force and Naval Discipline Acts (Continuation) Orders (1972-1980, 1982-2006)
Army Discipline and Regulation Act 1879 (United Kingdom Statute 42&43 Victoria chapter 33)
Bill of Rights 1688 (English Statute 1 William & Mary Session 2 chapter 2)
Claim of Right 1689 (Scottish Statute 1969 chapter 28)
Human Rights Act 1998 (United Kingdom Statute 1998 chapter 42)
Magna Carta 1297 (English Statute 25 Edward I chapter 1)
Marine Mutiny Act 1860 (United Kingdom Statute 23&24 Victoria chapter 10)
Mutiny Act 1688 (English Statute 1 William & Mary Session 2 chapter 4)
Naval Discipline Act 1860 (United Kingdom Statute 23&24 Victoria chapter 123
Naval Discipline Act 1957 (United Kingdom Statute 5&6 Elizabeth II chapter 53)
Petition of Right 1627 (English Statute 3 Charles I chapter 1)
United States of America (Visiting Forces) Act 1942 (United Kingdom Statute 5&6 George VI chapter 31)

裁判例

Marbury v Madison, 5 U.S. 137 (1803)
The Schooner Exchange v M'Faddon, 11 US (7 Cranch) 116 (1812)
R (Al-Saadoon) v Secretary of State for Defence [2015] EWHC 715 (Admin)
国際司法裁判所ニカラグア対合衆国判決（1986年）< http://www.icj-cij.org/docket/index.php?p1=3&p2=5&p3=-1&y=1986><accessed on 18 August 2015>
大判大正3年5月13日刑録20輯863頁
大判昭和15年4月2日刑集19巻181頁
最大判昭和27年10月8日民集6巻9号783頁、警察予備隊違憲訴訟
最判昭和34年12月16日刑集第13巻第13号3225頁、砂川事件最高裁判決
札幌高判昭和51年8月5日行裁例集第27巻第8号1175頁、長沼ナイキ訴訟
札幌地判昭和48年9月7日判例時報712号249頁、長沼ナイキ訴訟

未刊行文献

JB 355 (Serial 691) 'Aircraft Requirement of the Chinese Government', July 23, 1941.
宮地米三（1962年）『海軍航空基地第2設営班資料』防衛省防衛研究所蔵。
牟田口廉也（1967年）防衛省防衛研究所史料閲覧室、南西－ビルマ－575「インパール作戦

史料（インパール作戦の真相、牟田口廉也書簡）」
和田盛哉（1972 年）『戦陣訓および派遣軍将兵に告ぐに関する研究』防衛省防衛研究所蔵

刊行文献

Armitage, R, et al, (2000) The United States and Japan: Advancing Toward a Mature Partnership, <http://www.isn.ethz.ch/Digital-Library/Publications/Detail/?lang=en&id=46462><accessed on 12 May 2015>

Armitage, R, et al, (2007) The U.S. - Japan Alliance: Getting Asia Right through 2020 <csis.org/files/media/csis/pubs/070216_asia2020.pdf><accessed on 12 May 2015>

Armitage, R, et al, (2012) The U.S. - Japan Alliance: Anchoring Stability in Asia <http://csis.org/publication/us-japan-alliance-1><accessed on 12 May 2015>

Barker, A. J. (1963) *The March on Delhi* (London: Faber and Faber)

Barton, G. P. (1949), 'Foreign Armed Forces: Immunity from Supervisory Jurisdiction', *British Yearbook of International Law*, vol. 26, p. 380

Barton, G. P. (1950) 'Foreign Armed Forces: Immunity from Criminal Jurisdiction', *British Yearbook of International Law*, vol. 27, p. 186

Barton, G. P. (1954) 'Foreign Armed Forces: Qualified Jurisdictional Immunity', *British Yearbook of International Law*, vol. 31, p. 341.

Baxter, R. R. (1958) 'Criminal Jurisdiction in the NATO Status of Forces Agreement', *International and Comparative Law Quarterly*, vol. 7, p. 72.

Blackstone, W. (1979) *Commentaries on the Laws of England* vol. 1 (London: University of Chicago Press)

Bracton H. de (2003) *De Legibus et Consuetudinibus Angliae*, Thorne Edition, vol. 2, Harvard Law School Library Bracton Online <http://bracton.law.harvard.edu/cgi-bin/brac-hilite.cgi?Unframed+Latin+2+33+Deo><accessed on 11 January 2016>

Bradley, J. (2015) *The China Mirage: The Hidden History of American Disaster in Asia* (London: Little Brown)

Chang, J and Halliday, J. (2005) *Mao: The Unknown Story* (London: Jonathan Cape)

Cicero M. T. (1889) *De Re Publica* <http://data.perseus.org/citations/urn:cts:latinLit:phi0474.phi043.perseus-lat1:1.39><accessed on 23 May 2015>

Dickens, C. (1843) *A Christmas Carol in prose being a Ghost Story of Christmas* (London: Chapman & Hall)

Draper, G. I. A. D. (1958-1959) 'The Exercise of Criminal Jurisdiction under the NATO Status of Forces Agreement, 1951', *Problems of Public and Private International Law (1958-1959)*, vol. 44, p. 9.

Gilbert, M. (1983) *Winstons Churchill, VI: Finest Hour 1939-1941* (London: Heinemann)

Hines, A. G. (1992) *Military Ethics: A Code for the Canadian Forces* (Kingston: Canadian Forces Staff College)

James, A. (1990) *Peacekeeping in International Politics* (London: IISS and Macmillan)

Kant, I (1998) *Metaphysik der Sitten*, Erster Teil (Hamburg: Felix Meiner Verlag)

Locke, J. (1988) *Two Treaties of Government* (London: Cambridge University Press)

Multinational Forces and Observers <http://mfo.org/em<accesssed on 18 August 2015>

Nye, J. S. (1992) 'East Asian Security: The Case for Deep Engagement', *Foreign Affairs*, July 1 <https:www.foreignaffairs.com/print/1110812><accessed on 23 July 2015>

Orwell, G. (2000) *Animal Farm* (Harmondsworth: Penguin)

Orwell, G. (2013) *Nineteen Eighty Four* (Harmondsworth: Penguin)

Reiss, H. S. ed (1991) *Kant Political Writings* (London: Cambridge University Press)

RUSI (Royal United Services Institute), *RUSI Journal*, vol. 141, no. 1, February 1996, p. 45

Stephanus, H. ed. (1578) *Platonis Opera*, Paris

United States Department of State, Foreign Relations of the United States 1948

de Vattel, E. (1883) *The Law of Nations or Principles of the Law of Nature applied to the Conduct and Affairs of Nations and Sovereigns* (Philadelphia: T & J. W. Johonson & Co. Law Booksellers)

Weiner, T (1994) 'C.I.A. Spent Millions to Support Japanese Right in 50's and 60's', *The New York Times*, October 9, <http://www.nytimes.com/1994/10/09/world/cia-spent-millions-to-support-japanese-right-in-50-s-and-60-s.html><accessed on 24 July 2015>

Weizsäcker, R. von (1985) Gedenkveranstaltung im Plenarsaal des Deutschen Bundestages zum 40. Jahrestag des Endes des Zweiten Weltkrieges in Europa < http://www.bundespraesident.de/SharedDocs/Reden/DE/Richard-von-Weizsaecker/Reden/1985/05/19850508_Rede.html><accessed on 8 August 2015>

芦田均関係文書、書類の部 356（国立国会図書館蔵）http://www.ndl.go.jp/modern/cha5/description13.html <accessed on 15 July 2015>

雨宮昭一（1998 年）『近代日本の戦争指導』吉川弘文館

伊藤隆編（1990 年）『東條内閣総理大臣機密記録・東條英機大将言行録』東京大学出版会

伊藤隆編（2000 年）『高木惣吉―日記と情報』みすず書房

今村均（1956 年）「満州火を噴く頃」別冊知性 5「特集・秘められた昭和史」河出書房

岡義武（1966 年 a）『木戸幸一日記（下）』東京大学出版会

岡義武（1966 年 b）『木戸幸一関係文書』東京大学出版会

緒方貞子（2015 年）『聞き書 緒方貞子回顧録』岩波書店

岡部長章（1990 年）『ある侍従の回想記―激動時代の昭和天皇―』朝日ソノラマ

小川平吉文書研究会編（1973 年）『小川平吉関係文書 I』みすず書房

加登川幸太郎「証言による南京戦史」『偕行』1985 年 3 月号

河邉虎四朗（1962 年）『市ヶ谷台から市ヶ谷台へ―最後の参謀次長の回想録―』時事通信社

近衛文麿（1946 年）『平和への努力』日本電報通信社

近衛日記編集委員会（1968 年）『近衛日記』共同通信社開発局

佐藤賢了（1966 年）『大東亜戦争回顧録』徳間書店

佐藤賢了（1976 年）『佐藤賢了の証言』芙蓉書房

佐藤元英（1992 年）『昭和初期対中国政策の研究』原書房

参謀本部第 20 班（第 15 課）『昭和十九年大東亜戦争戦争指導関係綴、一般之部』（国立公文書館アジア歴史資料センター蔵 <http://www.jacar.go.jp> reference code C12120291000）

参謀本部編（1967 年）『杉山メモ―大本営・政府連絡会議等筆記（上）』原書房

柴山太（2010 年）『日本再軍備の道 1945 年～ 1954 年』ミネルヴァ書房

自由民主党（2012 年）『日本国憲法改正草案』（現行憲法対照）

新名丈夫（1976年）『海軍戦争検討会議記録』毎日新聞社
杉原高嶺（2014年）『基本国際法第2版』有斐閣
高崎隆治編（1990年）『軍医官の戦場報告意見集』不二出版
高橋正衛（1982年）『続・現代史資料6軍事警察』みすず書房
田中則夫他編（2015年）『ベーシック条約集2015年』東信堂
種村佐孝（1995年）『大本営機密日誌』芙蓉書房出版
団藤重光（1990年）『刑法綱要総論第三版』創文社
秩父宮記念会（1972年）『雍仁親王実紀』吉川弘文館
千早正隆（1995年）『元連合艦隊参謀の太平洋戦争』東京新聞出版局
寺崎英成他（1991年）『昭和天皇独白録・寺崎英成御用掛日記』文藝春秋
豊下楢彦（2008年）『昭和天皇・マッカーサー会見』岩波書店
永井和（2003年）『青年君主昭和天皇と元老西園寺』京都大学学術出版会
南京戦史編集委員会（1989年）『南京戦史』偕行社
長谷川恭男編（2015年）『検証・安保法案、どこが憲法違反か』有斐閣
花山信勝（1949年）『平和の発見・巣鴨の生と死の記録』朝日新聞社
秦郁彦（1999年）『昭和史の謎を負う上』文春文庫
秦郁彦編（2001年）『日本官僚制総合事典1868～2000年』東京大学出版会
秦郁彦編（2005年）『日本陸海軍総合事典第2版』東京大学出版会
幡新大実（2013年）『イギリス憲法I憲政』東信堂
原田熊雄（1951年a）『西園寺公と政局』第4巻岩波書店
原田熊雄（1951年b）『西園寺公と政局』第6巻岩波書店
松浦敬紀（1978年）『終わりなき海軍』文化放送センター
横井庄一（1974年）『明日への道』文藝春秋

視聴覚資料

ABC, 20/20, November 20, 1991 by Stone Philips.
Robert Higgs (2015) Independent Institute, FDR provoked the Japanese attack on Pearl Harbor <https://www.youtube.com/watch?v=-dOrp1_mXa4><accessed on 15 August 2015>

法 令 索 引

【ア行】

アメリカ合州国憲法　7, 8, 26, 60, 150
アメリカ合州国進駐軍法（The United States of America (Visiting Forces) Act 1942 連合王国）　20-23
アメリカ独立宣言　26
安保関連 2 法（⇒国際平和支援法と平和安全法制整備法、日本）　79, 80, 82, 93, 96, 99, 102, 105, 113, 121, 128, 133, 134, 152, 157, 161
オーリド枠組合意（2001 年旧ユーゴ構成国マケドニア）　145

【カ行】

海上保安庁法改正法（日本）　38, 62
海賊処罰法（日本）　17, 113, 168-170
桂・ハリマン協定（1905 年満州）　195
北大西洋条約　20, 21, 23, 33, 35, 37, 87, 92, 93, 107, 108, 142
北大西洋条約機構（NATO）軍地位協定（ロンドン協定）　20, 21, 23
北大西洋条約機構（NATO）軍地位協定対独補足協定　23-25
軍隊法（Armed Forces Act 2006 連合王国）　9, 14-16
警察予備隊令（日本）　38, 57, 58, 61, 99, 261
権利（の）章典（Bill of Rights イングランド）　5, 7-9, 11, 13, 14, 16, 17, 26, 60, 83, 103, 150, 155, 259
権利（の）請願（Petition of Rights イングランド）　4, 5, 7, 19, 26
権利請求（Claim of Rights スコットランド）　6, 7, 16, 19, 26
公職選挙法（日本）　60
五箇条の御誓文（日本）　43, 100, 101
国際刑事裁判所規程第 17 条　12, 207
国際自由権規約（B 規約）　15, 151
国際紛争平和的解決条約　10
国際平和支援法（日本）　17, 80-82, 93, 131, 137, 138, 150, 159, 169
国際連合（国連）憲章　10, 64-66, 68, 69, 71, 73, 74, 78, 79, 87, 88, 90, 131, 133, 135, 138-140, 142, 145, 148, 153, 161, 164-166, 169, 171
国際連合平和維持活動等協力法（日本）　17, 169
国際連盟規約　10, 46, 71, 157, 166, 167
国連安保理決議 1950 年 83 号（朝鮮国連軍）　138
国連安保理決議 1967 年 253 号（南ローデシア経済制裁）　139
国連安保理決議 1990 年 678 号（湾岸戦争多国籍軍）　112, 138, 140
国連安保理決議 1995 年 1031 号（ボスニア NATO 多国籍履行軍）　143
国連安保理決議 1996 年 1088 号（ボスニア NATO 多国籍安定化軍）　144
国連安保理決議 1999 年 1244 号（コソボ NATO 多国籍軍）　144
国連安保理決議 2001 年 1386 号（アフガニスタン NATO 国際安全支援軍）　144
国連安保理決議 2002 年 1441 号（イラク大量破壊兵器）　140
国連安保理決議 2006 年 1671 号（コンゴ民主共和国欧州連合軍）　145
国連安保理決議 2007 年 1778 号（中央アフリカ・チャド欧州連合軍）　145
国連安保理決議 2010 年 1964 号（ソマリア欧州連合軍事訓練使節）　145

国連安保理決議 2012 年 2071 号（マリ欧州連合軍軍事訓練使節）　145
国連安保理決議 2013 年 2134 号（中央アフリカ欧州連合軍）　145
国連海洋法条約（1982 年国連総会採択）　161, 169

【サ行】

サンフランシスコ平和条約　42, 58, 62, 65, 73, 160
自衛隊法（日本）　17, 38, 63, 76, 85, 86, 90, 92, 99, 104, 121, 128, 132
自由化指令（米日）　48
重要影響事態（旧周辺事態）安全確保法　137, 139, 150
ジュネーブ諸条約（1949 年の）　10
人権法（Human Rights Act 1998 連合王国）　4, 9, 10, 16, 19, 102, 151, 176, 208
戦争放棄条約（パリ不戦条約）　10, 38, 157
船舶検査活動法（日本）　137

【タ行】

治安維持法（1925 年日本）　155
帝国憲法（明治憲法、日本）　43, 47, 48, 52, 53, 59, 96, 99-101, 156, 191, 192, 215, 224, 236, 244, 248, 249, 255
　第 11 条　99, 191, 192, 215, 248
デイトン和平協定（1995 年ボスニア）　143, 146

【ナ行】

日米安全保障条約（新旧）　7, 12, 83, 105
日米安全保障条約（1951 年）　62, 87, 89, 95, 97
日米相互防衛援助協定　63, 89, 94, 95, 97
日米相互協力及び安全保障条約（1960 年）　91-97, 102, 114, 121, 155
日本国憲法　39, 46, 53, 57, 79, 86, 94, 96, 98, 100, 101, 151, 177
　第 7 条　44
　第 9 条　8, 13, 38, 65, 77, 86, 94, 103, 113, 126, 153, 154, 156
　第 9 条第 1 項　38, 77, 78
　第 9 条第 2 項　11, 12, 17-19, 38, 43, 44, 46, 54, 56, 58-60, 64, 65, 76, 79, 80, 83, 84, 86, 88, 90, 92, 93, 95, 96, 98, 103-105, 110, 155, 171, 172, 207, 208, 259
　第 41 条　58, 95
　第 66 条　44
　第 68 条　44
　第 76 条 3 項　85
　第 81 条　58, 81
　第 96 条　14, 60, 103

【ハ行】

ハーグ諸条約（1907 年の）　10
バージニア憲章（Charter of Virginia Company 1606 英米）　26
反乱法（Mutiny Act 1689 イングランド）　8
武力攻撃事態等安全確保法（2003 年日本）　139, 151, 156
平和安全法制整備法（日本）　17, 75, 80, 82, 93, 113, 121, 128, 132, 145, 159
保安庁法（日本）　38, 58, 62, 63, 85, 99, 260
ポーツマス（講和）条約（1905 年日露講和条約）　194-196, 223, 226
ボン和平協定（2001 年アフガニスタン）　144

【マ行】

マグナ・カルタ（イングランド）　4, 5, 26, 40, 104
民事保全法（1989 年日本）　161, 166

【ヤ行】

ヨーロッパ人権条約　11, 15, 16, 19, 102, 135, 151, 173, 176

【ラ行】

ランカスター・ハウス和平協定（1978 年南ローデ

【ワ行】

【判例】

事 項 索 引

→は関連または同義の事項を示す。

【サ】

【シ】

【ハ】

【ヒ】

【フ】

【ヘ】

【ホ】

【マ】

【ミ】

【ム】

要塞）　21, 28, 40-42, 98, 253

【メ】

名誉革命　6-8

【ヤ】

ヤルタ密約　253

【ユ】

ユーゴスラビア内戦　106

【ヨ】

傭船契約（チャーター）　168
抑止力（deterrence）　45, 55
抑制と均衡（check and balance）　84-86

【リ】

利益相反　12, 13, 105, 115, 127, 158, 165
陸軍省長官（連合王国）　246, 255
柳条湖事件（1931 年）　157, 181
領域防衛（territorial defence）　54, 55, 148
良心的規範　11, 18, 19, 172

【ロ】

盧溝橋事件（1937 年）　186, 187, 192, 197, 198, 204, 214, 225

【ワ】

湾岸戦争（1990-1991 年）　112, 113

【欧字】

LST（Landing Ship Tank）　121
TPP（Trans-Pacific Partnership 環太平洋経済連携協定）　125

人 名 索 引

【ナ行】

【ハ行】

【マ行】

【ヤ行】

【ラ行】

【ワ行】

著者略歴

幡新　大実（はたしん　おおみ）

1966 年生、東京大学法学部卒
1999 年、ランカスター大学 PhD
2003 年、英国法廷弁護士（インナー・テンプル）
2004 年、オックスフォード大学セント・アントニーズ・カレッジ上級客員研究員
2008 年、オックスフォード大学欧州法比較法研究所客員フェロー
2010 年、早稲田大学国際教養学部非常勤講師
2016 年、大阪女学院大学大学院 21 世紀国際共生研究科教授

主要著書

『根証文から根抵当へ』東信堂、2013 年
『イギリス憲法 I　憲政』東信堂、2013 年
『イギリス債権法』東信堂、2010 年
『イギリスの司法制度』東信堂、2009 年
『国連の平和外交』（訳書）東信堂、2005 年

憲法と自衛隊―法の支配と平和的生存権

2016 年 8 月 15 日　初　版第 1 刷発行　〔検印省略〕

＊定価はカバーに表示してあります。

著者 © 幡新大実／装幀　桂川潤／発行者　下田勝司　印刷・製本／中央精版印刷

東京都文京区向丘 1-20-6　郵便振替 00110-6-37828
〒 113-0023　TEL 03-3818-5521（代）　FAX 03-3818-5514

発 行 所
株式会社 **東 信 堂**

Published by TOSHINDO PUBLISHING CO., LTD.
1-20-6, Mukougaoka, Bunkyo-ku, Tokyo, 113-0023 Japan
E-Mail：tk203444@fsinet.or.jp　http://www.toshindo-pub.com

ISBN978-4-7989-1364-3 C3032　© Omi Hatashin

東信堂

国際刑事裁判所〔第二版〕	村瀬信也・洪恵子 編	四二〇〇円
武力紛争の国際法	村瀬信也・真山全 編	一四二八六円
国連安保理の機能変化	村瀬信也 編	二七〇〇円
海洋境界確定の国際法	村瀬信也・江藤淳一 編	二八〇〇円
自衛権の現代的展開	村瀬信也 編	二八〇〇円
国連安全保障理事会—その限界と可能性	松浦博司	三二〇〇円
集団安全保障の本質	柘山堯司 編	四六〇〇円
貨幣ゲームの政治経済学	柳田辰雄	二〇〇〇円
相対覇権国家システム安定化論—東アジア統合の行方	柳田辰雄	二四〇〇円
国際政治経済システム学—共生への俯瞰	柳田辰雄	一八〇〇円
〔現代国際法叢書〕		
国際法における承認—その法的機能及び効果の再検討	王志安	五二〇〇円
国際社会と法	高野雄一	四三〇〇円
集団安保と自衛権	高野雄一	四八〇〇円
国際「合意」論序説—法的拘束力を有しない国際「合意」について	中村耕一郎	三〇〇〇円
法と力 国際平和の模索	寺沢一	五二〇〇円
憲法と自衛隊—法の支配と平和的生存権	幡新大実	二八〇〇円
イギリス憲法Ⅰ 憲政	幡新大実	四二〇〇円
イギリス債権法	幡新大実	三八〇〇円
根証文から根抵当へ	幡新大実	二八〇〇円
シリーズ〈制度のメカニズム〉		
アメリカ連邦最高裁判所	大越康夫	一八〇〇円
衆議院—そのシステムとメカニズム	向大野新治	一八〇〇円
フランスの政治制度〔改訂版〕	大山礼子	二〇〇〇円
イギリスの司法制度	幡新大実	二〇〇〇円
判例 ウィーン売買条約	井原宏・河村寛治 編著	四二〇〇円
グローバル企業法	井原宏	三八〇〇円
国際ジョイントベンチャー契約	井原宏	五八〇〇円

〒113-0023 東京都文京区向丘 1-20-6　TEL 03-3818-5521　FAX03-3818-5514　振替 00110-6-37828
Email tk203444@fsinet.or.jp　URL:http://www.toshindo-pub.com/

※定価：表示価格（本体）＋税

東信堂

国際法新講〔上〕〔下〕	田畑茂二郎	〔上〕二九〇〇円〔下〕二七〇〇円
ベーシック条約集〔二〇一六年版〕	編集代表 薬師寺・坂元・浅田	二六〇〇円
ハンディ条約集〔第2版〕	編集代表 薬師寺・坂元・浅田	一五〇〇円
国際環境条約・資料集	編集 松井・富岡・田中・薬師寺・坂元・高村・西村	八六〇〇円
国際人権条約・宣言集〔第3版〕	編集 松井・薬師寺・坂元・小畑・徳川	三八〇〇円
国際機構条約・資料集〔第2版〕	編集代表 香西茂 安藤仁介	三二〇〇円
判例国際法〔第2版〕	編集代表 松井芳郎	三八〇〇円
日中戦後賠償と国際法	浅田正彦	五二〇〇円
国際法〔第3版〕	浅田正彦編著	二九〇〇円
国際環境法の基本原則	松井芳郎	三八〇〇円
国際民事訴訟法・国際私法論集	高桑昭	六五〇〇円
国際機構法の研究	中村道	八六〇〇円
国際海洋法の現代的形成	田中則夫	六八〇〇円
国際海峡	坂元茂樹編著	四六〇〇円
条約法の理論と実際	坂元茂樹	四二〇〇円
国際立法―国際法の法源論	村瀬信也	六八〇〇円
小田滋・回想の海洋法	小田滋	七六〇〇円
小田滋・回想の法学研究	小田滋	四八〇〇円
国際法と共に歩んだ六〇年―学者として裁判官として	小田滋	六八〇〇円
21世紀の国際法秩序―ポスト・ウェストファリアの展望	R・フォーク 川崎孝子訳	三八〇〇円
国際法から世界を見る―市民のための国際法入門〔第3版〕	松井芳郎	二八〇〇円
国際法／はじめて学ぶ人のための〔新訂版〕	大沼保昭	三六〇〇円
プレリュード国際関係学	板木雅彦・本名純・山下範久 編	二四〇〇円
核兵器のない世界へ―理想への現実的アプローチ	黒澤満	二三〇〇円
軍縮問題入門〔第4版〕	黒澤満編著	二五〇〇円
ワークアウト国際人権法―人権を理解するために	W・ベネデェック編 中坂・徳川編訳	三〇〇〇円
難民問題と『連帯』―EUのダブリン・システムと地域保護プログラム	中坂恵美子	二八〇〇円
難民問題のグローバル・ガバナンス	中山裕美	三二〇〇円

〒113-0023 東京都文京区向丘 1-20-6　TEL 03-3818-5521　FAX03-3818-5514　振替 00110-6-37828
Email tk203444@fsinet.or.jp　URL:http://www.toshindo-pub.com/

※定価：表示価格（本体）＋税

海外日本人社会とメディア・ネットワーク—パリ日本人社会を事例として　吉原直樹・今野裕昭・松本行真 編著　四六〇〇円

移動の時代を生きる—人・権力・コミュニティ　大西仁・吉原直樹 監修　三二〇〇円

国際社会学の射程—日韓の事例と多文化主義再考　国際社会学ブックレット1　西原和久・芝真里 編訳　一二〇〇円

国際移動と移民政策—社会学をめぐるグローバル・ダイアログ　国際社会学ブックレット2　有田伸・山本かほり・西原和久 編著　一〇〇〇円

トランスナショナリズムと社会のイノベーション—越境する国際社会学とコスモポリタン的志向　国際社会学ブックレット3　西原和久　一三〇〇円

外国人単純技能労働者の受け入れと実態—技能実習生を中心に　坂幸夫　一五〇〇円

現代日本の地域分化—センサス等の市町村別集計に見る地域変動のダイナミックス　蓮見音彦　三八〇〇円

「むつ小川原開発・核燃料サイクル施設問題」研究資料集　舩橋晴俊・金山行孝・茅野恒秀 編著　一八〇〇〇円

新版　新潟水俣病問題—加害と被害の社会学　飯島伸子・舩橋晴俊 編　三八〇〇円

新潟水俣病をめぐる制度・表象・地域　関礼子　五六〇〇円

新潟水俣病問題の受容と克服　堀田恭子　四八〇〇円

公害被害放置の社会学—イタイイタイ病・カドミウム問題の歴史と現在　飯島伸子・渡辺伸一・藤川賢 編　三六〇〇円

開発援助の介入論—インドの河川浄化政策に見る国境と文化を越える困難　西谷内博美　四六〇〇円

〈大転換期と教育社会構造：地域社会変革の社会論的考察〉

第1巻　教育社会史—日本とイタリアと　小林甫　七八〇〇円

第2巻　現代的教養Ⅰ—生活者生涯学習の地域的展開　小林甫　六八〇〇円

第2巻　現代的教養Ⅱ—技術者生涯学習の生成と展望　小林甫　六八〇〇円

第3巻　学習力変革—地域自治と社会構築　小林甫　近刊

第4巻　社会共生力—東アジアと成人学習　小林甫　近刊

〒113-0023　東京都文京区向丘 1-20-6　TEL 03-3818-5521　FAX03-3818-5514　振替 00110-6-37828
Email tk203444@fsinet.or.jp　URL:http://www.toshindo-pub.com/

※定価：表示価格（本体）＋税